本书为浙江省高校重大人文社科攻关计划规划重点项目"'重要窗口'建设中浙江省县域内学前教育资源配置及治理机制研究"（编号：2021GH018）的最终研究成果

Research on the Allocation of County Preschool Education Resources under the Background of High Quality Development

高质量发展背景下县域学前教育资源配置研究

王声平　贺静霞　著

中国社会科学出版社

图书在版编目（CIP）数据

高质量发展背景下县域学前教育资源配置研究／王声平，贺静霞著.—北京：中国社会科学出版社，2023.12

ISBN 978 - 7 - 5227 - 2788 - 2

Ⅰ.①高… Ⅱ.①王…②贺… Ⅲ.①县—学前教育—教育资源—资源配置—研究—中国 Ⅳ.①G619.2

中国国家版本馆 CIP 数据核字（2023）第 233673 号

出 版 人	赵剑英
责任编辑	王正英
责任校对	张爱华
责任印制	李寡寡

出　　版	中国社会科学出版社
社　　址	北京鼓楼西大街甲 158 号
邮　　编	100720
网　　址	http：//www.csspw.cn
发 行 部	010 - 84083685
门 市 部	010 - 84029450
经　　销	新华书店及其他书店

印　　刷	北京君升印刷有限公司
装　　订	廊坊市广阳区广增装订厂
版　　次	2023 年 12 月第 1 版
印　　次	2023 年 12 月第 1 次印刷

开　　本	710×1000　1/16
印　　张	21
插　　页	2
字　　数	325 千字
定　　价	118.00 元

凡购买中国社会科学出版社图书，如有质量问题请与本社营销中心联系调换
电话：010 - 84083683
版权所有　侵权必究

序

新时代背景下，高质量发展已成为中国教育发展转型的主旋律和最强音。习近平总书记在党的二十大报告中明确提出了坚持"以推动高质量发展为主题"的命题，要求把发展质量问题摆在更为突出的位置上，加快建设高质量教育体系，促进教育公平。高质量发展意味着更有效率、更加公平、可持续的发展，是质量发展的最优状态。学前教育是基础教育的基础，国民教育的开端，学前教育的高质量发展对促进教育事业的整体可持续发展以及国家实现人才强国战略有着奠基性作用。

县域作为一个社会共生系统，是分析和研究学前教育发展特点和规律的基本单位，县级政府是实现中国学前教育优质与均衡发展的重要责任主体。在"省级统筹，以县为主"的教育管理体制背景下，县域学前教育的高质量发展是实现中国学前教育高质量发展的关键，是构建中国式学前教育高质量发展体系的必然之举，有利于增强人民群众对学前教育的获得感与幸福感。《高质量发展背景下县域学前教育资源配置研究》一书，立足高质量发展的时代背景，基于幼儿园园长认知的视角，以学前教育资源的核心构成要素为分析框架，探讨了县域学前教育资源配置的政策，设计开发了县域学前教育资源配置的测评工具，分析了县域学前教育资源配置的发展水平及特征，探寻了县域学前教育资源配置的影响因素及优化路径。作为国内第一本较为系统地阐释学前教育资源配置研究的成果，对提高中国县域学前教育资源配置的效率，促进学前教育的高质量发展具有较强的参考价值。总体上看，本书在以下几个方面的努力是值得肯定的。

一是这项研究明晰了高质量发展背景下县域学前教育资源配置的概念及构成，构建了县域学前教育资源配置的分析框架。县域学前教育资源配置是一个意义很广泛的概念，高质量视角下的县域学前教育资源配置的应然样态是怎样的？有哪些突出特点？核心构成要素有哪些？对这些基本要素的厘清是开展研究的逻辑起点。研究在对"县域""教育资源""教育资源配置""学前教育资源配置"等核心概念分析的基础上，基于资源空间配置和学前教育公平的视角，以学前教育发展中的核心要素切入，将学前教育资源分解为教师资源、物力资源、财力资源、制度资源四个方面。值得一提的是，研究将制度单独纳入学前教育资源配置的概念范畴，为促进学前教育高质量发展提供了制度保障。在此基础上，本书对县域学前教育资源配置的公共性、动态性、复杂性、多样性等四重特征进行了深入探讨。通过对县域学前教育资源构成要素的分解，使整个研究建立在清晰的分析框架之上，这对全面、深入理解中国县域学前教育发展的图景是大有裨益的。

二是这项研究从县域学前教育资源配置中需求侧的内在诉求出发，重点关注到了需求侧的需要，力求达到供给侧与需求侧间的平衡。从现有研究文献看，学者们对县域学前教育资源配置研究的理论视角主要来自经济学、管理学、行政学等学科领域，这些研究重在强调供给主体，尤其是各级政府在学前教育资源配置中的作用和角色，这在很大程度上为县域学前教育资源配置的制度设计提供了思路和启发。学前教育资源配置不仅需要理论上的指引，更需要对资源需求主体的内在诉求予以真切关照，遵循从需求侧到供给侧的逻辑思路，以更好满足资源需求主体的现实诉求，提高县域学前教育资源配置的效率。反之，县域学前教育资源配置如果忽视了需求侧的真实需求，只关注资源供给侧而对资源需求侧重视不足的话，势必会造成供给侧与需求侧之间的不协调，甚至冲突。本书基于园长视角，结合浙江省县域学前教育发展特点，遵循自下而上的研究思路，以需求侧切入，对县域学前教育资源供给保障机制和治理路径进行了全面、系统地分析。研究视角的转换，突破了自上而下的以政府为主导的思维定式，对更深入地理解影响县域学前教育资源配置的因素，促进县域学前教育的高质量发展都有着十分重要的价值。

三是这项研究在省域范围内面向幼儿园园长开展了自下而上的学前教育资源配置状况调研，全面考察了县域学前教育资源配置的现状及影响因素，并揭示了其作用机理。研究结合县域的政治、经济、文化、教育等特点，采用问卷调查和访谈相结合的研究方法，从幼儿园的实际需求出发，以学前教育资源的四个核心构成要素为设计框架，对浙江省部分县域的学前教育资源配置的现状进行了调查，对县域学前教育资源配置存在的问题及原因进行深入剖析，构建了具有浙江特色的县域学前教育资源配置的路径与方法。尽管研究范围有一定局限，所收集的数据样本也是在省域范围内进行的，但研究通过描述性分析、差异性分析、多元线性回归与验证性因子分析的方法，对县域学前教育资源配置核心影响因子进行了提炼。这有助于地方政府决策者和教育行政管理部门全面了解县域学前教育资源配置的因素，在此基础上，结合县域经济发展水平和学前教育发展特点，制定有针对性的规划方案，这是对之前研究的重大突破。

县域学前教育资源配置是一个复杂的系统工程，在肯定该研究成果价值的同时，也有几分遗憾。除本书在研究展望中陈述的几点外，本人以为还应从利益相关者视角出发对县域学前教育资源配置进行多层面、多层次、多视角地审视，既要关注不同需求主体的内在诉求，也要关注供给主体在不同方面可能面临的困境和挑战，结合中国县域学前教育发展特点，充分阐释县级政府在学前教育资源配置中的治理文化与供给能力。

学前教育高质量发展是一个不断需要反思与研究的持续探索过程。本书只是个开头，望王声平在此道路上做一位学前教育的攀山者。

是为序。

杨晓萍

西南大学教育学部教授、博士生导师

2023 年 6 月

前　　言

本书以学前教育发展的核心构成要素为分析框架，将学前教育资源分解为人力资源、物力资源、财力资源、制度资源四个部分。其中，人力资源主要是指幼儿园教师资源；物力资源主要是指实现幼儿园教育活动有序开展的办园条件和设施；财力资源主要是指幼儿园的办园经费与财政投入；制度资源是对学前教育资源配置行为的规则的总称。人力资源、物力资源、财力资源是学前教育发展中最基本的教育资源，是幼儿园教育教学活动有序进行的重要保障，是考核学前教育能否满足学前教育需求的重要指标；制度资源是促进学前教育高质量发展的机制保障。学前教育发展中的人力资源、物力资源、财力资源要达到公平合理配置，就需通过政策法规将学前教育资源配置的原则、对象、内容、方式、评价等予以明确规定，这对完善和优化学前教育资源配置，督促各级政府及教育行政主管部门全面履行其管理职责，切实保障学前适龄幼儿接受基本的、有质量的学前教育的权利和机会意义重大。

县域学前教育资源配置，即县与县之间或是一个县的行政区域范围内，学前教育资源在城乡之间、乡镇之间以及学前教育机构之间的分配。总体上看，县域学前教育资源配置具有公共性、动态性、复杂性、多样性四重表征。县域作为一个社会共生系统，是分析学前教育发展特点和规律的基本单位。在"省级统筹，以县为主"的管理体制背景下，中国学前教育高质量发展首先需实现县域学前教育的高质量发展。县域学前教育高质量发展是新时代学前教育公共服务建设的基本内容与要求，是学前教育领域贯彻落实高质量发展国家战略的必然之举。

本书运用文本分析法，通过文字和图表相结合的形式，对浙江省9个县（市、区）21份与学前教育资源配置相关的政策文件的共性、差异性及文本中存在的突出问题进行分析，探寻县域学前教育资源配置政策的共同规律，从政策层面探讨浙江省县域学前教育资源的合理配置，优化学前教育发展路径，促进县域学前教育公平的实现和城乡学前教育均衡发展。研究发现，浙江省县域学前教育资源配置政策的主要内容与特点表现在以下几个方面：坚持政府主导，健全县、乡镇共建的学前教育管理体制；建立以公共财政为支撑的学前教育经费保障机制；优化幼儿园教师资源配置，切实提高幼儿园保教人员素质；完善城乡学前教育资源布局，提高学前教育资源供给能力；创新办园模式，推进城乡学前教育均衡发展。但与此同时，浙江省县域学前教育资源配置政策也存在各级政府部门的职责范围规定不明确，学前教育政策执行的可操作性弱；学前教育财政分担比例模糊，经费保障机制不完善；幼儿教师的社会地位和合法权益缺乏保障；学前教育质量评估监测体系不健全这四方面的突出问题。因此，各县在制定学前教育资源配置政策文件时应从明确政府职责范围、建立完善的学前教育经费保障机制、依法保障幼儿教师合法权益、健全学前教育质量评估监督机制、完善县域学前教育公共服务网络等方面入手，提高学前教育资源配置的质量和效能，促使学前教育发展中的人力资源、财力资源、物力资源、制度资源等真正落到实处。

本书以学前教育资源的四个核心构成要素，即人力资源、财力资源、物力资源、制度资源为分析框架，结合浙江省县域学前教育发展特点和管理体制，基于自下而上的研究思路，以园长认知视角切入，对浙江省18个县（区）190所幼儿园共550位园长（含副园长）进行了问卷调查，分析县域学前教育资源供给保障机制与治理路径。调查结果显示，浙江省县域学前教育资源配置存在的主要问题有：第一，县域幼儿园教师资源数量短缺，有职称和编制的教师比例低，教师整体质量不高。第二，幼儿园财政投入的主体比较单一，以乡镇和县级政府为主，且对幼儿教师的投入不足。第三，幼儿园物质环境尽管基本能满足在园幼儿的教育需求，但幼儿园活动区中的游戏材料在财政投入上依然不足，幼儿园基础设施建设标准有待完善。第四，学前教育资源配置制度不完善，专业管理人员缺乏。在此基础上，结合对访谈资料的整理与分析，从学前教育教师资源、财力资源、物力资源和制度资源四个方面，对县域学前教育资源配置存在问题的原因进行了深入剖析。

为促进县域学前教育的高质量发展，学前教育资源配置应重点从以下方面着手：首先，加强学前教育教师队伍建设。通过拓宽幼儿教师资源供给方式，增加幼儿教师总量；制定幼儿园教师编制与职称评审制度，增强幼儿教师专业认同感；健全幼儿教师薪酬体系，改善幼儿教师工资待遇；完善幼儿教师培训制度，提高幼儿教师专业能力等方式来实现。其次，完善县域学前教育财政投入机制。要明确地方政府财政投入主体责任，构建合理的财政投入分担机制；优化经费配置结构，加大幼儿教师财政投入力度；建立政府财政投入监督制度，提高幼儿园经费使用效能；完善城乡弱势群体家庭资助政策，发挥学前教育财政投入的补偿功能；构建以需求导向的经费投入体制，加强普惠性民办幼儿园扶持力度。再次，提高幼儿园物质环境资源配置质量。幼儿园不同活动区的材料投放是幼儿园物质环境的直观表达，是幼儿园物质环境质量的核心。从活动区材料投放的视角看，幼儿园物质环境资源配置质量的改善需根据幼儿发展需要，投入适宜的活动区材料；促进幼儿教师专业能力发展，提高活动区游戏材料利用率；加大财政投入力度，为幼儿园游戏材料的购置提供充足的资金保障；创新幼儿园教育教学模式，关注幼儿在活动区中的学习过程。最后，完善县域学前教育资源配置制度。要构建县域学前教育资源需求管理制度；建立县域学前教育资源配置协同共生制度；完善城乡幼儿教师交流轮岗制度；制定县域学前教育资源配置质量标准。

目 录

导 论 ·· (1)
    第一节　问题的提出 ·· (3)
    第二节　文献资料回顾与述评 ···································· (14)
    第三节　研究的重难点与创新点 ································· (36)

第一章　理论基础与研究设计 ·· (39)
    第一节　核心概念界定 ··· (39)
    第二节　研究的理论基础 ·· (60)
    第三节　研究思路与研究方法 ···································· (76)

第二章　县域学前教育资源配置的政策研究 ···················· (80)
    第一节　研究样本的选取 ·· (81)
    第二节　县域学前教育资源配置政策的共性特征 ·········· (86)
    第三节　县域学前教育资源配置政策的反思 ··············· (101)
    第四节　县域学前教育资源配置政策制定的理路 ········· (109)

第三章　县域学前教育资源配置的实证研究 ··················· (117)
    第一节　调查目的与方法 ·· (117)
    第二节　问卷实施 ·· (127)
    第三节　数据统计与分析 ·· (131)
    第四节　县域学前教育资源配置的影响因素 ··············· (173)

第五节　结果与讨论 …………………………………………… (185)

第四章　县域学前教育资源配置的问题探源 ……………………… (192)
　　第一节　幼儿教师资源配置的问题与原因 …………………… (192)
　　第二节　学前教育财政资源配置的问题与原因 ……………… (210)
　　第三节　学前教育物质环境资源配置的问题与原因 ………… (230)
　　第四节　学前教育制度资源配置的问题与原因 ……………… (237)

第五章　县域学前教育资源配置的优化路径 ……………………… (249)
　　第一节　加强学前教育教师队伍建设 ………………………… (249)
　　第二节　建立县域学前教育财政投入机制 …………………… (258)
　　第三节　提高幼儿园物质环境资源配置质量 ………………… (269)
　　第四节　完善县域学前教育资源配置制度 …………………… (275)

第六章　研究结论与展望 …………………………………………… (288)
　　第一节　研究结论 ……………………………………………… (288)
　　第二节　研究展望 ……………………………………………… (293)

参考文献 ……………………………………………………………… (298)

附录一　县域学前教育资源配置现状调查问卷（园长/副园长） …… (316)

附录二　县域学前教育资源配置访谈提纲（园长/副园长） ……… (321)

**附录三　县域学前教育资源配置访谈提纲（教育行政管理
　　　　　人员）** …………………………………………………… (323)

后　记 ………………………………………………………………… (325)

导　　论

党的二十大明确提出，高质量发展是全面建设社会主义现代化国家的首要任务；要加快建设高质量教育体系，促进教育公平，优化区域教育资源配置，强化学前教育。当前，中国学前教育的主要矛盾已从注重规模和数量的外延式发展转向注重"更加公平更高质量"的内涵式发展阶段。[①] 高质量的学前教育可为幼儿终身可持续发展奠定良好基础，对国家实现人才强国战略具有奠基性的重要意义。追求高质量的学前教育既是21世纪"质量的时代"背景下的现实需求，也是世界各国政府所努力追求的目标。

2018年11月15日，新华社受权发布的《中共中央　国务院关于学前教育深化改革规范发展的若干意见》明确提出：要"认真落实国务院领导、省市统筹、以县为主的学前教育管理体制"，"县级政府对本县域学前教育发展负主体责任，负责制定学前教育发展规划和幼儿园布局、公办园的建设、教师配备补充、工资待遇及幼儿园运转，面向各类幼儿园进行监督管理，指导幼儿园做好保教工作。"2020年2月，教育部在印发的《县域学前教育普及普惠督导评估办法》的通知中也指出：要制定幼儿园布局规划，县域学前教育普及普惠水平的指标和标准主要包括以下三方面：学前三年毛入园率达到85%；普惠性幼儿园覆盖率，即公办园和普惠性民办园在园幼儿占比达到80%；公办园在园幼儿占比达到50%。

---

① 王鉴、谢雨宸：《乡村学前教育高质量发展的内涵、逻辑与长效机制》，《东北师大学报》（哲学社会科学版）2022年第2期。

为深入贯彻落实党的十九届五中全会"完善普惠性学前教育保障机制""建设高质量教育体系"的部署要求，积极服务国家人口发展战略，进一步推进学前教育普及普惠安全优质发展，2021年12月9日，教育部等九部门在印发的《"十四五"学前教育发展提升行动计划》中明确提出，要"推进教育公平，增加普惠性资源供给，充分考虑出生人口变化、乡村振兴和城镇化发展趋势，逐年做好入园需求测算，完善县（区）普惠性幼儿园布局规划，原则上每三年调整一次。结合三孩生育政策实施和地方实际，及时修订和调整居住社区人口配套学位标准，推动城市居住社区、易地搬迁安置区配套建设与人口规模相适应的幼儿园，产权及时移交当地政府，确保提供普惠性服务，满足就近入园需要。完善农村学前教育资源布局，办好乡镇公办中心幼儿园，通过依托乡镇中心幼儿园举办分园、村独立或联合办园、巡回支教等方式满足农村适龄儿童入园需求。充分发挥乡镇中心幼儿园的辐射指导作用，实施乡（镇）、村幼儿园一体化管理。鼓励有条件的地方探索实施学前教育服务区制度"。

县既是中国重要的行政区划单元，也是国民教育基本的区域教育单位，在国家的政治、经济、文化生活中有着特别重要的地位。[1] 县作为落实国家学前教育政策最直接、最独立、最基层的行政单位，是中国学前教育体系的重要节点，是实现中国学前教育优质与均衡发展重要的责任主体。[2] 县域作为一个社会共生系统，是分析和研究学前教育发展特点和规律的基本单位。国家在近年颁布的有关学前教育的相关政策文件中均强调了发挥县级政府在发展学前教育中的主导作用，并确定了"省级统筹，以县为主"的学前教育管理体制，县级教育行政之成败关系着国之教育之成败。[3]《教育部2022年工作要点》也再次强调：要"进一步提升学前教育普及普惠水平，推动各地以县为单位完善普惠性资源布

---

[1] 彭世华：《县域基础教育均衡发展研究》，高等教育出版社2008年版，第47页。
[2] 杨晓萍、沈爱祥：《县域学前教育共生发展现状分析》，《学前教育研究》2020年第9期。
[3] 王誉：《县级教育行政改革新图景——基于权力分配的视角》，《教育发展研究》2014年第21期。

导　论

局规划，加强城镇新增人口、流动人口集中地区和乡村幼儿园建设"。

党的十九届五中全会通过的"十四五"规划明确指出，中国教育进入高质量发展阶段，目标是建成教育强国、实现教育现代化。"高质量发展"符合中国经济已由高速增长阶段转向高质量发展阶段的实际，是全面建成小康社会的国家战略需求。[①] 高质量的学前教育对儿童未来的发展将带来积极影响。[②] 只有"办好学前教育"，"努力让每个孩子都能享有公平而有质量的教育"，才能不断满足人民群众日益增长的美好生活需要和对高质量学前教育的追求。高质量的学前教育不仅能促进幼儿的身心和谐健康成长，为幼儿终身学习和可持续发展奠基，而且对提高义务教育效益有明显的"增值"作用，有助于打破贫穷在代际的恶性循环。[③] "高质量的早期教育可以促进儿童认知和社会性发展，为儿童入学学习和终身发展奠定良好基础；高质量的学前教育可以重塑儿童人生，对于处境不利的儿童和家庭来说尤为重要，消除社会的不公平应当从儿童早期教育开始。"[④] 在"省级统筹，以县为主"的管理体制背景下，中国学前教育高质量发展首先需实现县域学前教育的高质量发展。县域学前教育高质量发展是新时代学前教育公共服务建设的基本内容与要求，是学前教育领域贯彻落实高质量发展国家战略的必然之举，是全面建成学前教育治理体系与治理能力现代化的路径选择，有利于增强人民群众对学前教育的获得感和幸福感。

第一节　问题的提出

县域学前教育，指县域范围内的学前教育。所谓县域，即以农村为

[①] 杨乘虎、李强：《"十四五"时期公共文化服务高质量发展的新观念与新路径》，《图书馆论坛》2021年第2期。

[②] Vandell D. l.，Belsky J.，Burchinal M.，et al.，"Do effects of early child care extend to age 15 years?"，*Child Development*，No. 3，2010.

[③] 刘焱、郑孝玲：《关于普惠性学前教育公共服务属性定位的探讨》，《教育研究》2020年第1期。

[④] 钟秉林：《发展学前教育要坚持抓好普及与提高质量并重》，《中国教育学刊》（卷首语）2014年第3期。

主的县级行政区划单位（包括县、旗、县级市，以及辖有农村并办有高中的地级市所辖区）的地域范围。中国的县制历史久远，经历自春秋战国以来数千年的演变仍然相当稳定。目前，县是中国最重要的行政区划单位，是国家政治行为和经济发展的聚结点，是国民教育基本的区划单元。县政府是中国基层政府，直接负责管理全县范围内的所有基础教育事业，相对省和市域教育，县域教育以基础教育为主。① 县政府对基础教育还拥有直接调配和管理教职工的人事权，不像其他各级政府只能间接和宏观管理。②"以县为主"的管理体制能促进学前教育资源在县域范围内实现更加公平的分配，为学前教育的均衡发展构建一个新的体制平台。③

一 选题缘由

（一）因应县域学前教育公平的基本诉求

公平，指人与人的利益关系及利益关系的原则、制度、行为等都合乎社会发展的需要，换而言之，即收入均等合理的分配或财产均等合理的分配。公平是人类的价值追求，而教育公平是最基本的社会公平。教育公平主要体现在教育的起点公平、受教育过程公平和教育结果公平三个方面。④ 公平正义是人类追求美好生活的永恒主题，是衡量社会文明进步的重要标准，是人类社会最核心的政治理念，⑤ 正义是社会制度的首要价值。⑥ 学前教育公平是教育起点的公平，是促进社会公平与稳定

---

① 彭世华：《县域基础教育均衡发展研究》，高等教育出版社2008年版，第1页。
② 彭世华：《县域基础教育均衡发展研究》，高等教育出版社2008年版，第47页。
③ 彭世华：《县域基础教育均衡发展研究》，高等教育出版社2008年版，第7—8页。
④ 朱晓斌、蒋一之、郑报：《从社会保障伦理视角看农村学前教育公共服务体系的建构——以浙江省16县市区为例》，《教育学报》2020年第1期。
⑤ 何锋：《农村学前教育教育补偿路径优化：基于供需适配性理论的思考》，《现代教育管理》2015年第9期。
⑥ 正义有两个基本原则：平等自由原则和经济平等原则，前者优先于后者。正义社会的实现有三个要素：第一，有一个正义的宪法保障公民的自由和平等；第二，营造一个有利于机会平等的环境；第三，政府要采取差别原则来保障弱势群体的最大利益，即发挥兜底作用。（参见朱晓斌、蒋一之、郑报《从社会保障伦理视角看农村学前教育公共服务体系的建构——以浙江省16县市区为例》，《教育学报》2020年第1期。）

的重要手段。学前教育的公益性、公共性、正外部性的根本属性，决定了中国县域学前教育资源配置在政策和制度设计上要以公平为价值理念。政府在县域学前教育资源配置与供给过程中做出的职能定位、行为选择以及公共资源投入流向的核心应是促进学前教育公共利益的最大化。公平是县域学前教育资源配置的重要价值依循和目标，政府要提供无差别的普惠性学前教育公共服务，[①] 保障每位适龄儿童不因其家庭经济条件、民族、性别、父母身份、职业、阶层、居住区域等因素都应公平享受到政府提供的学前教育公共服务。学前教育作为基础教育的起始阶段，公平而高质量的学前教育能够有效地打破贫困的代际循环，促进社会公平与稳定。[②] 学前教育的公平直接关系到社会公平的实现。

但目前，中国城乡、地区以及不同幼儿园之间在财政投入、师资配置、物质环境等方面存在着明显的不公平不均衡现象。例如，长期以来，中国有限的学前教育财政性经费主要投向的是公办幼儿园，民办幼儿园资金主要来源于家庭缴费。[③] 中国农村学前儿童非但没能获得学前教育财政资源"补偿公平"的关照，还要受到既有财政投入体制的制约。中国学前教育经费总额的92.8%被用于支持城市学前教育发展，大部分农村幼儿园无法得到国家财政支持。[④] 地方政府在学前教育办学经费中分担比例低且不平衡，在公办园与民办园、公办园与公办园之间特别是县直机关园与非县直机关园、示范性幼儿园和其他非示范性幼儿园之间政府财政投入有较大差别。[⑤] 尽管不同省份支出比例存在差异，但总体来看，学前教育财政支出"城市中心导向"的路径依赖在多数省份存在，公共财政保障公平的职能并未充分实现。有研究显示，2016年，中国有

---

① 赵成福：《新型农村公共服务体系整体性治理研究》，中国社会科学出版社2021年版，第32页。
② 庞丽娟、夏婧：《国际学前教育发展战略：普及、公平与高质量》，《教育学报》2013年第3期。
③ 田志磊、张雪：《中国学前教育财政投入的问题与改革》，《北京师范大学学报》（社会科学版）2011年第5期。
④ 廖勇：《城乡学前教育均衡发展研究综述》，《当代教育论坛》2016年第2期。
⑤ 宋映泉：《不同类型幼儿园办学经费中地方政府分担比例及投入差异：基于3省25县的微观数据》，《教育发展研究》2011年第17期。

12个省市尚未提供相当于城乡总体水平80%以上的生均公共预算支出。农村学前教育生均财政性经费相当于城镇学前教育生均财政性经费的72.94%。① 这些问题在很大程度上影响了县域学前教育公平的实现。

为促进县域学前教育公平，实现城乡学前教育一体化发展，需对县域内学前教育资源配置的总量和结构进行调整和优化，促进县域学前教育资源的合理布局和规划，让更多的适龄幼儿接受基本的、有质量的学前教育，实现县域学前教育公平、均衡、优质发展。没有均衡的优质是不公平的；没有优质的均衡是不合理的、不完善的，是难以满足不同群体需求的。因此，要注重均衡与优质并重。② 中国政府不仅需要加大学前教育财政投入总量，更亟须研究确立公平导向的、以弱势群体为重点的学前教育财政投入体制，明确规定财政投入优先和重点向中西部农村特别是老、少、边、山、穷地区倾斜；向城乡贫困儿童、农村留守儿童、流动儿童、少数民族儿童和残疾儿童等倾斜。同时，以专项经费的方式保障并不断加大对弱势地区和弱势儿童的投入，确保经费来源的稳定性与可持续性，以有力地推动学前教育的公平发展。③ 因此，科学合理的学前教育资源配置是实现县域学前教育公平的条件保障，有利于实现城乡学前教育优质均衡发展。

（二）实现县域学前教育高质量发展的保障

21世纪以来，追求高质量学前教育已成为世界各国的基本共识，国际社会均将高质量学前教育视为构筑国家财富的重要标志之一。④ 新时代背景下，高质量发展成为中国学前教育发展转型的主旋律和最强音。党的二十大明确提出了"以推动高质量发展为主题"的命题，要求坚持

---

① 刘颖：《城乡学前教育财政经费分配更公平了吗？——2010年来我国城乡学前教育财政公平的进展》，《当代教育论坛》2019年第5期。
② 朱晓斌、蒋一之、郑报：《从社会保障伦理视角看农村学前教育公共服务体系的建构——以浙江省16县市区为例》，《教育学报》2020年第1期。
③ 庞丽娟、孙美红、夏靖：《世界主要国家和地区政府主导推进学前教育公平的政策及启示》，《学前教育研究》2014年第1期。
④ 黄瑾、熊灿灿：《我国"有质量"的学前教育发展内涵与实现进路》，《华东师范大学学报》（教育科学版）2021年第3期。

导 论

以人民为中心发展教育,要求把发展质量问题摆在更为突出的位置上,着力提高发展质量和效益,高质量时代呼唤高质量教育。[1] 2019年中共中央、国务院在印发的《中国教育现代化2035》中也提出了"普及有质量的学前教育"的发展目标。2020年党的十九届五中全会做出了"建设高质量教育体系"的战略决策。"中国学前教育的发展目标从2020年'基本普及学前教育'的中长期改革与发展目标提升为2035年'普及有质量的学前教育'的现代化发展目标,未来中国学前教育改革与发展的焦点已经从粗放式的规模扩张突出地转向了内涵式的质量提升。"[2]

2022年10月16日,习近平总书记在党的二十大报告中提出要深入实施科教兴国战略,要办好人民满意的教育,加快建设高质量教育体系。高质量发展意味着更有效率、更加公平、可持续的发展,是质量发展的最优状态和终极旨归。在新的发展阶段,人民群众对高质量学前教育的渴求与学前教育发展不均衡、不充分的矛盾是学前教育发展的主要矛盾。"人民对高质量学前教育的诉求表现为'入好园'的要求,为广大人民群众提供普惠、优质的学前教育是满足人民对优质学前教育需求的重中之重。"[3] 高质量的学前教育对促进幼儿个体身心和谐健康发展,提升经济增长以及国家实现人才强国战略具有奠基性作用。

浙江省为落实党的十九大会议精神,省委省政府对学前教育高度重视,并相继颁布了系列促进学前教育高质量、可持续发展的政策文件。例如,《中共浙江省委 浙江省人民政府关于学前教育深化改革规范发展的实施意见》(浙委发〔2019〕34号)提出:"到2035年,高质量普及学前教育,区域学前教育优质均衡,形成完善的学前教育管理体制、办园体制和政策保障体系,各类幼儿园健康持续发展。全面建成更加公平、更有质量的学前教育公共服务体系。"2020年5月,浙江省委省政府在

---

[1] 郑庆全:《论新时代职前教师的高质量教育实践》,《教育与教学研究》2022年第3期。
[2] 黄瑾、熊灿灿:《我国"有质量"的学前教育发展内涵与实现进路》,《华东师范大学学报》(教育科学版)2021年第3期。
[3] 姚伟:《价值与路径:高质量发展背景下幼儿园质量文化建设探寻》,《东北师大学报》(哲学社会科学版)2020年第6期。

印发的《浙江教育现代化2035行动纲要》中明确强调，要"推进高质量的学前教育，全面实现学龄前儿童就近入园、便捷入园、普惠入园。"2021年6月，浙江省发展和改革委员会、浙江省教育厅在印发的《浙江省教育事业发展"十四五"规划》中明确提出："到2025年，建成质量更加优质、结构更加优化、保障更加全面、服务更加高效的高质量教育体系，让每一位适龄人口得到更公平更优质的教育，教育综合实力、现代化水平和国际影响力全面提升，总体实现教育现代化，为浙江奋力打造'重要窗口'，高质量发展建设共同富裕示范区提供坚强支撑。"《浙江省学前教育发展第四轮行动计划（2021—2025年）》提出："遵循学前教育和幼儿身心发展规律，坚持公益普惠基本方向，强化政府责任，健全保障机制，加快完善覆盖城乡、布局合理、公益普惠的学前教育公共服务体系，促进学前教育高质量发展，努力满足人民群众幼有所育的美好期盼，为培养德智体美劳全面发展的社会主义建设者和接班人奠定坚实基础。"

学前教育是基础教育的重要组成部分，是国民教育体系的奠基阶段，普及学前教育、合理配置学前教育资源、促进学前教育均衡发展是学前教育改革与发展的政策导向。学前教育资源的合理配置是学前教育发展的关键因素，是确保儿童受教育权，实现教育公平的有力保障。[1]但这些价值的实现需要以有质量为前提，如果仅仅关注普惠性学前教育公共服务的范围和资源总量而不关注质量，就可能不会对儿童或社会产生良好的益处。"只有高质量的教育，才有对个人发展、国家发展的高贡献。"[2]世界上很多国家和地区均认识到了兼顾学前教育的普及与质量的重要意义，并以政策法规形式对其进行了明确规定。例如，印度在《国家儿童行动计划》中提出，在普及学前教育的同时要"使所有儿童获得高质量教育"。巴西在《国家学前教育政策》和《国家教育计划》中均

---

[1] 姜勇、王艺芳：《新时期学前教育发展研究》，华东师范大学出版社2020年版，第72页。

[2] 褚宏启：《关于教育公平的几个基本理论问题》，《中国教育学刊》2006年第12期。

明确规定,"学前教育应在保证质量的前提下使所有孩子都受益。"① 只有建立在有质量保障基础上的普惠性学前教育公共服务,才能真正实现学前教育的公平正义,为儿童提供有质量的学习机会,实现机会公平向质量公平的转向。②"省级统筹、以县为主"的教育管理体制决定了县域在中国学前教育发展中的核心地位。中国学前教育发展的重点在县域,县域学前教育是中国学前教育整体可持续发展的关键。学前教育高质量发展首先需要实现县域学前教育的高质量发展,县域学前教育发展的质量和水平,对学前教育的高质量发展具有决定性意义,而县域学前教育发展的核心在学前教育资源的合理配置。③ 因此,学前教育高质量发展离不开学前教育资源的有力支撑,本质上,学前教育高质量发展的关键就是学前教育资源配置的质量和效益问题。

当前,部分研究者就学前教育资源配置对学前教育质量发展的影响进行了深入探讨,结果发现,教育质量与成本呈显著正相关,高质量需要高成本。④ 幼儿园教育质量与生均投入、生均成本均存在显著的正相关,且与生均成本的相关性更强;从具体构成要素来看,家长缴费,尤其是人员经费水平与幼儿园教育质量相关性更强。⑤ 但是,中国县域学前教育资源配置总体情况并不乐观,还存在以下问题:幼儿园教师的数量、质量城乡失衡形势严峻,且呈继续扩大趋势;农村幼儿园教师整体素质较低,城乡教育质量差距悬殊且不断扩大;⑥ 城乡幼儿教师编制制

---

① 庞丽娟、夏婧:《国际学前教育发展战略:普及、公平与高质量》,《教育学报》2013年第3期。
② 何锋:《农村学前教育教育补偿路径优化:基于供需适配性理论的思考》,《现代教育管理》2015年第9期。
③ 王声平、杨友朝:《高质量发展背景下我国县域内学前教育财政投入的问题及改进建议——基于浙江省的实证调研》,《教育与教学研究》2022年第7期。
④ 刘焱、郑孝玲、宋丽芹:《财政补贴对普惠性民办幼儿园教育质量的影响路径》,《教育研究》2021年第4期。
⑤ 李克建、潘懿、陈庆香:《幼儿园教育质量与生均投入、生均成本的关系研究》,《教育与经济》2015年第2期。
⑥ 庞丽娟、张丽敏、肖英娥:《促进我国城乡幼儿园教师均衡配置的政策建议》,《教师教育研究》2013年第3期。

度欠公平，任用制度较模糊；薪酬和职称制度不完善；① 城市和农村学前教育经费投入上的悬殊差异；② 等等。这些问题直接关系到学前教育的育人质量，制约着县域学前教育的高质量发展。"高质量发展背景下要求幼儿园要关注以质量为核心的内涵式发展，实现由外延式发展向内涵式发展的转变。内涵式发展是一种旨在通过事物内部要素结构的优化，实现速度、规模、质量、效益相协调的发展。实现幼儿园的内涵式发展要充分做好幼儿园内部各种资源的结构优化，依托各种资源的配置效率，来推动幼儿园教育质量的提高。"③ 为满足人民日益增长的对高质量学前教育的需求和优质学前教育资源供给不充分、不平衡的矛盾，实现"幼有所育"目标，需要对县域学前教育资源需求的现状进行较为详细地分析，实现学前教育资源配置的合理优化，促进学前教育质量的整体提升。

(三) 增强县域学前教育资源承载力的核心

学前教育资源承载力是指"一定区域范围内，资金、师资、园舍、课程等资源要素相互整合所形成的复合系统对于满足最大数量幼儿接受具有一定质量学前教育的能力。"④ 为切实满足入园需求，保证县域学前教育资源的存量与增量，扩大学前教育资源供给形式，着力优化学前教育资源配置，拓宽资源供给渠道，是实现县域学前教育普及发展的重中之重。通过对县域学前教育资源配置的研究，能较为全面地了解县域内学前教育资源的配置结构和容量，以及各资源要素的构成情况和作用机制，平衡城乡、地区和不同性质幼儿园之间学前教育资源的供需情况。根据县域的政治、经济、文化、教育等实际情况，因地制宜地提出有针对性、有效性和可操作性的策略，增强县域学前教育资源承载力，推进

---

① 邓泽军、李敏、刘先强：《论城乡幼儿教师均衡配置体制机制创新》，《基础教育》2015 年第 6 期。

② 夏婧：《我国农村学前教育政策：特点、矛盾与新趋势》，《现代教育管理》2014 年第 7 期。

③ 姚伟：《价值与路径：高质量发展背景下幼儿园质量文化建设探寻》，《东北师大学报》（哲学社会科学版）2020 年第 6 期。

④ 许浙、柳海民：《论资源承载力支撑下的区域学前教育合理有序发展》，《中国教育学刊》2020 年第 4 期。

县域学前教育的健康、有序、可持续发展，避免学前教育资源供需失调和资源错配格局，实现"幼有所育"的战略目标。

在资源容量有限的情况下，如何调整和优化县域学前教育资源配置结构，不断满足广大民众对优质学前教育资源的需求，提高县域学前教育资源供给能力和利用率，使更多适龄幼儿接受基本的、有质量的学前教育就显得尤为关键。但从对现有研究的分析中发现，中国县域学前教育资源配置效率总体不高，资源配置结构亟待优化。例如，有研究发现，与县城和乡村相比，镇一级幼儿园的校舍建筑面积和幼儿教师资源的配置效率都有待提高。便利的城乡交通与县域社会经济发展规划是影响学前教育资源配置效率的主要因素。[①] 在城市、县镇与农村三元划分下，县镇和城市学前教育资源配置效率的提高幅度明显高于农村。而且，县镇是未来中国新增城镇人口主要的流动目的地，因而也是未来学前教育资源投入的重点。将更多的教育资源投向县镇地区是提高学前教育资源配置效率的重要途径。[②] 县域学前教育资源配置是一个动态的、发展的过程，不仅需要根据县域内学前适龄人口的变化趋势进行适时适当调整，还要反映县镇和农村居民对学前教育资源需求的变化趋势，对城乡学前教育资源配置进行前瞻性设计，保证有限的教育资源得到最大化利用，进而提高资源配置效率，增强县域学前教育资源承载力。

（四）促进"重要窗口"建设中浙江省县域学前教育协调发展

协调本意为"和谐一致，配合得当"，意指系统内要素间的良性互动关系及状态，[③] 协调旨在释义系统间、系统内要素间在发展演化过程中和谐共生的状态，具体分为内外部协调、要素协调、组织协调、功能

[①] 冯婉桢、康亚军：《县域学前教育资源配置效率与优化路径研究——基于西部地区 H 县 2011—2016 年的数据分析》，《基础教育》2019 年第 3 期。

[②] 冯婉桢、吴建涛：《我国学前教育资源宏观配置效率：内涵、指标与经验研究》，《教育科学》2014 年第 4 期。

[③] 王华峰：《基于系统科学的高等教育转型发展研究》，博士学位论文，天津大学，2003 年，第 57 页。

协调、目标协调（即同向协调）。① 协调是相互关联系统间、系统内要素间互相协作、促进、配合的良性互动、控制过程及循环态势，以实现系统整体和谐发展演进为目标，② 旨在系统各组织要素在区域与时域上持续均衡、协作发展，其基本思想是通过特定手段来寻求冲突矛盾的解决方案，实现系统间由无序转换到有序、各级子系统间协同的状态。③

"协调发展"是为实现系统整体由简单到复杂、低级到高级、无序到有序的发展演化过程，各级关系性系统或要素间和谐共生、相互配合、协作、促进而形成的良性循环态势。"教育协调发展"旨在区域教育与社会经济发展间的相对均衡，教育系统能较好适应经济社会发展并实现两者间良性互动的发展态势。④

浙江省第十四届委员会第七次全体会议强调，要为建设新时代全面展示中国特色社会主义制度优越性的重要窗口而努力奋斗，以"浙江之窗"展示"中国之治"，以"浙江之答"回应"时代之问"。"重要窗口"意味着承担特殊的职责使命，具有开放性、国际性、先行性、示范性。学前教育作为国民教育的重要组成部分，既是事关人民群众切身利益的重大民生问题，也是人民群众对优质教育、均衡教育、公平教育的新诉求和新渴望。深化教育改革，建设具有浙江特色的县域普惠性学前教育公共服务体系，既是展示浙江"重要窗口"的应有之义，有着基础性、全局性、深远性、超前性的意义，也是学习和贯彻落实党的十九大、十九届五中全会、二十大精神的具体体现。2022年3月，浙江省教育厅等十一部门在印发的《浙江省学前教育发展第四轮行动计划（2021—2025年）》的通知中明确指出："全面推进城乡学前教育一体化，重点扶持薄弱幼儿园，缩小差距，促进学前教育优质均衡发展。""到2025年，高质量普及学前教育，区域学前教育优质均衡发展，90%以上的县（市、

---

① 白华、韩文秀：《复合系统及其协调的一般理论》，《运筹与管理》2000年第3期。
② 熊德平：《农村金融与农村经济协调发展研究》，社会科学文献出版社2009年版，第81—86页。
③ 刘文菁：《农村教育与经济协调发展研究》，博士学位论文，中国海洋大学，2009年，第99页。
④ 段从宇：《中国高等教育区域协调发展研究》，科学出版社2015年版，第33—34页。

区）成为全国学前教育普及普惠县（市、区），学前三年入园率保持在98%以上，普惠性幼儿园在园幼儿占比达到90%以上，经费保障机制更加完善，出台并落实公办幼儿园成本分担机制。"

随着"全面三孩"政策的实施，学前教育资源供需矛盾日益突出，人民群众对高质量学前教育的需求更加迫切。发展普惠性学前教育，建设高质量学前教育公共服务体系，促进省域内城乡学前教育的均衡协调发展，是实现浙江省"幼有所育"目标的关键，是推进和提升学前教育公共服务水平的内在要求，是学前教育改革纵深、优质、可持续发展的必然道路。党的十九届五中全会明确提出了到2035年要基本实现社会主义现代化的远景目标，建成文化强国、教育强国、人才强国……基本公共服务实现均等化，城乡区域发展差距显著缩小。但从当前浙江省县域学前教育发展情况看，不同地区、不同性质的幼儿园在人力资源、财力资源、物力资源、制度资源等配置上仍然存在结构性的不协调问题。"均衡发展是建设高质量基础教育体系的根本取向。"[1] 加强县域学前教育资源配置研究，有利于充分利用和调动县域内学前教育各种资源，扩大学前教育资源供给渠道，"缩小城乡之间、各级各类学校在学前教育阶段发展水平的差异；同时，协调城乡之间、不同学校之间形成相互促进的新局面，朝向高质量学前教育迈步，实现质量公平这一更具现实意义的公平。"[2] 并且，县域学前教育资源的优化配置，对完善公办为主、普惠性民办为辅的区域学前教育公共服务体系，促进浙江省县域学前教育的优质、均衡、协调发展也有着重要的促进作用。

二 研究价值

（一）理论价值

本书综合运用经济学、管理学中的公共物品理论、机制设计理论、

---

[1] 吕玉刚：《以未来计·从足下始：基础教育高质量发展十年成就与未来布局》，《中小学管理》2022年第10期。

[2] 龚欣、曲海滢：《高质量学前教育体系：基本构成、主要特征及建设路径》，《现代教育管理》2021年第11期。

协同治理理论、供需均衡理论，厘清与县域学前教育资源配置密切相关的概念，从学理上阐释和论证县域学前教育资源配置的必要性与价值，力求拓展学前教育资源配置与管理的理论生长点，扩展县域学前教育资源配置研究内容。以新的生育政策调整、新型城镇化进程和外来随迁人口变化等对学前教育发展的影响切入，探讨县域学前教育资源配置的关键影响因子，以及学前教育资源供给与需求之间的矛盾及协调性。通过对县域学前教育资源配置与优化机理的分析，提出完善学前教育资源配置的政策建议与具体路径，这对进一步系统完善、优化学前教育资源配置结构，丰富县域学前教育资源配置理论体系具有重要的学术价值。

（二）实践价值

根据实地调查，结合相关理论研究成果，以浙江省的部分县（区）为例，剖析县域学前教育资源配置的现状、特点、问题、影响因素，等等，在此基础上构建县域学前教育资源配置影响因素模型，提出优化县域学前教育资源配置的策略。本书有利于为地方政府及行政管理部门制定学前教育资源配置的规划政策和决策提供数据支撑；为教育主管部门提供县域内学前教育资源供给保障的基本思路，提高学前教育资源管理体制与改革的有效性；建立健全与县域学龄人口变化趋势和空间布局相适宜的幼儿园建设机制，创新学前教育资源区域格局，有序扩大县域学前教育资源供给需求，避免出现结构性失衡，促进学前教育公平的实现。

第二节 文献资料回顾与述评

研究者们从不同视角切入，采用不同的研究方法对县域学前教育资源配置进行了多方面的探讨。本书以"学前教育资源""教育资源配置""县域学前教育""幼儿教师资源""学前教育财政投入""学前教育管理""学前教育制度"等为主题，以中国知网为数据源，对1997—2022年发表的与研究主题密切相关的期刊论文（含一般期刊、核心期刊和CSSCI期刊三类）、硕博论文进行检索，并查阅了相关研究论著。通过对

导　论

文献资料的全面梳理、研读、分析，以"学前教育资源配置"这一中心概念为分析框架，从人力资源、财力资源、制度资源，以及学前教育管理体制等方面，提炼出近二十年来中国县域学前教育资源配置研究的核心主题。在文献资料的选取上主要遵循以下三个原则：第一，研究内容必须与"学前教育资源"主题紧密相关；第二，研究范围限定在"县域学前教育"；第三，研究时间限定在1997—2022年。总体上看，当前，中国学者关于县域学前教育资源配置的研究主要聚焦在以下几个方面。

一　县域幼儿教师资源配置研究

新时代背景下，探索教师教育体系建设成为重中之重，为提高教育质量，需努力创设新时代高质量教师教育体系。[①] 高素质、专业化的幼儿教师队伍是保障学前教育质量的根本，对实现学前教育过程公平，促进幼儿身心健康和谐发展有决定性作用。现有研究主要从幼儿教师资源配置的均衡性、现状与问题、优化策略三方面进行了探讨。

（一）县域幼儿教师资源配置的均衡性

研究者们基于比较视角，从学理上对城镇和乡村幼儿教师资源配置的均衡性进行了分析。有研究者提出，学前教育深层次的优质均衡，在于以优质教师为代表的优质教育资源均衡。有研究显示，中国幼儿园教职工数量配置不均衡现象还比较突出，2014年城市幼儿园教职工数量占比为50.22%，是镇区和农村幼儿园教职工数量占比之和。[②] 2019年的城区、镇区、乡村专任教师数量分别为133.64万、97.83万、44.84万，占比分别为48.37%、35.40%、16.23%，农村师资数量严重不足。[③] 中国幼儿园教师资源配置在省域、县域、城乡、园所之间均存在显著差异，

[①] 王林发、曾怡：《新时代高质量教师教育体系建设：历史经验与实践探索》，《教育与教学研究》2022年第9期。

[②] 赵彦俊、胡振京：《区域视域下普惠性幼儿园政府财政投入机制研究》，中央编译出版社2017年版，第144—145页。

[③] 柯亮：《学前教育公共服务供给的需求逻辑和现实选择》，《湖南师范大学教育科学学报》2021年第2期。

学前教育发展不平衡、不充分问题非常明显。① 城乡幼儿教师均衡配置主要存在编制制度欠公平，任用制度较模糊；薪酬制度不完善，幼儿教师的工资待遇偏低；社会福利不足，差距大等问题。中国城乡幼儿园教师无论是在数量，还是在质量上都呈现出严峻的失衡状态，中部和西部省份在此方面尤为明显，且呈继续扩大趋势，这将对教育公平与社会公平产生严重不良影响。②

从区域范围看，有研究者发现，教师数量配置、结构配置和质量配置在镇、乡、村三级行政区域均呈现出区域间差异较小但区域内差异较大的特征。③ 乡村幼儿园教师的学历层次普遍低于县城幼儿园教师，师资力量的差异致使幼儿获得的教育资源和质量出现很大程度的不均衡性。④ 中国农村幼儿教师队伍存在数量严重不足、质量不高、工作环境差、社会地位低、专业发展平台缺少等问题，加强师资队伍建设是破解农村学前教育发展瓶颈的关键。⑤ 农村幼儿园教师整体素质较低，城乡教育质量差距悬殊且不断扩大。面对幼儿教师队伍治理方式不合理、缺乏系统化机制、幼儿教师培训机会不均衡等问题，⑥ 城乡幼儿教师均衡配置体制机制创新应突出儿童利益优先、教师福利最大、团队架构最优、责任与权利对四大原则。⑦

总体上，各县区幼儿园生师比、具有专科及以上学历的教师占比、未

---

① 陈纯槿、范洁琼：《我国学前教育综合发展水平的省际比较与分析》，《学前教育研究》2018年第12期。

② 庞丽娟、张丽敏、肖英娥：《促进我国城乡幼儿园教师均衡配置的政策建议》，《教师教育研究》2013年第3期。

③ 方建华、马芮、蔡文伯：《基于泰尔指数的县域内幼儿园教师资源配置分析》，《学前教育研究》2021年第2期。

④ 邱家俐、王雯：《大数据背景下县域学前教育的均衡发展研究——以河南省S县为例》，《河南教育（幼教）》2020年第11期。

⑤ 夏婧：《我国农村幼儿园教师队伍建设经验及其启示》，《学前教育研究》2014年第7期。

⑥ 孙书蓝：《幼儿教师资源均衡配置及其治理研究——以山东省G县为例》，硕士学位论文，山东师范大学，2021年，第44—67页。

⑦ 邓泽军、李敏、刘先强：《论城乡幼儿教师均衡配置体制机制创新》，《基础教育》2015年第6期。

评职称的教师占比、各年龄段的教师占比这四项指标县域间差异均呈缩小趋势。但与城镇相比，乡村幼儿园四项指标县域间差异更大，乡村幼儿园教师资源配置不均衡程度更高。其中，财力有限，教师工资待遇经费保障不到位；职业压力过大，优质师资流失严重；培养培训体系不完善，职业发展前景受限等是县域幼儿园教师资源配置失衡的主要原因。探索实施基本设施和师资队伍共建机制，完善幼儿园教师补充机制，健全幼儿园教师质量保障机制，是推进县域间幼儿园教师资源均衡配置的关键。[1]

（二）县域幼儿教师资源配置的现状与问题

现有研究主要采用问卷调查或个案分析的方法，从数量、质量、结构等方面对农村地区、贫困地区和少数民族地区幼儿教师资源配置的现状展开了调查。研究发现，农村民办幼儿园教师资源配置尚存在结构失衡、动力和可持续性不足、政府财政投入分配不均衡、政府对农村民办幼儿园教师资源配置的参与以及监管力度不足等问题。[2] 农村地区学前教育教师的数量缺口大、结构失衡，地方政府对教师资源配置不够等，对农村幼儿园教师资源配置质量及幼儿园教学质量都有重要影响。[3] 有研究发现，欠发达县域学前教育师资配置主要存在幼儿教师的学历偏低、职称评定情况差、持证上岗率较低、教师数量不足、职前培养相对滞后等问题，可通过打造学前师资培养基地、改变招生模式、进行课程改革等予以改革。[4] 贫困县学前教育存在投入不足、园舍简陋、入园率低、师资短缺等问题，应通过制订学前教育行动计划、建立政府主导的财政投入体制、加强教师队伍建设等措施保障促进中国欠发达地区学前教育发展。[5]

---

[1] 李钰燕、陈金菊：《西部地区幼儿园教师资源配置的县域比较与分析——基于广西108个县区的实证研究》，《教育理论与实践》2020年第14期。
[2] 杜冰玉：《农村民办幼儿园教师资源配置状况的个案研究》，硕士学位论文，东北师范大学，2021年，第66页。
[3] 赖昀、薛肖飞、杨如安：《农村地区学前教育教师资源配置问题与优化路径——基于陕西省X市农村学前教师资源现状的调查分析》，《教育研究》2015年第3期。
[4] 王万良：《发达省份的欠发达县域学前教育师资情况调查——以浙江省丽水市为例》，《内蒙古师范大学学报》（教育科学版）2011年第4期。
[5] 邹联克、陶蕾、李玲：《贫困地区学前教育的问题和对策研究——以西部某省A县为例》，《贵州社会科学》2012年第3期。

有研究者采用案例研究的方法,对民族地区学前教育师资配置的现状进行了调研。结果显示,广西壮族自治区乡村幼儿园教师资源配置的不均衡程度相对城镇更高。民族地区学前教育财政投入不足、幼儿园教师数量缺乏且质量不高,队伍结构呈现年轻化等影响了幼儿园教师资源的合理配置。[1] 民族地区学前教育师资队伍建设存在师资结构不尽合理、师幼比不达标、教师编制严重不足、教师待遇不高的困境。应采取多种形式补充学前师资,加强幼儿园教师的职后培训,加大学前教育财政投入,着力解决公办园教师编制,稳定幼儿教师队伍。[2] 有研究发现,民族村幼儿教育遭遇的困境主要包括幼儿园教育缺位、家庭早期教育缺失、村寨教育的缺憾等。[3] 新时代学前教育发展需要政府继续给予精准有效的政策和经费支持,给予幼儿更多的人文关怀,积极整合社会力量,扩充学前教育资源,在"保基本"的前提下提升学前教育质量。同时家庭、社区、幼儿园应形成合力,共同帮助幼儿在"传承民族文化"和"适应主流"之间寻求平衡,以促进当地学前教育更好地发展。[4]

(三) 县域幼儿教师资源配置的优化策略

为提高县域学前教育教师资源配置效率,研究者们从提高学前教育师资供给能力,拓宽幼儿教师资源供给方式,加大幼儿教师财政投入力度,健全幼儿教师资源保障制度等方面提出了优化幼儿教师资源配置的策略。有研究者提出,可通过明确幼儿教师法律身份,扩大教师编制与提高教师待遇,加强农村幼儿教师社会保障体系建设等方式,有效促进城乡幼儿园教师的均衡配置。[5] 通过构建城乡幼儿园教师交流机制;完善教师培训体

---

[1] 李钰燕、陈金菊:《民族地区幼儿园教师资源配置的城乡差异分析——以广西壮族自治区为例》,《民族教育研究》2020年第4期。

[2] 徐发秀:《民族地区学前师资队伍建设的困境及对策研究——基于Y县的个案考察》,《贵州民族研究》2016年第5期。

[3] 张卫民、张敏:《民族幼儿教育的困境与破解——基于重庆秀山县金珠苗寨的田野考察》,《学前教育研究》2014年第1期。

[4] 曹鑫莉、史大胜、胡月:《教育扶贫背景下民族贫困地区学前教育发展研究——以MJ县LB镇为例》,《民族教育研究》2018年第4期。

[5] 庞丽娟、张丽敏、肖英娥:《促进我国城乡幼儿园教师均衡配置的政策建议》,《教师教育研究》2013年第3期。

系与学习交流制度；实施师范生免费定向培养计划等方式培育农村学前教育的内生力。[1] 但也有研究发现，农村幼儿园教师有很高的专业认同度与专业热忱，应充分挖掘农村幼儿教师的精神价值，注重解放教师的闲暇时间，丰富其精神生活。[2] 农村学校布局调整后，可利用中心小学校舍资源、村小校舍，教师资源兴建乡镇中心幼儿园和校中园，大力发展学前教育。[3] 同时，地方政府可与当地职校合作，定向培养学前教育专业的师资，采用教师转岗等方式，缓解乡村幼儿园教师资源严重不足的矛盾。[4]

有研究者基于财政投入视角对县域幼儿教师资源配置策略进行了探讨，认为可通过加大教师队伍投入，设立保障贫困地区幼儿园教师工资待遇的专项经费，确保非在编教师工资待遇不低于同等岗位的在编教师，逐步实现同工同酬，提高幼儿教师职业吸引力和质量。[5] 有研究者认为，对幼儿教师的财政投入要分阶段合理推进，基础设施建设与教师队伍的财政投入在幼儿园新建阶段要同步考虑；在已具备基本办园条件阶段，财政投入应以教师队伍建设为主。[6] 教师薪资对学前教育质量最具预测作用，[7] 政府要将教师薪资纳入幼儿园办园成本，确保拨款能切实用于保障和提升幼儿园教师薪资待遇。[8] 区县经济的实际发展水

---

[1] 张更立、阮成武：《县域农村学前教育供给：现实困境与改进策略》，《教育发展研究》2015年第24期。

[2] 姜勇、何敏、张云亮：《国家级贫困县农村幼儿园教师精神状况考察——物质的匮乏与心灵的充盈》，《学前教育研究》2016年第7期。

[3] 刘欣、曾嵘、王宁：《"后撤点并校"时期农村教育资源的重组与利用——基于对湖北省郧西县的调查》，《中国教育学刊》2013年第10期。

[4] 程秀兰、王娇艳：《农村转岗幼儿教师职前培训的意义与有效模式》，《学前教育研究》2014年第4期。

[5] 李钰燕、陈金菊：《西部地区幼儿园教师资源配置的县域比较与分析——基于广西108个县区的实证研究》，《教育理论与实践》2020年第14期。

[6] 张有龙、杨晓萍：《民族贫困山区农村幼儿教师配置的困境与纾解——基于黔西北乌蒙山区的调查分析》，《贵州民族研究》2018年第2期。

[7] Whitebook M., Phillips D., Howes C., "Worthy work, STILL Unlivable Wages: The Early Childhood Workforce 25 Years after the National Child Care Staffing Study" [R], Berkeley, CA: Center for the Study of Child Care Employment, 2014.

[8] 刘颖：《城乡学前教育财政经费分配更公平了吗？——2010年来我国城乡学前教育财政公平的进展》，《当代教育论坛》2019年第5期。

平是地方政府确定学前教育财政投入的重要参考依据，市级及省级财政经费投入要向经济相对落后的区县倾斜，确保农村幼教师资队伍建设。①但从研究结果看，中国各级政府对幼儿教师的财政投入明显不足。以广西壮族自治区为例，2015年，广西幼儿园教师工资福利支出占学前教育经费总支出的比例为48.57%，占学前教育财政补助经费的25.42%，分别比2011年减少了6.06%、27.78%。学前教育经费投入严重不足，特别是幼儿园教师工资待遇经费保障减弱，导致国家和自治区关于幼儿园教师队伍保障政策得不到具体落实。② 地方政府应调整和改革学前教育投入取向，加大幼儿教师培养、培训等软件的投入，将投入重心转移到资源扩张与质量提升并重。③

二 县域学前教育财政投入研究

财政投入是促进学前教育可持续发展的关键。现有研究主要从学前教育财政投入的公平性、成本分担机制、效率，学前教育财政投入与学前教育质量之间的关系，幼儿教师财政投入等方面进行了分析。

（一）学前教育财政投入的公平性

目前，政府对不同区域、不同性质的幼儿园的财政投入均存在明显的不公平现象。有研究发现，学前教育财政投入的非公平性在城乡幼儿园之间表现得尤为突出。学前教育财政支出的"城市中心导向"在多数省份存在，④ 中国学前教育经费总额的92.8%被用于支持城市学前教育发展，大部分农村幼儿园无法得到国家财政支持。⑤ "城市中心"的政策

---

① 邓泽军、李敏、刘先强：《论城乡幼儿教师均衡配置体制机制创新》，《基础教育》2015年第6期。

② 李钰燕、陈金菊：《西部地区幼儿园教师资源配置的县域比较与分析——基于广西108个县区的实证研究》，《教育理论与实践》2020年第14期。

③ 李钰燕、陈金菊：《民族地区幼儿园教师资源配置的城乡差异分析——以广西壮族自治区为例》，《民族教育研究》2020年第4期。

④ 刘颖：《城乡学前教育财政经费分配更公平了吗？——2010年来我国城乡学前教育财政公平的进展》，《当代教育论坛》2019年第5期。

⑤ 廖勇：《城乡学前教育均衡发展研究综述》，《当代教育论坛》2016年第2期。

导向加剧了农村学前教育财政资源的匮乏,[①] 也是导致城乡学前教育发展不均衡的重要因素。[②] 但也有研究者持不同观点,认为区县政府应改变重点投入农村的发展策略,将主要资源用于为已经流动到和可以流动到本地城市的所有农村贫困儿童家庭提供学前教育服务,遵循"就近入园"原则,在这些流动家庭长住地附近建设普惠性学前教育。[③]

从幼儿园性质上看,政府对公办园和民办园的财政投入也存在明显差异。中国学前教育财政性经费主要投向的是公办园,[④] 不同地区民办幼儿园获得的奖补金额按县城、乡镇、村庄的顺序呈递减趋势,忽视了边远村庄小规模民办幼儿园在教育供给上的贡献。[⑤] 但有研究发现,政府对公办幼儿园的财政投入与公办园在园幼儿规模增长率之间并非呈线性的正比关系。相反,在其他影响因素相同的情况下,政府分担比例越大,对公办园在园幼儿规模增长率的负效应越大。地方政府要转变财政投入观念,增加公办园的城乡覆盖范围,创新学前教育财政投入体制。[⑥] 政策目标和财政投入改革必须打破投入的不公平现象,必须扭转将有限的公共财政资源仅投入到部分公办幼儿园的做法。[⑦]

(二)学前教育财政投入成本分担机制

学前教育成本分担是指培养一个在园幼儿所需要耗费的成本,如何在政府、家庭与社会,以及各级政府之间合理分担并最终实现的问题。

---

① 柏檀、熊筱燕、王水娟:《我国学前教育财政投入问题探析》,《教育与经济》2012年第1期。

② 夏婧:《我国农村学前教育政策:特点、矛盾与新趋势》,《现代教育管理》2014年第7期。

③ 赵南:《发展普惠性学前教育应考虑的两个基本问题》,《教育发展研究》2020年第24期。

④ 田志磊、张雪:《中国学前教育财政投入的问题与改革》,《北京师范大学学报》(社会科学版)2011年第5期。

⑤ 赵俊婷:《于当前民办幼儿园发展奖补办法的思考——基于西部S县的调研分析》,《学术论坛》2013年第4期。

⑥ 王娅、宋映泉:《"幼有所育"中政府普惠性投入的必然性——来自六省县级面板数据的历史证据》,《学前教育研究》2019年第6期。

⑦ 宋映泉:《不同类型幼儿园办学经费中地方政府分担比例及投入差异:基于3省25县的微观数据》,《教育发展研究》2011年第17期。

合理的学前教育成本分担是缓解"入园难""入园贵",以及促进教育公平的有效途径。① 从财政投入主体看,有研究者认为,各级政府应切实承担起学前教育阶段的投入责任,健全转移支付制度,提高公共财政投入比例。针对欠发达地区,"以县为主"的投入体制重心过低,县级财政自给能力不足,难以维持普惠性学前教育可持续发展的长期投入,不利于学前教育公共服务均等化的实现。② 县级政府虽然是中国学前教育财政投入的主体,但由于长期以来财权和事权的不统一,以及对经济效益收效快领域投入的偏好导致部分地方政府在财力上无力扶持、在思想上甚至不重视学前教育发展。学前教育作为"公共服务",理应由国家公共财政承担投资学前教育的主体责任,③ 中央与省级政府应保证继续给予财政投入方面的大力支持,并不断调整投入对象和重点。④

但有研究者对此持不同观点,认为学前教育投入仍要以县级政府为主,中央政府应承担缩小各省之间财政性学前教育投入差距的责任,省级政府应承担缩小省内各县之间、城乡之间财政性学前教育投入差距的责任,⑤ 中央、省级政府要充分发挥调节、均衡与补充功能。⑥ 然而,由于学前教育事权与支出责任的划分仅有"省级统筹、以县为主"等原则性规定,各级政府在财政分担比重和经费配置结构上均未进行具体划分。⑦ 为进一步增加教育资源投入,促进农村学前教育发展,应构建农村学前教育成本分担机制,分地区、分阶段逐步将学前三年教育纳入义

---

① 王海英:《学前教育成本分担研究》,人民教育出版社2016年版,第26—29页。
② 李芳、祝贺、姜勇:《我国学前教育财政投入的特征与对策研究:基于国际比较的视角》,《教育学报》2020年第1期。
③ 洪秀敏、马群、陈敏睿:《新世纪我国学前教育财政投入的特点与展望——基于2000—2015年学前教育财政统计数据的分析》,《教育经济评论》2019年第4期。
④ 沈建洲、党爱娣:《西部县域学前教育三年行动计划实施现状与对策——以甘肃省J县为例》,《学前教育研究》2013年第6期。
⑤ 赵海利:《构建财政性学前教育投入增长的保障机制——基于经济学需求与供给的视角》,《教育发展研究》2016年第20期。
⑥ 柯亮:《学前教育公共服务供给的需求逻辑和现实选择》,《湖南师范大学教育科学学报》2021年第2期。
⑦ 刘焱、郑孝玲:《关于普惠性学前教育公共服务属性定位的探讨》,《教育研究》2020年第1期。

务教育保障体系。① 各主体分担比例的范围区间应有明确规定及法律保障，政府、家庭、社会及幼儿园都应承担相应责任。作为分担主导的各级政府之间也应合理规划经费配置结构，② 要科学制定学前教育成本分担的顶层设计，尽可能使家庭承担比重控制在10%以下。③ 有研究者构建了中国政府应分担的合理比例以及各级政府间学前教育支出责任的划分模式，④ 这为中国不同地区学前教育成本分担方案提供了启示和借鉴。

（三）学前教育财政投入的效能

注意提高幼儿教育财政经费的使用效能，以便更多的孩子能接受幼儿教育，这是世界各国追求幼儿教育公平的普遍做法，即以提高效率的途径实现公平的目标。⑤ 为使学前教育财政投入使用效用的最大化，研究者们对学前教育财政投入的效率和绩效评价指标进行了分析。有研究发现，从均值与有效样本县比重两方面看，学前教育财政投入效率整体都是比较低的。各级政府需从规划责任、财政责任、监管责任厘清各自的职责。⑥ 有研究者从幼儿园、幼儿、教师三个主体视角，构建了包含规模和结构指标、投入和产出指标的综合性学前教育财政投入绩效评价指标体系。结果显示，与城市相比，农村学前教育财政投入在经费总量、教师数量和结构等方面均有待加强。⑦ 地方政府对学前教育的财政投入应坚持高效率、保公平的目标，遵循投入均等、财政中立、成本补偿、

---

① 文晶娅、冉铁星：《农村学前教育成本分担机制研究——基于湖北省长阳县的调查》，《教育与经济》2013年第4期。

② 邬平川：《我国学前教育投入的政府责任探究》，《教育学报》2014年第3期。

③ 姜勇、庞丽娟：《我国普惠性学前教育公共服务体系建设的突出问题与破解思路——基于ROST文本挖掘系统的分析》，《湖南师范大学教育科学学报》2019年第4期。

④ 徐晓：《普惠性学前教育成本测算及分担方案构建——基于H省J县的调研案例分析》，《学前教育研究》2018年第7期。

⑤ 蔡迎旗：《幼儿教育财政投入与政策》，教育科学出版社2007年版，第108—109页。

⑥ 王水娟、柏檀：《学前教育财政投入的效率问题与政府责任》，《教育与经济》2012年第3期。

⑦ 庄爱玲、黄洪：《我国学前教育财政投入绩效及城乡差异》，《教育与经济》2015年第4期。

关怀弱者等原则。①

（四）学前教育财政投入与幼儿园教育质量之间的关系

有研究者对幼儿园教育质量与生均投入、生均成本的关系进行了探讨，结果发现，幼儿园教育质量与生均投入、生均成本均存在显著的正相关。但无论是幼儿园教育质量还是生均投入与生均成本，整体上均处于相对较低水平，且城乡之间、公办民办幼儿园之间均存在显著差异。②有研究者对普惠性民办幼儿园教育质量的影响路径进行分析后也得出了基本一致的结论：教育质量与成本呈显著正相关，高质量需要高成本。普惠性民办幼儿园财政补贴与教育质量呈显著正相关，对年收费所得较低的普惠性民办幼儿园而言，财政补贴对教师工资和教育质量的提升效应更为显著。③但由于原有基础薄弱，地方政府尽管加大了对普惠性民办园的财政投入力度，普惠性民办园教育质量依然偏低。④

三　县域学前教育资源配置的制度保障研究

为促进县域学前教育资源的优化配置，研究者们从政策、经费、人事管理、编制与职称评审、奖励激励、督导评估等方面对县域学前教育资源配置的制度保障进行了研究。针对农村学前教师队伍不稳定，人才流失等造成的数量缺口，有研究者提出，县级以上地方政府要出台相关政策法规文件，提高农村幼儿教师的薪资，落实幼儿教师编制、职称、住房等，将民办幼儿园教师纳入国家或地方的社会保障体系之中。地方政府、教育部门及幼儿园要对农村幼儿教师采取倾斜性的物质和精神奖

---

① 牟群英：《县域幼儿教育财政投入现状分析与研究——以浙江台州 H 县为例》，硕士学位论文，杭州师范大学，2015 年。
② 李克建、潘懿、陈庆香：《幼儿园教育质量与生均投入、生均成本的关系研究》，《教育与经济》2015 年第 2 期。
③ 刘焱、郑孝玲、宋丽芹：《财政补贴对普惠性民办幼儿园教育质量的影响路径》，《教育研究》2021 年第 4 期。
④ 李静、李锦、王伟：《普惠性民办园教育质量评估与提升策略——基于对 C 市 15 所幼儿园的调查数据分析》，《学前教育研究》2019 年第 12 期。

励，激发教师工作积极性，吸引更多优秀教师到农村任教。[1] 通过出台编制审核标准，明确教师法律身份，建立职称评聘倾斜政策等措施，激发教师愿意为乡村幼儿教育事业坚守的使命感。[2] 民办园和公办园教师在职称评定、评奖评优等方面应享有同等待遇，应推进幼儿教师职称评定的制度化和规范化建设。[3] 城乡幼儿教师均衡配置的体制机制创新可重点从人事管理制度、经费保障制度、幼儿教师培训制度三方面着手，[4] 建立健全教师工资待遇保障体系，凸显乡村幼儿教师特殊岗位津贴与个人经济支持奖励制度，提升幼儿教师薪酬竞争力，提高农村幼儿教师职业吸引力。[5]

有研究者从制度形式与制度目标相匹配的视角，对经常性督导、专项督导、综合督导三种制度的运行机制进行了调查。结果显示，学前教育督导制度面临督导任务与行政资源间、督导队伍与职能要求间以及统一政策与个性需求间的张力，由此影响制度有效性。有研究者提出需完善学前教育督导机构组织、加强学前教育督导队伍建设、实施分类督导等提升县域学前教育督导制度效能的建议。[6] 从制度结果来看，绩优奖励制度获得了县政府的认知和遵从，达到了期望的政策目标。但从制度有效性的实现过程来看，垂直监督过程中的信息不对称是绩优奖励制度有效实施的潜在障碍。[7]

---

[1] 赖昀、薛肖飞、杨如安：《农村地区学前教育教师资源配置问题与优化路径——基于陕西省X市农村学前教师资源现状的调查分析》，《教育研究》2015年第3期。

[2] 方建华、马芮、蔡文伯：《基于泰尔指数的县域内幼儿园教师资源配置分析》，《学前教育研究》2021年第2期。

[3] 万湘桂：《县域学前教育师资配置问题与思考——基于湖南省8区县调查的分析》，《社会科学》2015年第10期。

[4] 邓泽军、李敏、刘先强：《论城乡幼儿教师均衡配置体制机制创新》，《基础教育》2015年第6期。

[5] 李瑞华：《政府购买学前教育服务政策下青海乡村幼儿教师工资收入现状、影响与建议：基于青南五县的实地调查》，《教师教育研究》2019年第6期。

[6] 林喆：《制度形式能否实现制度目标：县域学前教育督导制度研究——以广东省汕头市L区为例》，硕士学位论文，厦门大学，2019年。

[7] 高扬、曾晓东：《绩优奖励制度能有效激励农村地方政府的学前教育服务供给吗？——基于宁夏X县的案例研究》，《宁夏社会科学》2015年第6期。

四 县域学前教育资源配置的效率研究

效率是"资源的有效配置和使用，它体现的是产出与投入的比例关系，侧重于用量来进行表述或描述"①。学前教育资源配置效率是衡量学前教育资源在公办园与民办园之间进行不同形式分配的效果。② 学前教育资源的有效利用，对优化县域学前教育资源配置结构，促进县域学前教育高质量发展至关重要。但整体上，中国县域学前教育资源配置效率很不乐观，地区之间、城乡之间存在明显差距。县城、镇、乡村三级学前教育资源配置效率依次呈下降趋势，③ 县镇是未来中国学前教育资源投入的重点。④ 中国农村学前教育资源配置效率主要受班级规模的影响，且在省及区域间差异较大。因此，促进学前教育均衡发展，需统筹规划农村学前教育资源配置，持续投入并强化管理。⑤ 区域学前教育资源微观配置效率提升的有效路径是雁行发展模式，要加强幼儿园之间的交流和沟通，提高幼儿园管理水平，挖掘内部教育资源潜力。⑥

宏观上，学前教育资源配置应反映人口变动及城乡居民对学前教育资源需求的变化趋势。地方政府应根据当地人口流出和流入情况合理预测入园需求与变化趋势，提前做好学前教育资源投入计划，满足当地所有居民的入园需求，保障资源配置效率。⑦ 中国整体市场化水平的提升有助于学前教育资源配置效率的提高，政府在学前教育资源配置效率上

---

① 范先佐：《教育经济学》，人民教育出版社 2019 年版，第 359 页。
② 冯婉桢、吴建涛：《政府和市场在学前教育资源配置中的角色错配与调整研究——基于教育资源配置效率的分析》，《教育科学》2016 年第 4 期。
③ 冯婉桢、康亚军：《县域学前教育资源配置效率与优化路径研究——基于西部地区 H 县 2011—2016 年的数据分析》，《基础教育》2019 年第 3 期。
④ 冯婉桢、吴建涛：《我国学前教育资源宏观配置效率：内涵、指标与经验研究》，《教育科学》2014 年第 4 期。
⑤ 陈蓉晖、赖晓倩：《优质均衡视域下农村学前教育资源配置效率及差异分析》，《教育发展研究》2021 年第 Z2 期。
⑥ 冯婉桢：《雁行发展与区域学前教育资源微观配置效率的提升研究》，《基础教育》2018 年第 1 期。
⑦ 冯婉桢、吴建涛：《城镇化与我国学前教育资源宏观配置效率研究》，《教育研究》2016 年第 3 期。

的表现低于市场化配置。公办园教育资源配置效率的下降与其追求教育公平目标有关。在此目标驱动下，学前教育资源供给与需求并未实现均衡，公办园教育资源配置效率较低，资源使用效益不高，公办园入园儿童数量与资源投入不成比例。① 有研究者对此得出了相似结论：政府举办的幼儿园获得的经费投入与其服务的在园幼儿规模不成比例。有些县直机关幼儿园获得的财政投入占该县全部学前教育财政投入的比例达到 33.33%，但其在园儿童规模占全部有入园需求的儿童数量的比例却不到 10%。② 有研究发现，城乡差异在各指标（除教育投入）上虽呈减少趋势，但差距依然存在。城乡幼儿入园机会严重失衡；政府对农村学前教育的投入力度加强，农村生均公共经费相对高于城镇，但惠及面较小；城乡幼儿园在师资力量和办园条件上差距显明；城乡小学新生受学前教育比例差距缩小。③

近年来，国家对学前教育各方面的投入尽管在逐年增多，但政府在投入上更多关注的是规模大小，而对投入效益高低没有引起足够重视。④ 并且，由于缺乏学前教育公共服务体系的运作机制和运行体系，县域内已有的学前教育公共服务资源并未发挥出其应有的价值和效能，影响了学前教育公共服务资源的进一步扩大和发展。⑤ 中国学前教育资源配置效率总体不高，投入绩效整体偏低，⑥ 且农村低于城市，东、中、西部城乡学前教育资源投入绩效存在明显差异。提升资源利用效率，要打破城乡二元分割的管理局面，对资源的投入及使用情况进行多层次、全方

---

① 冯婉桢、吴建涛：《政府和市场在学前教育资源配置中的角色错配与调整研究——基于教育资源配置效率的分析》，《教育科学》2016 年第 4 期。
② 宋映泉：《不同类型幼儿园办学经费中地方政府分担比例及投入差异：基于 3 省 25 县的微观数据》，《教育发展研究》2011 年第 17 期。
③ 张玲、裴昌根、陈婷：《我国学前教育城乡均衡发展程度的测评研究——基于基尼系数的实证分析》，《西南大学学报》（社会科学版）2020 年第 2 期。
④ 赖晓倩、陈蓉晖：《城乡学前教育资源投入绩效测评及差异分析——基于 DEA 和 Malmquist 指数模型》，《教育学术月刊》2021 年第 1 期。
⑤ 吕武：《县域城乡一体化学前教育公共服务体系构建的路径分析》，《教育与经济》2016 年第 5 期。
⑥ 李键江、花筝：《我国学前教育资源配置效率现状及其对策研究》，《基础教育》2020 年第 2 期。

位的动态评估。①

五 县域学前教育资源配置的影响因素研究

影响县域学前教育资源配置的因素是多方面、多层次的，现有研究主要从经费投入、政策体制、人口流动、城镇化等方面对影响学前教育资源配置的因素进行了分析。有研究者认为，教师数量严重短缺、幼儿教师缺乏职业认同感、社会及家长对幼儿教师配置认识不足，是造成农村学前教师资源配置困境的主要因素。②农村家长对学前教育价值的重要性认识不足，基层领导对学前教育不重视，教师队伍质量参差不齐，教师工资福利待遇低，农村学前教育经费难以得到有效保障是制约农村学前教育发展的主要因素。③有研究者对此持相似观点，认为公用经费短缺、教师编制匮乏、教师收入低及园舍建设滞后是制约农村学前教育发展的主要因素。确保农村幼儿园经费投入达到底线标准，在安全、运转、编制、工资等方面破解幼儿园发展瓶颈，是中国农村学前教育面临的重大战略抉择。④新时期需全面审视中国农村学前教育系统的复杂性，采取全要素改革的思路。这对廓清影响农村学前教育发展的主要因素，提高政府在学前教育领域的治理能力，提高农村学前教育质量等意义重大。⑤另有研究者认为，影响县乡两级政府在学前教育财政投入中责任分担的原因主要有条件因素、制度因素、主观因素三个层面。这三种因素之间相互影响、相互作用，且在不同地区的财政责任分担中分别发挥

---

① 赖晓倩、陈蓉晖：《城乡学前教育资源投入绩效测评及差异分析——基于 DEA 和 Malmquist 指数模型》，《教育学术月刊》2021 年第 1 期。

② 赖昀、薛肖飞、杨如安：《农村地区学前教育教师资源配置问题与优化路径——基于陕西省 X 市农村学前教师资源现状的调查分析》，《教育研究》2015 年第 3 期。

③ 许志勇：《影响农村学前教育发展的主要因素分析》，《学前教育研究》2001 年第 1 期。

④ 雷万鹏、张婧梅、文瑶：《论农村学前教育投入的底线标准——对湖北省 Y 县的实证调查》，《教育与经济》2011 年第 4 期。

⑤ 皮军功：《全要素改革：我国农村学前教育发展的应然路向》，《学前教育研究》2021 年第 11 期。

着不同程度的作用。①

县域学前教育资源配置在城乡、园际间均存在不同程度的差异。经济、政策体制等因素都对县域学前教育资源配置效率有重要影响，最有效解决目前县域学前教育资源配置的根本是改革资源配置政策。② 城乡间、公办园与民办园在办园规模、师资配备、经费投入、办园条件等方面均存在明显差距。而学前教育观念的偏差；教育政策和管理体制不合理；客观经济发展水平有限；中心幼儿园示范作用发挥不够是造成以上现象的主要原因。③ 有研究者提出，中国城乡幼儿园在园幼儿规模差距逐渐扩大的主要因素是城镇化，④ 学前教育资源配置要顺应城镇化发展方向与需求，根据人口流动趋势，做出合理规划与安排。⑤

有研究者基于教育均衡发展视角，对影响幼儿教师资源配置的因素进行了探讨，认为经济发展与教育经费分配不均衡、学前教育政策不完善、教师管理制度不科学、教师职业选择的多元化是造成幼儿教师配置和流动失衡的主要因素。⑥

有研究者提出，法律保障和政策支持不完善，经济待遇和社会地位不合理，行政和人事管理制度不灵活以及个人理想和家庭责任都是影响县域内学前教育优质教师配置和共享问题的重要因素。为促进学前教育优质教师资源的均衡配置，需构建县域内学前教育优质教师资源共享机制。⑦ 此外，幼儿教师的工作资源与职业倦怠，幼儿园教师资源的流动

---

① 张新芳：《县乡两级政府在学前教育财政投入中责任分担的现状研究——基于江苏省三县的调查》，硕士学位论文，南京师范大学，2013年。
② 张赛园：《县域幼儿教育资源合理化配置的研究——以浙江省A县为例》，硕士学位论文，华东师范大学，2008年。
③ 史鹏霜：《息县学前教育资源配置均衡问题研究》，硕士学位论文，广西大学，2014年。
④ 冯婉桢、吴建涛：《城镇化与我国学前教育资源宏观配置效率研究》，《教育研究》2016年第3期。
⑤ 冯婉桢、吴建涛：《我国学前教育资源宏观配置效率：内涵、指标与经验研究》，《教育科学》2014年第4期。
⑥ 姜盛祥、胡福贞：《教育均衡视野下我国幼儿教师的配置与流动》，《学前教育研究》2011年第7期。
⑦ 王晓阳：《县域内学前教育优质教师资源共享机制研究——以A县为例》，硕士学位论文，渤海大学，2015年。

性也是当前研究者们关注的重点。有研究显示,工作资源潜变量对学前教师职业倦怠具有负向影响。工作要求潜变量对学前教师职业倦怠具有正向影响,学前教师职业倦怠在幼儿园间存在差异。因此,要构建具有组织支持性的工作环境,确保县域内学前教师顺利度过职业倦怠上升期;完善园所工作资源水平、淡化编制分野,提升县域内学前教师的薪资待遇。①

六 县域学前教育资源配置的管理体制研究

完善的学前教育管理体制,是县域学前教育资源优化配置的重要保障条件,是实现城乡学前教育资源统筹的基础。研究者们对县域学前教育资源配置中的政府职能、学前教育行政管理理念,学前教育机构设置与人员配置等进行了分析。

(一)县域学前教育管理体制的结构

有研究者提出,为有效促进中国县域学前教育的可持续发展,需实现管理主体重心和财政保障重心的"双上移",抓住中央、省、县三级政府之间的权责利关系及其调整,发挥地市和乡镇的职能。② 要强化县级教育行政部门对农村学前教育的管理责任,完善督政机制,加强对县域学前教育事业发展水平的督导评估,重塑政府、市场与学校的关系。③ "以县为主"的学前教育管理体制,比较符合中国现行实际,能促进城乡教育一体化、均衡化发展,④ 要发挥县级政府在农村学前教育发展中的主体责任。⑤ 但在此体制下,中央和省市政府要注重政策的支持、经费的投入和权力的下移,乡镇政府和村委会要有效提升与发展农村学前

---

① 赵娜:《县域内学前教师职业倦怠现状及影响因素研究——基于工作要求—资源模型的实证分析》,硕士学位论文,东北师范大学,2020年。

② 庞丽娟、范明丽:《"省级统筹 以县为主"完善我国学前教育管理体制》,《教育研究》2013年第10期。

③ 江苏省镇江市教育局、21世纪教育研究院:《构建普惠优质的学前教育公共服务体系——镇江学前教育体制改革的探索与实践》,教育科学出版社2016年版,第82—83页。

④ 褚宏启:《城乡教育一体化:体系重构与制度创新》,《教育研究》2009年第11期。

⑤ 李琳:《委托—代理理论下农村学前教育政府间责任关系构建——以四地农村个案调查为例》,《教育发展研究》2016年第10期。

教育的执行力，使县政府在承上启下背景下发挥发展农村学前教育的直管作用。① "以镇为主"的管理体制是导致农村学前教育经费投入得不到有效保障以及县域内学前教育发展不均衡等问题的主要原因。② 发展农村学前教育要通过逐步完善"以县为主"的多元化管理体制；加大中央对地方财政转移支付的力度；发挥省域内学前教育的资源优势；形成县、乡、村一体化的发展网络；落实合理的布局调整与质量标准。③ 农村学前教育的建设和发展应由县级政府牵头，协调处理好教育、规划、土地、建设、财政和人事等部门的关系，统筹并充分利用现有农村教育资源，多渠道扩大学前教育资源。④

另有研究者提出，为促进农村学前教育多元化发展，实现扩大资源与提高质量的双重目标，需从统一配置资源和管理、充分发挥乡镇中心园的核心辐射作用等方面入手，不断提升幼教集团管理水平。⑤ 中国农村特别是贫困边远地区发展社区学前教育大有可为，社区学前教育为社会地方公益事业，应注重发挥乡、村两级基层政府的行政职能，广泛动员群众组织、协调各方面力量，发挥自主管理和综合管理的作用。⑥ 但有研究发现，中国农村幼儿园社区教育资源开发还存在开发利用意愿不足、幼儿园开发利用资源的功利性目的突出，资源开发利用以幼儿园主动为主等问题。构建幼儿园有效支持机制、儿童社区服务机制、基层统筹管理机制、法律制度保障机制，是中国农村社区教育资源有效开发利

---

① 张更立、阮成武：《县域农村学前教育供给：现实困境与改进策略》，《教育发展研究》2015 年第 24 期。
② 周建平：《从"镇为主"到"县为主"：农村学前教育管理体制的变革——基于对 A 县学前教育发展状况的调查》，《教育发展研究》2012 年第 20 期。
③ 严仲连、马瑞青：《完善"以县为主"的农村学前教育管理体系》，《内蒙古师范大学学报》（教育科学版）2015 年第 6 期。
④ 庞丽娟、范明丽：《当前我国学前教育管理体制面临的主要问题与挑战》，《教育发展研究》2012 年第 4 期。
⑤ 罗英智、雷宁：《农村学前教育集团化发展和管理模式探析——以辽宁省三个县为例》，《现代教育管理》2014 年第 11 期。
⑥ 张燕：《我国农村社区学前教育发展的优势条件与问题分析》，《学前教育研究》1997 年第 5 期。

用的重要路径。①

（二）学前教育行政管理体制的个案研究

现有研究采取个案研究的方法，发现县域学前教育行政管理主要存在管理理念不明确、政府职责权划分不清；②县域政府对学前教育的监督不到位、幼儿园管理者职业道德感缺失；学前教育行政管理方式落后等问题。③县域普惠性学前教育管理机制存在的主要问题有城乡生源严重失衡、教师流动比较频繁、园所发展高度一致。可通过调整入编标准；完善收费制度；拓宽反馈途径等方式，推动县域普惠性学前教育发展。④有研究者认为，改革区域学前教育管理体制，要遵循系统性、整体性原则。通过优化政府职能，开展业务指导，健全督导体系等举措实现区域学前教育走向高位均衡。⑤另有研究者对挪威幼儿教育的发展特点进行了分析，认为地方政府对幼儿园的建设、管理、资助、监督、评估是挪威幼儿教育发展的保证。市政府对幼儿园的建设和全面管理是挪威幼儿教育发展的组织保证；地方政府和内阁的资助是挪威幼儿教育发展的经济保证；地方政府的监督与评估是挪威幼儿教育发展的质量保证。⑥

（三）学前教育管理机构及人员配置

合理设置学前教育行政组织机构是实现学前教育科学管理的有力保障，而合理配备人员则是使管理机构高效运转的关键要素。但当前部分地区学前教育行政组织机构不健全，导致出现无人管理、其他部分代为

---

① 于冬青、张琼：《农村幼儿园社区教育资源利用现状及政策建议》，《现代教育管理》2021年第10期。

② 徐冬梅：《县域学前教育行政管理体制问题研究——基于对重庆市三个区县的调查》，硕士学位论文，西南大学，2013年。

③ 刘锦阳：《县域学前教育政府行政管理问题研究——基于对D市三个县级市的调查》，硕士学位论文，辽宁师范大学，2018年。

④ 车欢欢：《县域普惠性学前教育管理机制研究——以山西省芮城县为例》，硕士学位论文，山西师范大学，2020年。

⑤ 黄士颖：《基于统筹城乡发展的区域学前教育管理体制研究——以H市Y区为例》，硕士学位论文，浙江师范大学，2018年。

⑥ 李定开、黄丽红：《挪威幼儿教育的发展研究》，《比较教育研究》1998年第1期。

决策等问题。① 有研究者对县域农村学前教育管理体制进行了调研，结果显示：试点县（市、区）学前教育大多实行县乡两级管理体制。在12个试点县（市、区）中，只有1个县基础教育股下专设"学前教育管理服务中心"负责对全县学前教育的管理工作，其余均是在基教股内设兼管人员，因此普遍存在管理人员不足、专干不专的现象，部分农村地区的学前教育甚至处于无人管理的边缘状态。② 县域学前教育管理机构存在不健全，管理体系不完善，运行资金不足等问题，改变西部乃至全国学前教育现状，需要全方位去改革，其中政府主导作用是关键。③ 为完善学前教育管理体制，提高园本教研有效性，有研究者认为需在县级及以下教研网络系统，设置学前教育管理机构，并配备专职幼儿教育行政干部和幼教教研人员。④

七 研究述评

综上所述，现有研究取得了一定成果和突破，为中国县域学前教育资源配置研究提供了思路启发和经验借鉴。即便如此，笔者从对文献资料的系统梳理和分析中也发现，已有研究在研究的方法、视角、内容、范围等方面仍存在不足，需进一步对其进行探讨和完善。

（一）研究方法以理论思辨为主，实证研究缺乏

研究方法是在研究中发现新现象、新事物，或提出新理论、新观点，揭示事物内在规律的工具和手段。任何一项研究都离不开方法的支撑，没有研究方法的科学研究是不存在的，没有研究方法，研究就成了无源之水、无本之木，就不是真正的研究。研究方法对促进学科发展和学术

---

① 范明丽：《学前教育管理体制改革的方向与制度设计：基于政府治理模式转型的视角》，科学出版社2021年版，第155—157页。
② 袁旭：《广西县域农村学前教育及其发展机制的现状分析》，《学前教育研究》2012年第7期。
③ 赵跟喜：《促进教育公平，发展西部少数民族地区农村学前教育——以广西扶绥县为例》，《湖北民族学院学报》（哲学社会科学版）2013年第6期。
④ 李钰、陈金菊：《民族地区幼儿园教师资源配置的城乡差异分析——以广西壮族自治区为例》，《民族教育研究》2020年第4期。

规范的形成均有着十分重要的意义。目前，学者们对县域学前教育资源配置的研究主要采取的是理论思辨的研究范式，对县域学前教育教师资源配置、城乡学前教育资源配置的公平性与均衡性、学前教育资源配置的效率等议题进行了分析。理论思辨的方法一定程度上能为县域学前教育资源配置研究提供学理依据，但纯思辨的方法也常会出现理论演绎多而实证研究少，理论与实际脱节，对应然状态的理想化构建多，而对实然状态关注不够等问题。尽管有研究者也采取了实地调研、统计分析、指标体系构建的方法，以中国某一省、县（市、区）为个案或调查对象对学前教育资源配置进行了研究。但由于研究样本小，研究范围窄，覆盖面有限，导致最后得出的研究结论的推广性和代表性不强，具有一定的片面性和局限性。为更全面了解中国县域学前教育资源配置现状及问题，未来研究要扩大调查对象的范围，力争覆盖更多、更广的区域。同时将质性研究与量化研究结合，加强实证研究与理论研究两者的统一。

（二）研究视角单一，跨学科研究不足

现有研究主要从政策学、管理学、经济学的视角对中国县域学前教育资源配置的差异性、公平性、均衡性进行研究。例如，上述研究中部分学者对城乡幼儿教师资源配置的均衡性研究，对县域内学前教育财政投入的公平性分析，等等。但是，县域学前教育资源配置实质是一项系统的复杂工程，既涉及学前教育资源配置的效益、规模、数量、质量、结构，同时也与县域教育的文化差异，地方政府对学前教育的重视程度，新的生育政策变动后学前适龄人口的变化趋势等多重因素密切相关。因此，县域学前教育资源配置不仅仅是一个学前教育问题，更是一个关涉广大民众切身利益的社会问题和区域教育文化问题，但现有研究还较少从跨学科视角对其进行探索。为更全面、深入、系统地对县域学前教育资源配置中的相关论题进行分析，未来研究可从其他学科领域，如文化学、政治学、人口学等切入，吸收并借鉴跨学科研究的理论视域与研究成果，进而拓展县域学前教育资源配置研究的理论视野和思路，创新研究方法和研究范式。

导　论

（三）侧重省域层面的宏观研究，对需求主体的利益诉求关注不够

从研究内容看，研究者们主要从宏观层面，基于文本数据分析的方法，从中央与地方政府的职责划分、财政投入分担比例，对不同省份和区域学前教育资源配置的均衡发展水平等进行了探讨。[①②] 这对中国县域学前教育资源配置有一定的现实指导意义。但仅从省域层面分析学前教育资源配置，而忽视对县域内学前教育资源配置实然状态的全面关注是远远不够的。受中国特殊国情与城乡二元经济结构的影响，不同性质、不同地区的幼儿园之间在学前教育资源配置上存在着较为显著的差异，且不同县域学前教育资源配置的现状、问题、做法也不尽相同。为更全面、准确地了解县域学前教育资源配置的内部结构、管理体制、运行机制等问题，还需采取叙事研究、田野考察、循证研究等方法，对县域学前教育资源配置中需求主体的内在利益诉求进行深入剖析。由于不同县域的学前教育发展水平有很大差异性，甚至同一县域内不同阶层、不同家庭背景、不同需求主体在利益诉求和实际需求上都可能存在较大差异性。而这种差异性仅从省域层面去分析是难以回应县域学前教育资源配置实然状况的。因此，在研究内容和范畴上需从以省级政府研究为主逐步转向对县域内学前教育资源需求主体利益诉求的真切关照。

（四）模型构建研究范围有限，预测性研究匮乏

目前，部分研究者或采取理论建模的方法，或采取实地分析的范式，以一个省中的几个县为调查对象进行了比较研究，最后构建了县域学前教育资源配置评价模型和指标体系，并对其指标权重进行了验证。[③] 但由于其所构建的理论模型的理论基础和依据各异，且不同指标在指导原则、使用方法、衡量标准等方面存在差异，进而出现所构建的模型或调研的结论具有典型的地域性特征，所提建议的普适性、针对性、有效性、

---

① 庞丽娟、王红蕾、冀东莹、袁秋红：《当前学前教育资源扩大的重大政策突破：我国省级公办性质园政策探索与分析》，《教育发展研究》2021年第Z2期。

② 姜勇、蓝素芬：《我国各省学前教育资源的均衡性与充分性分析——基于2013—2018年省级层面的"面板数据"》，《教育发展研究》2021年第Z2期。

③ 李克勤、郑准：《县域学前教育资源配置评价模型及其应用》，《学前教育研究》2014年第10期。

可操作性等明显不足。如上所述，县域学前教育资源配置会受到各地域的政治、经济、文化、政策等因素的影响和制约。因此，未来研究需在综合考虑影响因素多元化基础上，结合地方学前教育发展的实际情况，编制问卷量表和拓展调查范围，以县域学前教育资源需求主体的需求为起点，通过构建现代信息数据库的方法，对县域学前教育资源承载力进行预测性分析。结合供需匹配理论，在充分考虑省域及县域学前适龄人口分布情况、城镇化发展趋势与水平、城乡人口流入与流出总体的基础上，建立县域学前教育资源供需匹配预测模型。依据供给与需求的交互模型，对县域学前教育资源未来的供需情况和资源分布格局进行预测与匹配，完善县域学前教育资源空间布局规划，推进省域及县域学前教育资源优化均衡配置，实现学前教育公平和高质量发展。

第三节　研究的重难点与创新点

一　研究的重点

第一，浙江省县域学前教育资源配置现状的调查研究。本书采取问卷调查与访谈相结合的方法，以学前教育资源的核心构成要素为设计框架，对浙江省县域内学前教育资源配置中的人力资源、财力资源、物力资源和制度资源四个方面进行调研，全面了解县域学前教育资源配置的现状。在此基础上，通过对不同县（区）幼儿园园长/副园长和县（区）教育局相关行政管理人员的访谈，深入分析浙江省县域学前教育资源配置的现实境遇存在的问题及其原因。

第二，浙江省县域学前教育资源配置的优化路径。立足浙江省县域学前教育资源配置的现实境遇，以机制设计理论、协同治理理论、供需匹配理论为基础，从学前教育发展中的教师资源、财力资源、物力资源、制度资源四个方面，基于浙江省县域学前教育资源配置的基本情况和学前教育管理体制特点，提出适宜于县域学前教育发展的资源配置模式和建设路径。

二 研究的难点

第一，调研数据的获取。本书分别从浙江省的不同县（区）选取了部分幼儿园园长/副园长为调查对象。但因样本调研的空间跨度大，人力资源有限，加之在调研中需得到幼儿园领导及相关负责人的支持；同时，在调研过程中，被调查者可能因不同原因，回避学前教育资源配置中的深层次问题，进而导致研究数据的获取在信度和效度上有一定难度。

第二，县域学前教育资源配置核心影响因子的分析。影响县域学前教育资源配置的因素是多方面、多层次的。本书采取相关性分析和回归分析的方法，对影响县域学前教育资源配置的核心影响因子进行了分析。但由于调研的范围有限，采取的样本相对较小，在影响因子提炼中可能面临数据难以全面、深入分析的弊端，进而影响到对县域学前教育资源配置的因素作全面性分析。

三 研究的创新点

第一，研究内容的创新。本书采用因子分析和回归分析的方法对所调查的数据和资料进行统计处理。以此为基础，分析浙江省县域学前教育资源配置的核心影响因素。尽管研究范围有一定局限，所收集的数据样本也是在省域范围内，但通过对县域学前教育资源配置核心影响因子的提炼和分析，有助于地方政策决策者和教育行政管理部门更深入地了解县域学前教育资源配置的因素。在结合县域经济发展水平和学前教育发展特点的基础上，采取有针对性的解决措施和规划方案，这是对之前研究的新的突破和发展。

第二，研究视角的创新。当前，研究者们对县域学前教育资源配置研究的理论视角主要来自经济学、管理学、行政学等学科领域，这些研究重在强调政府在学前教育资源配置中的作用及其影响，在制度设计上为县域学前教育资源配置提供了启示和借鉴。但现有研究忽视了资源配置中需求侧的内在诉求，对资源供给侧关注较多而对资源需求侧的关照明显不足，进而导致供给侧与需求侧之间的不协调和供需匹配之间的矛盾，甚至冲突。本书从园长视角切入，结合浙江省县域学前教育发展特点，基于自下而上的研究思路，以需求侧切入，探讨县域学前教育资源供给保障机制和治理路径。研究视角的转换，突破了以自上而下的以政府为主导的思维定式，对更深入地分析影响县域学前教育资源配置的质量和提高县域学前教育资源配置效率有着十分重要的意义。

第三，研究方法的创新。采取质性和量化相结合的研究方法，通过分析、比较、归纳，探寻县域学前教育资源配置的个性、共性以及差异性。当前，研究者们主要采取理论思辨的方法，从宏观层面对县域学前教育财政投入，城乡学前教育发展的公正性与均衡性等进行了多方面的研究。但由于理论思辨的方法缺乏对县域学前教育资源配置实然状况的全面考察，出现研究观点重复，研究者的主观臆断和理想化色彩浓厚，研究中所提策略的针对性和操作性不强等弊端。本书采取问卷调查和访谈相结合的研究方法，以学前教育资源的四个核心构成要素为设计框架，对浙江省的部分县（区）学前教育资源配置的现状进行调查和系统分析。方法上突破了以理论思辨为主流的研究范式，既有利于全面了解浙江省县域学前教育资源配置的现状，同时对提高学前教育质量和合理规划幼儿园布局也具有重要的参考和借鉴价值。

第一章

理论基础与研究设计

第一节 核心概念界定

概念是人脑反映客观事物的本质特征的思维形式之一，是在抽象概括的基础上形成的。概念的廓清是开展研究的逻辑前提，"一切知识都需要一个概念，哪怕这个概念是很不完备或者很不清楚的。"[①] 本书在对"县域""学前教育资源""县域学前教育资源配置"等几个核心概念理解的基础上，对县域学前教育资源配置的概念进行了界定。并对研究中的四大理论基础，即公共物品理论、机制设计理论、协同治理理论、供需均衡理论进行了分析，进而为整个研究的开展奠定理论基础。

一 县域

县，地方行政区划名。始于春秋时期，秦统一六国后，确立了郡县制，县隶属于郡。隋唐以后隶属于府或州（郡）或军或监或路或厅，辛亥革命后直隶于省、特别区，今直隶于省、自治区、直辖市，或隶于自治州、省辖市。[②] 时至今日，中国的县已成为连接城市与乡村的有机体，在城镇化进程中发挥着重要的作用。根据民政部最新《中华人民共和国行政区划统计表》，截至2018年12月31日，全国共有县级行政区划数

[①] 北京大学哲学系外国哲学史教研室：《西方哲学原著选读》（下卷），商务印书馆1982年版，第296页。

[②] 夏征农、陈至立：《辞海》（第六版），上海辞书出版社2009年版，第2487页。

2851个，其中市辖区970个，县级市375个，县1335个，自治县117个，旗49个，自治旗3个，特区1个，林区1个。① 由此可知，县级行政区划单位包含市辖区、县级市、县、自治县、旗、自治旗、特区和林区八种。本书中的县即一般意义上的县，研究中调研区域涉及县级市、乡镇和农村等基本单位。

县域，"是以县级行政区划为地理空间，以县级政权为调控主体，采用计划的方式、市场的方式或计划与市场相结合的方式优化配置资源，具有地域特色和功能完备的行政区域。"② 县域作为国家行政管理的基本单元，监管县域内的政治、经济、教育、卫生等涉及社会发展的事项和民生工程等。县域作为一个行政区划的地理概念，具有以下特征：③ 第一，以县级行政区划为特定的地理空间，区域界线明确。第二，有一个县级政权作为调控主体，具有一定的相对独立性和能动性。第三，具有与地理区位、历史人文、特定资源相关的地域特色。第四，是国家行政管理的基本单元，是连接中央和地方的关键纽带，起着上传下达的作用。

本书中所使用的县域，在地理空间上以县级行政区划为单位，在调控主体上以县级政权为基层行政区划，主要包含县级市所在的区、县、村或街道。该行政区划具有完备的政治经济、科技文化、教育与卫生医疗等事业，在经济发展、社会环境、人文历史、地形地貌、治理能力等方面独具特色。受地理环境、人口与经济发展等因素的影响，同一县域内区、县、村、街道的教育资源配置情况各异，如何进一步解决县域内不同性质及不同地区幼儿园在教育资源配置上的不充分不均衡问题，如何进一步提高县域内学前教育资源配置质量和效益，促进城乡学前教育公平优质发展，深入推进县域

---

① 贺静霞：《县域内义务教育教师资源配置优化研究》，博士学位论文，武汉大学，2020年，第31页。

② 杨公安：《县域内义务教育资源配置低效率问题研究——基于公共选择理论视角》，博士学位论文，西南大学，2021年，第20页。

③ 杨公安：《县域内义务教育资源配置低效率问题研究——基于公共选择理论视角》，博士学位论文，西南大学，2021年，第21页。

内学前教育一体化，就成为新形势下县级政府及教育行政部门要着力解决的重大问题。①

二 学前教育资源

资源是"生产资料或生活资料等的来源"②。资源主要包括自然资源、经济资源和人力资源三种，其中自然资源是天然形成的，经济资源是生产过程中所使用的投入，人力资源主要指发展经济和社会事业所需要的具有必要劳动能力的人口。在经济学中，自然资源被称作狭义资源；经济资源或生产要素资源被称作广义资源。在《中国资源科学百科全书·资源科学》中，资源被分为自然资源与社会资源等两大类别。所谓自然资源，是指那种人类可直接利用且自然生成的物质资料，如阳光、空气、水、土地、森林、草原、矿藏等；所谓社会资源，是指那种人类必须通过自身的劳动活动，在开发、开采、挖掘、加工和利用自然资源的过程中所形成的物质资料和精神财富，如人力资源、信息资源以及经过劳动创造的各种物质财富。③ 王善迈教授认为："资源是人类社会赖以生存和发展的基础，人类的经济活动、政治活动、军事活动、教育活动等均需在耗费一定种类和数量资源的基础上进行。"④ 有学者认为，资源是一国或一定地区内拥有的物力、财力、人力等各种要素的总称。从社会生态学的范畴看，资源被定义为对人类或非人类有用或有价值的所有要素的集合，包括自然资源、人力资源、信息资源、时空资源和制度资源，也称泛资源。从形态上划分，自然资源属于硬资源，其他则是以人的智能化为基础或无形的对人类和社

---

① 贺静霞：《县域内义务教育教师资源配置优化研究》，博士学位论文，武汉大学，2020年，第31页。

② 夏征农、陈至立：《辞海》（第六版），上海辞书出版社2009年版，第3053页。

③ 孙鸿烈：《中国资源科学百科全书·资源科学》，中国大百科全书出版社、石油大学出版社2000年版，第1—5页。

④ 王善迈：《教育经济学简明教程》，高等教育出版社2000年版，第121页。

会精神需求产生影响的软资源，或称为社会资源。① 所谓资源，是指在一定历史条件下能被人类开发利用以提高自己福利水平或生存能力的、具有某种稀缺性的、受社会约束的各种环境要素或事物的总称。资源具有价值性、稀缺性、变化性等属性。② 在特定时空范围内，任何资源在数量和质量上均存有开发利用、配置及储存有限性，因此"价值性"和"稀缺性"是资源的本质属性。③

在了解学前教育资源之前，首先要明晰其上位概念——教育资源的具体含义。④ 据国内文献资料分析，学者韩宗礼较早提出"教育资源"并将其界定为"社会为进行各种教育活动所提供的物力、财力、人力条件"⑤。顾明远先生在《教育大辞典》中指出教育资源有两层含义：第一层含义是教育资源又可以称作"教育经济条件"，指教育过程所占用、使用、消耗的人力、物力和财力资源，即教育人力资源、物力资源和财力资源的总和。⑥ 其中，人力资源包括教育者人力资源和受教育者人力资源；物力资源包括学校中的固定资产、材料和低值易耗品；财力资源为人力、物力的货币形式，包括人员消费部分和公用消费部分，是开展各项教育事业与工作的物质基础。第二层含义是教育的历史经验或有关教育信息资料。本书中所使用的教育资源主要指第一层含义。除此之外，还有学者指出，"教育资源就是通过社会总资源的配置由教育领域所取得的一定份额的资源，它是教育活动赖以生存和发展的基础。"⑦ 有研究者对此持相似观点，认为教育资源是指教育

---

① 康宁：《中国高等教育资源配置转型程度指标体系研究》，教育科学出版社 2010 年版，第 8 页。

② 封留才：《当代中国基础教育资源公平配置研究》，博士学位论文，南京航空航天大学，2014 年，第 66 页。

③ 曲福田：《资源经济学》，中国农业出版社 2001 年版，第 4 页。

④ 参见贺静霞《县域内义务教育教师资源配置优化研究》，博士学位论文，武汉大学，2020 年，第 31 页。

⑤ 韩宗礼：《试论教育资源的效率》，《河北大学学报》（哲学社会科学版）1982 年第 12 期。

⑥ 顾明远：《教育大辞典》，上海教育出版社 1997 年版，第 1896 页。

⑦ 王善迈：《教育经济学简明教程》，高等教育出版社 2000 年版，第 121 页。

领域通过社会总资源配置的方式所取得的所有人力、财力、物力以及制度资源的系统总和。① 从教育经济学的角度讲，教育资源就是教育投资，"教育投资也称教育资源、教育投入、教育经济条件，是指一个国家或地区根据教育事业发展的需要，投入教育领域中的人力、物力和财力的总和，或者说是指用于教育、训练后备劳动力和专门人才，以及提高现有劳动力智力水平的人力和物力的货币表现。"② "投入教育过程的通常是人力、物力和财力，它们的总和，即教育资源。"③ 教育资源包括国家和居民及企事业单位投入到教育活动及教育领域中的一切人、财、物的资源，它们最终都能以货币的形式表现出来，无论是投入的流动资金、投资积累形成的固定资产等最终都能转化成货币的形式来衡量其投入与积累。④ 教育资源是指投入到教育领域中的各种社会资源的总称。⑤

另有学者从更广阔的视角对教育资源进行了阐释，李祖超认为："教育资源是指社会经济资源中输入教育过程的人力、物力、财力、信息和

---

① 有研究者认为，人力资源是教育资源的主体要素与核心要素，主要包括：教师、学校教学管理人员、教育行政管理人员、教育专家学者以及人数最多的学生，等等。优质的人力资源是办好高质量教育的根本保证，没有一流的人力资源就不会产生一流的教育教学质量。充足的财力资源是办好高质量教育的重要基础与重要保证，财力资源主要指教育经费，它的来源包括财政预算内和预算外两部分教育经费。一般而言，教育财力资源是以政府公共财政支出为主、以社会支出为补充，具体包括：财政支出、社会捐赠、教育收入、个人投资，等等。教育财力资源的内在构成也会因社会发展阶段的不同而不同。例如，在广大发展中国家，由于民间在总体上还不是很富足，因此，社会办学与民间捐赠所占总体教育资源的比重不是很大；但在发达国家，活跃的民间资本、合理的价值观念以及完善的法律制度等因素都会在事实上激励社会办学与民间捐赠，从而使得社会支出在教育财力资源中所占的比例会随着经济的增长而不断提高，在有些地区甚至非常可观。物力资源是办好高质量教育的基本条件，主要包括教学设施、生活设施、教学设备、体育场馆等可以利用的必要的物质条件。当然，也应该涵及以信息化、数字化、智力化等形式存在的教育信息资源，例如：图书资料、网络资源、期刊文献，等等。应该说，现代化的教育需要现代化的教育资源，现代化的教育资源是以现代化的物质资源为必要条件的。（参见封留才《当代中国基础教育资源公平配置研究》，博士学位论文，南京航空航天大学，2014年，第67页。）

② 靳希斌：《教育经济学》（第三版），人民教育出版社2005年版，第204页。

③ 范先佐：《教育经济学新编》，人民教育出版社2010年版，第316页。

④ 沈有禄：《中国基础教育公平——基于区域资源配置的比较视角》，教育科学出版社2011年版，第31页。

⑤ 杨公安：《县域内义务教育资源配置低效率问题研究——基于公共选择理论视角》，博士学位论文，西南大学，2021年，第21页。

时间资源的总称。"① 王嵘将教育资源定义为"具有教育意义或能够保证教育实践进行的各种条件，它包括人、财、物等物质因素，以及保证这些因素发挥作用的政策、制度、环境等条件"②。康宁认为，教育资源除了包含人力、物力和财力资源之外，还包括制度资源、时空资源和信息资源。③

虽然学者们对教育资源的概念阐释各异，但究其本质，教育资源是进行教育活动所需的各种资料的来源，这些人力、物力、财力资源是保证教育教学活动有序开展的基本条件。而教育过程中的人力资源主要包括教学人员、行政人员、工勤人员等。④ 区别于物力资源与财力资源，人力资源具有以下三个特性：其一，能动性，人的劳动心理对其能量的发挥具有十分明显的影响。其二，动态性，人力资源的深度和广度可以不断地扩充。其三，社会性，人是处于各种各样社会关系之中的。

结合对教育资源概念的理解，有研究者从不同视角出发对学前教育资源的概念进行了界定。例如，有研究者认为，学前教育资源，是"维持学前教育系统运行的各要素，实现学前教育发展过程的各项条件，不仅包括教育生产过程中处于主体地位、具有主导作用的主体性资源，同时还包括对教育生产过程具有基础性和前提性作用、产生直接或间接影响的条件性资源，也包括在教育生产过程中创造的新的资源，是条件性资源、主体性资源和发展性资源的总和。"⑤ 学前教育资源是指"社会所提供满足正常学前教育教学、活动组织开展及促进儿童身心健康发展的人力、物力、财力等方面的基本教育资源。"⑥ 学前教育资源"主要包括幼儿园数量、幼儿园占地面积、幼儿园校舍占地面积、幼儿园教职工数

---

① 李祖超：《我国教育资源短缺简析》，《高等教育研究》1997年第6期。
② 王嵘：《贫困地区教育资源的开发利用》，《教育研究》2001年第9期。
③ 康宁：《中国经济转型中高等教育资源配置的制度创新》，教育科学出版社2005年版，第18页。
④ 范先佐：《教育经济学新编》，人民教育出版社2010年版，第318页。
⑤ 张振飞：《重庆市学前教育资源空间配置优化研究》，博士学位论文，云南师范大学，2020年，第26页。
⑥ 徐娜：《重庆市土家族地区农村学前教育资源配置现状调查研究》，硕士学位论文，重庆师范大学，2015年，第3页。

量、幼儿园图书数量情况和学前教育经费支出"[1]。

本书基于资源空间配置和学前教育公平的视角，以学前教育发展中的核心构成要素为分析框架，将学前教育资源分解为人力资源、物力资源、财力资源、制度资源四个方面。其中，人力资源主要是指幼儿园教师资源，如幼儿园教师的学历、专业、职称、年龄结构等；物力资源主要包括实现幼儿园教育活动有序开展的办园条件和设施，如幼儿园的生均活动面积、场地、生均图书等物质资源；财力资源主要是指幼儿园的办园经费资源，如幼儿的生均投入、教师投入、基建维修经费投入等；制度资源主要是指对学前教育资源配置行为规则的总称，如地方政府制定的发展学前教育的规划、政策、意见、行动计划等。人力、物力、财力三种类型的资源是学前教育发展中最基本的教育资源，是幼儿园教育活动顺利进行的重要保障，是考核学前教育能否满足学前教育需求的重要指标。如果三者之间搭配不合理，则会影响到幼儿园教育活动的有效开展，最终影响幼儿园教育目标的实现。[2]其中的财力资源是学前教育事业发展的根基，人力资源和物力资源都可以通过财力资源转化而来。学前教育经费投入的总量能否满足学前教育事业发展的实际需求和经费的使用效率是一个国家学前教育事业能否良性发展的两个关键问题。[3]

需要强调的是，本书将制度单独纳入了学前教育资源配置的概念范畴。T. W. 舒尔茨在《制度与人的经济价值的不断提高》一文中将制度定义为管束人们行为的一系列规则。"这些规则涉及社会、政治及经济行为。制度作为一种公共规则是无形的，它是人的观念的体现以及在既定利益格局下的公共选择。制度一旦形成，它就会潜移默化地影响人们的

---

[1] 曾叶帅：《基于人口预测的重庆市学前教育资源配置研究》，硕士学位论文，西南大学，2021年，第5页。

[2] 杨公安：《县域内义务教育资源配置低效率问题研究——基于公共选择理论视角》，博士学位论文，西南大学，2021年，第23页。

[3] 姜勇、王艺芳：《新时期学前教育发展研究》，华东师范大学出版社2020年版，第75页。

行为，并成为约束人们行为的条件。"①制度学家通常把制度与土地、劳动和资本这些有形要素放在一起，作为分析经济行为的重要影响因素来考虑。从某种意义上说，制度也属于泛资源中的软资源概念范畴。本书在理解与引用这一概念时，主要从以下两个角度分析：从狭义的角度看，一个是用于确立县域学前教育资源配置的框架，即体制；一个是确定县域学前教育资源配置中的相关主体与客体及服务供求的相互关系，即机制。体制与机制都是制度的一种具体化，即制度安排，有什么样的体制，就有什么样的机制。从广义的角度看，是指所有对学前教育资源配置行为具有约束力的规则，如正式的或非正式的规则。②

制度作为学前教育资源，既可以是市场导向的，从而充分发挥市场机制在其他教育资源配置中的基础性作用，但也可以是计划导向的，从而使市场机制在学前教育资源配置中难以有所作为。③制度资源是办好高质量教育的机制保障。在现代法治社会，如何将教育人力资源、教育财力资源以及教育物力资源等公平合理配置，必须通过立法的形式将资源配置的原则、配置的对象、配置的方式以及配置的评价予以确立，这样做不仅能够充分保证教育资源的及时与合理到位，也是监督各级政府及其教育行政主管部门正确、全面履行其管理职责的重要前提，更是受教育主体依法享有各类教育权利的切实保障。④

三 县域学前教育资源配置

在理解学前教育资源配置之前，首先需理解"配置""资源配置"

---

① 康宁：《中国高等教育资源配置转型程度指标体系研究》，教育科学出版社2010年版，第9页。

② 康宁：《中国高等教育资源配置转型程度指标体系研究》，教育科学出版社2010年版，第9—10页。

③ 沈有禄：《中国基础教育公平——基于区域资源配置的比较视角》，教育科学出版社2011年版，第28页。

④ 封留才：《当代中国基础教育资源公平配置研究》，博士学位论文，南京航空航天大学，2014年，第67页。

"教育资源配置"这几个概念的内涵。① 配置是指既定的资源被用于生产与消费的情况。在微观经济学中，资源的一种配置被描述为每个消费者所消费商品 x_i，和每个厂商所生产商品 y_j 的一个组合，即（x_i，y_j）（i＝1，2……n；j＝1，2，……m）。当一种配置使消费者的效用之和达到最大化时，则称这种配置是最有效的配置或帕累托最优；否则就称这种配置是低效率或无效率。②

《辞海》中资源配置是指"一国的资源在各种用途上和在各部门、各地区即再生产各个环节上的分布与安排。资源包括自然资源、经济资源和人力资源。资源配置主要指现有的经济资源和人力资源的配置"③。《经济学大辞海》中对"资源配置"的解释是：资源配置又称资源分配，是指资源在不同用途和不同使用者之间的分配状况。④ 由于资源具有稀缺性，因而在生产、生活的各个领域资源都应该有效配置，计划和市场是配置资源的两种手段。优化资源配置是一国经济快速、协调发展的基本条件，其基本要求是：资源不仅要用在社会生产和建设最需要的地方，还要用于经济效益最高的领域，同时还要使资源在地区间及地区内合理配置。⑤ 资源配置在《现代经济词典》中的解释为："资源在不同用途或不同使用者之间进行分配。资源配置的任务就是在资源的多种用途中选择最有效的用途"⑥《经济工作实用词解》中对资源配置的解释为："国民经济各部门、各地区、各企业之间有效配置经济资源、形成合理的生产力布局，促进社会生产力发展的过程。"⑦ 资源配置要达到两个目的：一是社会供给能适应社会需求，且两者之间比例合适；二是将资源从效率低的生产单位流向效率高的生产单位，提高资源配置的效益。在经济学

---

① 参见贺静霞《县域内义务教育教师资源配置优化研究》，博士学位论文，武汉大学，2020年，第31页。
② 胡代光、高鸿业：《西方经济学大辞典》，经济科学出版社2000年版，第100页。
③ 夏征农、陈至立：《辞海》（第六版），上海辞书出版社2009年版，第3053页。
④ 张跃庆、张念宏：《经济大辞海》，海洋出版社1992年版，第77页。
⑤ 夏征农、陈至立：《辞海》（第六版），上海辞书出版社2009年版，第3053页。
⑥ 刘树成：《现代经济词典》，凤凰出版社2005年版，第1292页。
⑦ 刘明勇：《经济工作实用词解》，经济管理出版社2008年版，第398页。

领域将资源配置分为两个层次：一是资源以何种方式配置到组织，政府和市场是两种基本的资源配置规则；二是组织内部如何进行配置，权力是基本的配置机制。① 新制度经济学认为，资源配置的实质就是经济效率问题，新的制度必然要促进经济效率的提高。② 王善迈教授认为，资源配置主要指"在社会总资源既定的条件下，通过一定的方式使有限的资源在经济和社会各部门之间进行合理的分配，从而使社会资源得到最有效的配置和使用。"③ 同时，资源配置包含以下四个基本核心问题：一是生产什么，生产多少的问题；二是产品如何生产的问题；三是产品为谁生产的问题；四是谁做出经济决策，以什么方式做出决策的问题。④

综上所述，资源配置主要指涉及生产、生活等领域的物力资源、财力资源和人力资源在不同部门、组织或生产环节上的分配与使用，资源配置合理与否、有效与否、公平与否、高效与否与资源配置方式有直接的关系。王善迈教授指出："资源配置方式回答以什么方式将社会资源分配到国民经济各个组成部分中去，保证经济正常运行和社会资源得到最有效的配置和使用，以满足人们各种不同的需要。"⑤ 也即，资源配置方式需要解决的问题是采取什么方式去分配资源才能达到资源分配的合理与有效。从理论上言，资源配置基本方式有计划与市场两种基本类型，但是，在现实生活中只有以两者为主的资源配置方式，并没有纯粹的计划方式或市场方式。因而，资源配置方式会对资源配置的有效性产生影响，采取什么样的配置方式分配稀缺资源，如何进一步优化资源配置就成为学者们研究的重点。《辞海》中对资源有效配置的解释为："用尽可能少的资源投入得到尽可能多的产出。"⑥ 王善迈、范先佐教授认为，资

---

① 刘亚荣：《从双轨到和谐：中国高等教育资源配置机制的转轨》，浙江大学出版社2010年版，第2页。
② 康宁：《中国高等教育资源配置转型程度指标体系研究》，教育科学出版社2010年版，第56页。
③ 王善迈：《教育经济学简明教程》，高等教育出版社2000年版，第122页。
④ 王善迈：《教育经济学简明教程》，高等教育出版社2000年版，第31页。
⑤ 王善迈：《教育投入与产出研究》，河北教育出版社1996年版，第282页。
⑥ 夏征农、陈至立：《辞海》（第六版），上海辞书出版社2009年版，第3053页。

源配置的最优状态是"对于某种资源配置，如果不存在其他可行的配置，使得该组织中的所有个人至少和他们在初始时情况一样良好，而且至少有一个人的情况比初始时更好，那么这个资源配置就是最优的"①。由此可知，资源配置的目标就是充分利用有限的资源为人们提供最大的满足或福利，资源配置的最优状态是在不降低或不损害其他人效用水平或福利的前提下，通过重新分配既定的产品和资源，使得一些人的处境有所改善、效用有所提高，并最终实现帕累托最优状态。

同样地，教育资源配置的概念与资源配置概念有异曲同工之义。《教育大辞典》中对教育资源配置做出如下解释："教育资源配置又可称作教育资源结构，指投入教育领域的人力、物力、财力资源的各种比例关系。包括教育人力资源结构、物力资源结构、财力资源结构及人力、物力资源之间以及它们与在校学生的构成关系。"② 一些学者对教育资源配置的概念进行了有益的探索，如王善迈教授指出："教育资源配置所要解决的问题是如何从有限的社会总资源中取得一定数量的教育资源，以及以怎样的方式在教育系统内部各组成部分之间进行分配。"③ 教育资源配置是指"各种教育资源，包括人力、物力、财力、时空、信息、文化、权力、制度、政策、关系等等在各种不同的使用方向之间的分配"④。教育资源配置是指教育过程所占用、使用和消耗的人力、物力和财力资源分配、使用和流动的过程。⑤ 教育资源配置是为"为实现教育目标而对教育资源从质和量等方面进行的配备和布置"⑥。

教育资源配置主要包括配置的基本原则、配置的方式、配置的主体和客体、教育资源配置的制度与政策、教育资源配置效果与评价这五部

---

① 范先佐：《教育经济学新编》，人民教育出版社2010年版，第311页。
② 顾明远：《教育大辞典》，上海教育出版社1997年版，第1896页。
③ 王善迈：《教育经济学简明教程》，高等教育出版社2000年版，第122页。
④ 余漫：《人口迁移背景下农村基础教育资源配置的公平性问题研究》，博士学位论文，中国农业大学，2014年，第24页。
⑤ 朱亚丽：《义务教育资源配置均衡发展测评模型的构建研究——基于重庆统筹城乡教育的调研》，博士学位论文，西南大学，2015年，第25页。
⑥ 王伟清：《论基于需求的教育资源配置系统观》，《教育与经济》2010年第1期。

分内容。① 另有研究者对此持相似观点，并对教育资源配置主体、教育资源配置客体、教育资源配置的准则和导向、教育资源配置的方式四个要素的具体内容进行了分析。② 王善迈、范先佐两位教授认为："教育资源配置主要指在教育资源数量一定的情况下，如何将有限的人力、物力、财力等在教育系统内部各组成部分，或在不同子系统之间进行分配，以期投入教育的资源得到充分有效的使用，求得教育持续、协调、健康发展。"③ 教育资源配置实际上就是教育要素的整合，如何进行科学有效的统整，充分发挥资源的最佳效益，涉及体制机制的问题，涉及政府部门对教育资源进行科学合理的分配，涉及教育系统内部各学段之间如学前教育、基础教育、高等教育、成人教育、继续教育的科学"瓜分"，还涉及公办教育、民办教育以及校内教育与校外教育的资助体系等等。④ 还有研究者指出，教育资源配置是指在教育资源稀缺的条件下生产什么样的教育产品以及怎样生产教育产品的问题。⑤ 教育资源配置是基于质量和数量方面对教育资源所进行的布置和配备。⑥ 教育资源配置是基于

---

① 王善迈：《经济变革与教育发展：教育资源配置研究》，北京师范大学出版社2014年版，第4页。

② 有研究者认为，教育资源配置涉及的问题主要有以下几个：一是教育资源配置主体，即拥有教育资源配置权的组织或个人。具体地讲就是能拥有、获取并能提供各种教育资源配置权的客体即是配置主体，有时教育资源的获得不免要进行利益的博弈，而博弈的结果便形成了教育资源配置的总量，发挥的作用实际上教育资源配置权的运用。二是教育资源配置客体，即被配置的对象——拥有教育资源的单位、组织或个体，一方面是指被配置对象，包括不同的区域、学校、教师、学生等；另一方面是指教育资源本身，包括人、财、物等。三是教育资源配置的准则和导向，即制约和规范教育资源配置方向的标准和原则，不同的价值导向和原则所导致的资源配置的制度设计会有差异，甚至是差别迥异。而在这些价值和原则中，如何正确对待和处理公平与效率，始终是教育资源配置过程中绕不开的重要课题。四是教育资源配置的方式，即教育资源配置主体对配置客体，按照法定的配置准则通过某种形式配置教育资源，它是由教育资源配置的主体、原则、依据、方法和分配制度等方面的各维度选择构成的模式各异的教育资源配置形式与机制。以上四个因素构成了教育资源配置的基本格局。（参见封留才《当代中国基础教育资源公平配置研究》，博士学位论文，南京航空航天大学，2014年，第69页。）

③ 王善迈、范先佐：《教育资源的合理配置与教育体制改革的关系》，《教育与经济》1997年第3期。

④ 封留才：《当代中国基础教育资源公平配置研究》，博士学位论文，南京航空航天大学，2014年，第69页。

⑤ 王红：《论教育资源配置方式的基本内涵及决定因素》，《教育与经济》1999年第2期。

⑥ 王伟清：《论基于需求的教育资源配置系统观》，《教育与经济》2010年第1期。

教育公平、均衡和效率等理念，为实现资源供给与需求的协调统一，根据特定结构比例合理有效调配各级空间区域或系统间将有限的物力、财力、人力、信息等资源使用动态过程，以期达到各级教育系统内及要素间和谐、均衡、协调的发展。① 教育资源配置是基于教育公平、均衡和效率理念，以供给和需求的统一为基础的教育资源调配和使用的动态过程。② 教育资源配置是较复杂的系统工程，是资源配备效率性与合理性、资源分配公平性与均衡性、资源利用有效性及资源需求适切性的统一。③还有学者从宏观、中观和微观三个层次对教育资源配置的概念进行了界定。④ 一言概之，教育资源配置主要指教育所需的有限的人力、物力、财力资源在不同地域、不同类型学校及学校内部的分配与安排，这种安排体现了人力、财力、物力资源在教育系统内部的构成关系，是学校各项工作得以开展的基本前提，也是既定的教育资源得以生产与利用的有效手段。"公平""效率""稳定"是教育资源配置的基础性目标。⑤

根据以上对资源配置及教育资源配置的理解，有研究者认为，学前教育资源配置是学前教育领域的相关人员如何合理或高效地分配物力、

---

① 谷峥霖：《云南学前教育资源配置的空间协调性研究》，博士学位论文，云南师范大学，2020年，第45—46页。

② 慕彦瑾：《西北农村义务教育资源配置合理性研究——基于甘肃省W县的证据》，博士学位论文，四川师范大学，2018年，第37页。

③ 余漫：《人口迁移背景下农村基础教育资源配置的公平性问题研究》，博士学位论文，中国农业大学，2014年，第24页。

④ 有研究者认为，宏观层次上的教育资源配置，是指在国家水平上政府的公共支出中给予教育部门的经费投入，即政府财政开支中教育经费应占多大的比重。在这一层次上主要应关注各级政府是否为教育部门配置了足够的资源，以及中央的专项资金及转移支付等资金是否起到平衡各地差异的作用。中观层次上的教育资源配置，是指在部门水平上教育主管部门如何将有限的资源在各级教育之间进行分配，在这一层次上主要应关注配置给各级教育的资源总量和比例是否合理。微观层次上的教育资源配置，是指在各级教育的水平上对各级教育内部不同的教育机构之间进行的资源配置，在这一层次上主要应关注各层次教育内部人、财、物资源的配置是否合理（公平）与有效（效率），以及各个教育教学单位内部的人、财、物资源的合理与有效分配。（参见沈有禄《中国基础教育公平——基于区域资源配置的比较视角》，教育科学出版社2011年版，第34页。）

⑤ 谷峥霖：《云南学前教育资源配置的空间协调性研究》，博士学位论文，云南师范大学，2020年，第38页。

财力、人力等资源到学前教育系统内部或相关系统,① 力求各类资源供需在各级区际或区内、各类性质幼教机构间相对平衡。② 有学者认为,学前教育资源配置是指:"在特定时空格局中,基于特定区域支持学前教育发展的经济社会供给条件,以学前教育子资源发展水平中的配置状态及资源水平要素为核心,在时空序列的普及格局下,进行与学前教育相关的人力资源、物力资源、财力资源在各级区内的配置流动的动态过程,以期实现在时空格局中教育普惠水平、教育资源要素与区域发展条件之间相互协调发展,使资源在空间层面失衡到相对均衡,最终实现区域全体学龄前儿童享受相对公平的基础教育产品,从而促进区域学前教育公益、普惠、优质、公平、均衡、协调及持续的发展。"③ 有研究者还对学前教育资源配置中的"物力资源水平""人力资源水平""财力资源水平"三方面所包含的具体内容进行了较为全面的分析和阐释。④ 另有学者认为,学前教育资源配置是社会为学前教育过程所提供的各类所需要

---

① 岳梦雅:《透过区域教育资源配置审视学前教育公平问题——以地理信息技术作为技术支持》,硕士学位论文,华东师范大学,2015 年,第 6 页。

② 史鹏霜:《息县学前教育资源配置均衡问题研究》,硕士学位论文,广西大学,2014 年,第 8 页。

③ 谷峥霖:《云南学前教育资源配置的空间协调性研究》,博士学位论文,云南师范大学,2020 年,第 39—40 页。

④ 有研究者指出,"物力资源水平"指在学前教育过程中物化劳动所占用与耗费各类物质资料的程度,是教职人员工作和幼儿作息、生活不可或缺的基础性的物质条件或技术利用的水平状态,如教育系统中较常使用的教玩具、多媒体设备、图书、固定资产等物资的使用和分配情况,主要涉及满足师幼基本生活需求的校舍建筑、教学及行政用房、运动场馆及绿化场地、生活用房等基本设施;满足教学需求的教玩具、仪器设备等;满足学习需求的图书、资料等。"人力资源水平"指构成规范性幼儿园正常管理、运行及发展最基本的、主体的、能动的及创新的负责管理、教学、科研、工勤人员及幼儿等资源配置的静态结果及程度,包括幼儿园工作人员和幼儿两大类。在实际人力资源配置水平实证测度中,主要涉及师生比、班均教师数、在园幼儿数与教师数比、已评职称教师比、本科以上学历比、专任教师比、教师工资与人均收入比、教师接受专业教育比等指标来进行定量分析。"财力资源水平"是学前教育稳定发展的经济保障,是影响教育公平与效率的关键因素,是政府、社会、个人等以财政拨款、集资、交费、捐赠等方式作用于学前教育的总投资水平,意指以各类物资的"货币"形态及劳动报酬存在并用于园所生存及幼儿发展所必需的资金要素流动的状态程度,具体用于开办幼儿园建造校舍、采购教玩具、环境创设、仪器设备等财力投入情况;维持幼儿园正常运行的教职工工资、课程设置等财力支出状况等。(参见谷峥霖《云南学前教育资源配置的空间协调性研究》,博士学位论文,云南师范大学,2020 年,第 45—46 页。)

素和条件在学前教育领域的各级区域及幼教机构间进行统筹分配,① 以期提升学前教育资源利用率,实现学前教育公平及均衡发展。②③

结合上述学者们对学前教育资源配置的理解,本书将学前教育资源配置界定为:

在学前教育资源数量一定的情况下,将有限的人力、物力、财力等在学前教育系统内部各组成部分,或在不同子系统之间进行合理分配,以期投入学前教育的资源得到充分有效的利用,促进学前教育持续、协调、健康发展。首先,学前教育资源配置是一项资源配置活动,其内容主要包括人力资源、物力资源、财力资源、制度资源四类。人力资源主要是指幼儿园中的教师队伍、园长、县(区)教育主管部门的相关行政管理人员等;物力资源主要包括园所建筑、生均活动面积、生均图书等;财力资源主要是指县级与乡镇政府对学前教育的经费投入与补助,以及各种社会性捐赠等;制度资源主要是指制约和规范学前教育资源配置的各种相关政策法规的总和,包括地方政府出台的有关发展学前教育的政策、指导意见、行动计划、意见等。

县域学前教育资源配置,即县与县之间或是一个县的行政区域范围内,学前教育资源在城乡之间、乡镇之间以及学前教育机构之间的分配情况。④ 总体上看,县域学前教育资源配置具有公共性、动态性、复杂性、多样性四重表征。

第一,县域学前教育资源配置的公共性,主要包括目标、性质与功能三方面。从目标上看,县域学前教育资源的配置目标是实现公共利益的最大化,促进学前儿童身心和谐健康发展。从性质上看,学前教育资

---

① 徐娜:《重庆市土家族地区农村学前教育资源配置现状调查研究》,硕士学位论文,重庆师范大学,2015年。
② 王勇、卢长娥:《安徽省学前教育资源地区间配置差异分析》,《学前教育研究》2018年第10期。
③ 王海英:《当下学前教育投入不合理的表现和原因及其均衡策略》,《幼儿教育》2012年第1期。
④ 李克勤、郑准:《县域学前教育资源配置评价模型及其应用》,《学前教育研究》2014年第10期。

源是由政府、社会及家庭共同承担的准公共产品，应当采取计划与市场两种手段合理结合的方式配置。从功能上看，县域学前教育资源的优化合理配置，不仅有利于保障县域内每位适龄幼儿接受基本的、有质量的学前教育的机会和权利，同时也有利于促进城乡学前教育的一体化发展，促进县域学前教育公平的实现。

第二，县域学前教育资源配置的动态性，是指资源配置的标准、内容与对象等会随着县域经济、政治、文化、教育等的发展而不断变化。县域作为社会的一个共生系统，县域学前教育的发展水平与县域的政治、经济、文化、人口等多种因素密切相关。县域学前教育资源配置的标准、内容、对象等在不同的历史时期，或在同一时期的不同阶段都是有很大差异性的。这种差异性在很大程度上反映了一个县域的学前教育发展水平，以及不同县级政府对发展学前教育所持的价值观，而这种认识和价值观的变化又会直接或间接地影响学前教育资源配置标准、内容及对象的变化。

第三，县域学前教育资源配置的复杂性，主要体现在配置标准、配置内容、配置形式等方面。县域学前教育资源配置标准涉及资源配置指标体系的构建，不同县域的经济发展水平、教育文化特点、地方政府投入、学前教育发展特点等方面的差异性特征，决定了学前教育资源配置的复杂性。从内容和形式上看，由于县域学前教育资源配置的动态性，以及不同利益主体对学前教育资源诉求的不同，应采取何种手段，配置哪些方面的学前教育资源，县域内不同地区的幼儿园在人力、财力、物力、制度等资源配置上如何分配和组合，城乡幼儿园之间，不同类型、不同性质的幼儿园之间在资源配置上如何均衡，以使学前教育资源配置的利益得以最大化，等等，都是复杂的、系统性的工作。

第四，学前教育资源配置的多样性。由于不同县域的学前教育发展情况各异，每个县都需要结合地方经济的发展水平和学前教育的实际发展情况，探索和构建适宜于县域学前教育发展特点的资源配置模式。相反，如果不顾县域的经济发展水平或对县域学前教育发展缺乏全面、整体的了解和把握，而随意"复制"或"移植"其他县域的学前教育资源配置模式，可能会对学前教育发展带来负面效应。因此，不同县域要结合自身的文化发展特点，积极主动地探索和创新有利于县域学前教育可持续发展的资源配置模式，尊重地域文化的差异性和多样性特征，促进县域学前教育的高质量发展。

四 学前教育高质量发展

在理解学前教育高质量发展的内涵之前，首先需理解质量、教育质量、学前教育质量、高质量发展等这几个核心概念。英语 quality 一词源于拉丁文 qualis，指某一给定实体（entity）的性质，基本上是价值无涉或价值中立的。[1] 质量只描述事实，不做价值判断或好坏区分。现代英语仍保留了 quality 的这一词义，但又对 quality 一词的词义做了进一步的扩展，使其还具有优质、高质量的含义，比如 quality education（优质教育）、quality production（优质产品）等，这里显然已经包括了价值判断的因素。[2]

中华人民共和国国家标准及 ISO9000 族标准将"质量"界定为"一组固有特性满足要求的程度"。[3] 该定义中的"特性"是指产品"可区分的特征，如物理的特征，感官的特征，行为的特征，时间的特征，人因功效的、功能的特征等"；"要求"是指顾客和其他相关方"明示的、通常隐含的或必须履行的需求或期望"。该标准同时将"顾客"界定为"接受产品的组织或个人"，顾客可以是组织内部的或外部的。产品包括有形产品和服务，服务通常是无形的。即产品质量是其特性满足顾客需求或期望的程度。[4]

国外学者从不同视角对质量进行了界定。美国质量管理专家朱兰（J. M. Juran）在 1988 年出版的《质量管理手册》（第四版）中，将质量

---

[1] Paul Vedder, *Measuring the Quality of Education*, Amsterdam: Sets & Zeitliger, 1992, p. 124.
[2] 刘霞：《幼儿园教育质量评价的理论与实践》，人民教育出版社 2017 年版，第 2—3 页。
[3] 中华人民共和国国家质量监督检验检疫总局，中国国家标准化管理委员会：《质量管理体系基础和术语 GB/T19000—2008/ISO9000》，2005 年。
[4] 刘霞：《幼儿园教育质量评价的理论与实践》，人民教育出版社 2017 年版，第 3 页。

定义为"适于使用","使用"与顾客的要求相联系,"适于"则表明符合可测量的产品特性。日本质量管理专家石川馨（Kaoru Ishikawa）认为,质量反映顾客的满意程度,顾客的需要和要求是变化的,因此质量的定义是不断变化的,高质量就是满足顾客不断变化的期望。①

结合国内外学者对质量的考察与研究,中国学者刘霞对"质量"内涵的理解进行了较为系统的梳理和分析。她认为质量的特征主要表现在以下几个方面:② 第一,质量具有普遍性。质量广泛存在于人类社会生活的各个领域,为任何一种实体所具有。这种实体可以是有形产品、无形产品或者服务。第二,质量是实体的客观属性。作为实体的内在规定性,质量具体表现为实体的一组特性。这种特性是实体的客观属性,是价值中立的,人们可以用客观的方法来了解和认识它。第三,质量是实体的价值属性。实体的质量特性不是独立存在的,而是在与顾客的需要相结合后形成的,即实体是否满足顾客要求的特性,因此,质量又是实体的价值属性。由于实体的价值属性是与价值主体（顾客）的需要密切联系在一起的,价值主体（顾客）的不同,必然导致需要的不同,即使同一主体在不同的时期或同一时期的不同条件下,也会表现出不同的需要,这就形成了同一实体不同的质量特性。此时,必须在分析实体固有的特性和与之相连的价值主体需要的基础上,才能了解和认识实体的质量特征。第四,质量体现了某组特性满足顾客要求的程度。满足程度高,则质量优;满足程度低,则质量劣。

质量作为实体的客观特性,同时又必须以满足顾客要求为目的,它是实体客观特性和主体需要的统一体。即,质量是实体满足顾客需要的特性的总和。③ 那么,何谓教育质量？《教育大辞典》对其的解释为:"教育质量是对教育水平高低和效果优劣的评价。影响它的因素主要是:教育制度、教学计划、教学内容、教学方法、教学组织形式和教学过程等的合理程度;教师的素养,学生的基础以及师生参与教育活动的积极

---

① 尤建新、张建同、杜学美:《质量管理学》,科学出版社2003年版,第6页。
② 刘霞:《幼儿园教育质量评价的理论与实践》,人民教育出版社2017年版,第3—4页。
③ 刘霞:《幼儿园教育质量评价的理论与实践》,人民教育出版社2017年版,第3—4页。

程度……最终体现在培养对象的质量上";"衡量标准是教育目的和各级各类学校的培养目标。前者规定受培养者的一般质量要求,亦是教育的根本质量要求,后者规定受培养者的具体质量要求,衡量人才是否合格的质量规格"。[1] 作为质量的下位概念,教育质量可以依据质量的定义来界定,即教育质量是教育满足学生及其他相关主体需要的特性的总和。[2]

教育质量是一个综合指标,取决于"学习者身体健康,具有良好的身心准备;环境安全,资源充足;学习内容与基本技能的获得相关联;在学习过程中持有儿童中心的理念;所学到的知识、技能和态度与国家教育目标和公民参与相关"。[3] 教育质量包括为教育所提供的人与物的资源质量(条件质量)、教育实践的质量(过程质量)和教育成果的质量(结果质量)。三个部分的质量共同形成了教育质量,而这三部分教育质量既是紧密结合的整体,又在教育的整体活动中有着各自的职能,发挥着各自的作用,不能相互替代。其中,教育条件起着为教育活动定位和提供必需的条件的作用;结果质量是依据一定的标准检测目标的实现程度;过程质量则介于两者之间,起着从条件质量到结果质量的中介作用,正是在这一中介过程中,受教育者才逐渐从一个自然人转化为一个社会人。[4]

幼儿园教育质量作为教育质量的下位概念,可以依据教育质量的定义来界定,即幼儿园教育质量指的是幼儿园教育满足幼儿身心和谐发展需要的特性的总和。幼儿是幼儿园教育质量体系中最根本的价值主体。在幼儿园教育质量的形成过程中,幼儿身心和谐发展的需要是主客体之间是否形成价值关系的标准,是幼儿园教育活动是否具有价值的标准。满足幼儿身心和谐发展的需要,是幼儿园教育最基本的价值追求。满足程度越高,则幼儿园教育质量越优;反之,满足程度越低,则幼儿园教

---

[1] 教育大辞典编纂委员会:《教育大辞典》(第一卷),上海教育出版社1990年版,第24页。
[2] 刘霞:《幼儿园教育质量评价的理论与实践》,人民教育出版社2017年版,第7页。
[3] UNICEF, "Defining Quality of Education: A paper presented by UNICEF at a meeting of the International Working Group on Education", Florence, Italy, 2000, p.1.
[4] 刘霞:《幼儿园教育质量评价的理论与实践》,人民教育出版社2017年版,第10—11页。

育质量越低。① 幼儿园教育质量是幼儿园教育活动（广义）是否满足幼儿身心健康发展的需要及其满足幼儿身心健康发展需要的程度。② 幼儿园教育质量依据教育质量结构的构成，其内容也包括条件质量、过程质量和结果质量三方面，学界目前对此基本达成共识。

"高质量发展是一种价值判断活动，是对教育发展状态的事实与价值判断，它是培养主体根据价值主体的需要，衡量教育是否满足价值主体的需要以及在多大程度上满足价值主体的需要程度或尺度的一种判断，是以一种理想目标为导向的发展性教育质量观，包含整体的'合需求性'，但更强调内部各个方面或者个体的'合发展性'"。③ 高质量发展意味着更有效率、更加公平、可持续的发展，高质量发展是质量发展的最优状态和终极旨归。高质量发展本身蕴含着追求卓越质量文化的属性，强调内涵发展与发展的自觉，高质量发展涉及理念、目标、制度等深层次的文化变革。④ 高质量发展中的"质量"强调的是发展的"质量"，发展的"质量"是提高育人的"质量"，以立德树人为根本任务，实现人的自由发展。高质量发展不是"量"的估量尺度、程度增减或数量多少，其关键在于寻求教育的原点与本质的回归，是教育发展层次和阶段的转型与突破，更是"量"作为转化引起"质"的升级。⑤ 高质量发展强调优质发展，而"优质"不等同于高质量发展。教育高质量发展包括优质但不限于优质，优质是教育高质量发展的最佳状态。⑥ 有研究者认为，高质量教育至少包括以下六个方面的内涵：高质量教育是育人为本

---

① 刘霞：《幼儿园教育质量评价的理论与实践》，人民教育出版社2017年版，第8页。
② 刘占兰：《中国幼儿园教育质量评价——十一省市幼儿园教育质量调查》，教育科学出版社2011年版，第5页。
③ 王鉴、谢雨宸：《乡村学前教育高质量发展的内涵、逻辑与长效机制》，《东北师大学报》（哲学社会科学版）2022年第2期。
④ 姚伟：《价值与路径：高质量发展背景下幼儿园质量文化建设探寻》，《东北师大学报》（哲学社会科学版）2020年第6期。
⑤ 王鉴、谢雨宸：《乡村学前教育高质量发展的内涵、逻辑与长效机制》，《东北师大学报》（哲学社会科学版）2022年第2期。
⑥ 许浙、柳海民：《论资源承载力支撑下的区域学前教育合理有序发展》，《中国教育学刊》2020年第4期。

的教育；高质量教育是公平普惠的教育；高质量教育是结构优化的教育；高质量教育是充满活力的教育；高质量教育是有贡献力的教育。①

学前教育高质量发展是一个整体性的概念，其关键在于价值观、发展观和发展范式的转型与突破，最终实现儿童的发展。学前教育的高质量发展内涵要以更广阔和综合的视角来理解，其主要包含四个层面的质量理解：导向性质量、结构性质量、过程性质量、结果性质量。②"高质量的学前教育可以被定义为促进幼儿全面可持续发展且具有良好条件支撑的学前教育，是一个具有良好自我发展能力的教育系统。"③另有研究者认为，高质量的农村学前教育应是促进农村幼儿全面可持续发展的教育；高质量的农村学前教育具有良好的发展体制机制和资源供给；高质量的农村学前教育应有良好的内生动力，能够实现不同主体的协同参与。④乡村学前教育高质量发展是"以激发系统内生力为核心，以城乡教育资源均等化为手段，以满足人民群众对高质量教育需求为导向，以特色强、质量高为主要特征，突出乡村生态与文化特色，不断提高乡村教育发展的优质化程度和水平，由规模扩张转向结构升级，由外延式发展转向内涵式发展，实现城乡学前教育一体化和乡村幼儿园特色发展与乡村儿童的个性化成长的双重转型。"⑤

综合研究者们对"学前教育质量""高质量发展""学前教育高质量

---

① 葛道凯：《高质量教育体系的使命、动力及建设思路》，《教育研究》2022年第3期。
② 导向性质量不仅包括幼儿教师的教育观念、价值观和对教育目标的理解，也包含政府颁布的教育指导纲要、办园投资方的方案以及园本方案里规定的纲领等指导内容。结构性质量是指系统层面的教育资源得到公平配置及有效利用，包括环境空间、教育经费、教育资源、人力资源等。过程性质量以课程与教学为核心，关注教师与儿童之间互动的本质，包括师幼互动、同伴交往、家园合作、活动组织等。结果性质量指学前教育有效促进儿童在认知与非认知方面的发展，如幼儿园五大领域的知识技能、多元智能及培养积极的情感、态度和价值观。[参见王鉴、谢雨宸《乡村学前教育高质量发展的内涵、逻辑与长效机制》，《东北师大学报》（哲学社会科学版）2022年第2期。]
③ 杨文：《我国农村学前教育高质量发展的时代意义与所需支持》，《学前教育研究》2022年第9期。
④ 杨文：《我国农村学前教育高质量发展的时代意义与所需支持》，《学前教育研究》2022年第9期。
⑤ 王鉴、谢雨宸：《乡村学前教育高质量发展的内涵、逻辑与长效机制》，《东北师大学报》（哲学社会科学版）2022年第2期。

发展"等概念的理解，本书认为，学前教育高质量发展是指一个拥有良好的资源供给和内生动力，不同利益相关者协同参与，丰富幼儿的生活及其全面生活经验，促进幼儿身心健康和谐发展的教育系统。

第二节 研究的理论基础

本书以公共物品理论、机制设计理论、协同治理理论、供需均衡理论作为研究的理论基础。其中公共物品理论为研究者明确县域学前教育资源的基本属性、优化地方政府学前教育公共服务职能提供较为全面的视角。机制设计理论为本书在既定的经济社会环境下设计一种激励相容的学前教育资源配置优化机制提供具体的操作路径。协同治理理论为学前教育资源配置治理主体的多元化以及决策过程的民主化提供了思路。供需均衡理论强调了资源需求侧对供给侧的作用和意义，从需求侧的角度为学前教育资源配置提供了学理依据。这四大理论基础既具有各自的独立性，也具有内在一致性，共同为本书提供理论分析依据。①

一 公共物品理论

公共物品理论是政治经济学研究的范畴之一，是探究政府与其他供给主体在公共物品供给中角色、职能、权责的重要理论。政府合法性来源的重要依据之一是服务于公民需求。② 也即，为公民提供基本的公共物品与服务成为政府的一种职能。为公民提供公共物品与服务反映了政府责任与公民权利之间的一种公共关系——政府有责任满足公民生存与发展方面的基本需求。③ 与此同时，根据公共物品的不同属性，除政府之外的市场、社会、个人等也应该参与到公共物品的供给中来，以更好地满足公民的生活与发展诉求。

---

① 公共物品理论和机制设计理论的内容主要参照了贺静霞的博士论文的第二部分，贺静霞：《县域内义务教育教师资源配置优化研究》，博士学位论文，武汉大学，2020年，第36—44页。
② 陈振明等：《公共服务导论》，北京大学出版社2011年版，第38页。
③ 赵黎青：《什么是公共服务》，《学习时报》2004年11月22日。

第一章　理论基础与研究设计

托马斯·霍布斯（Thomas Hobbes）关于国家本质的探讨是公共物品思想最早的理论发端，霍布斯提出社会成员需要通过权力让渡形成一个足以保全大家的集权型权力——"利维坦"，通过"利维坦"为社会成员提供安全保障等公共物品。亚当·斯密（Adam Smith）认为政府必须为公民提供最低限度的公共服务，而供给公共服务所需的资金应通过税收的方式来筹集。潘塔莱奥尼（Pantaleoni）指出公共物品的供给要考虑两种均衡：一是国家提供公共物品的边际正效用与每个公民在财政捐税时产生的边际负效用的均衡；二是国家资源在公共物品供给与私人产品供给之间的均衡。①

有关公共物品概念的界定，林达尔（Lindahl）在1919年《公平税收》的论文中指出，每个人都有权利以自己的想法为公共物品赋予合理价格，也可以按照自己定价的结果购买公共物品。② 保罗·萨缪尔森（Paul A. Samuelson）于1954年发表了《公共支出的纯粹理性》一文，将公共物品界定为：任何一个人消费某种产品不能影响或减少其他人消费这个产品。③ 萨缪尔森在《经济学》中对公共物品的定义为"不论个人是否愿意购买，但都能使整个社会每一成员获益的物品"④。萨缪尔森指出，由于市场失灵的存在，需要政府提供公共物品与服务来调节经济。因而，政府提供公共物品与公共服务具有提高市场效率、实现社会平等和稳定经济三个重要作用。⑤ 曼瑟尔·奥尔森（Mancur Lloyd Olson, Jr）和约瑟夫·斯蒂格里茨（Joseph Eugene Stiglitz）均从非排他性角度定义了公共物品，后者指出增加一个人的消费并不会导致成本的增长，而排除任何一个人的分享或消费则会花费巨大成本的物品就是公

---

① 巩宜萱：《数据驱动的公共物品供给创新研究》，硕士学位论文，哈尔滨工业大学，2020年，第13页。
② Keithl Dougherty, "Public Goods Theory From Eighteenth Century Political Philosophy to Twentieth Century Economics", *Public Choice*, No. 117, 2003, pp. 239 – 253.
③ P. A. Samuelson, "The pure theory of public expenditure", *Review of Economics and Statistics*, No. 36, 1954, pp. 387 – 390.
④ [美] 萨缪尔森：《经济学》（第18版），萧琛译，人民邮电出版社2008年版，第321页。
⑤ 唐铁汉、李军鹏：《公共服务的理论演变与发展过程》，《新视野》2005年第6期。

共物品。① 理查德·阿贝尔·马斯格雷夫（Richard Abel Musgrave）认为纯粹的公共物品在生产或供给上具有不可分割性。詹姆斯·布坎南（James M. Buchanan, Jr.）将经济物品分为两类：一类是纯私人物品；一类是俱乐部物品，不同于其他经济学家，布坎南从公共物品的提供方式界定了公共物品的概念，"人们观察到有些物品和服务是通过市场制度实现需求与供给的，而另一些物品与服务则通过政治制度实现需求与供给，前者被称为私人物品，后者则称为公共物品。"② 另外，对于公共产品的定义，大卫·弗里德曼（D. Friedman）认为："将它定义成这样一种物品，它一旦被生产出来，生产者就无法决定谁来得到它。"换句话说，公共物品一旦被提供出来，生产者就无法排斥那些不为此物品付费的个人，或者排他的成本（无限大）使排他成为不可能的事。③

由此可知，公共物品是与私人物品相对应的概念，具有与私人物品不同的属性与供给方式。公共物品意味着资源的集体运用，它的成本应由集体成员共同负担，其收益也应由集体成员共同分享。④ 公共物品，是指那种不论个人是否愿意购买，都能使整个社会每一个成员获益的物品。也就是"将该物品的效用扩展于他人的成本为零；无法排除他人参与分享"。即每个人消费这种物品都不会导致别人对该物品消费的减少。⑤

随着研究向纵深发展，公共物品的非排他性、非竞争性这两大特性成为后续研究的切入点，公共物品因非排他性和非竞争性可以分为以下两种：第一，同时具有非排他性和非竞争性的物品称为纯公共物品，这是狭义的公共物品。如，义务教育、公共卫生、国防、外交等。第二，只具有非排他性或非竞争性的物品称为广义的公共物品，主要包括俱乐

---

① J. E. Stiglitz, "The Theory of Local Public Goods Twenty-five Years After Tie bout: A Perspective", *NBER Working Paper Series*, 1982.
② 布坎南：《公共物品的需求与供给》，上海人民出版社2009年版，第1页。
③ 张军：《现代产权经济学》，上海三联书店、上海人民出版社1994年版，第115页。
④ 布坎南：《公共财政》，中国财政经济出版社1991年版，第17页。
⑤ 沈有禄：《中国基础教育公平——基于区域资源配置的比较视角》，教育科学出版社2011年版，第48页。

部物品、自然垄断物品、共有资源以及狭义的公共物品等。① 如，一种公共物品具有非竞争性，但同时又具有排他性，这种公共物品被布坎南称作俱乐部物品，又称作排他性公共物品。如付费影视会员，它一方面具有非竞争性，即一个人的消费并不影响另一个人的消费；另一方面又具有排他性，即它只针对付费者开放。有些公共物品具有非排他性，但在它达到某一使用水平之后会具有竞争性，这种公共物品称为拥挤性的公共物品。如，拥挤的街道、桥梁，任何一个人都可以使用街道或桥梁，但一个人使用之后就减少了另一个人可以利用的空间。

此外，公共物品并不限于航标灯、公路等物质产品，公共卫生与安全、法律和政策、生态保护、气象预报、社会保障与失业保险等由政府提供的非物质产品和服务也是公共物品。② 由此可知，公共物品并不是指"物品"本身，它是指具有共同消费性质的服务，这种服务的表现形式可能是物质产品，也可能是非物质产品，还可能是一种服务。

有关公共物品的供给方式有以下四种：第一，公共物品由政府供给。公共物品所具有的非竞争性、非排他性这两个特性，以及市场失灵的存在，决定了公共物品应该由政府提供。③ 任何人不管他付费与否都可以从公共物品中受益，一个人的消费也不会减少其他人的消费，因而，只有政府提供公共物品才能在一定程度上保证公共物品的利用效率与供给数量。第二，公共物品由私人提供。公共物品的私人供给实质在于交易机制，即由所有参与交易的人所达成的集体决策规则决定了共享和共同消费物品的数量。④ 第三，公共物品的自愿供给。公共物品的自愿供给是自主组织与自主治理的过程，杨（Young）认为个人会为自愿组织进行捐赠，⑤ 福尔金格

---

① 沈满洪、谢慧：《公共物品问题及其解决思路：公共物品理论文献综述》，《浙江大学学报》（人文社会科学版）2009 年第 6 期，第 133—144 页。
② 方福前：《公共选择理论》，中国人民大学出版社 2000 年版，第 32 页。
③ [美] 詹姆斯·M. 布坎南、理查德·A. 马斯格雷夫：《公共财政与公共选择：两种截然对立的国家观》，类承曜译，中国财政经济出版社 2000 年版，第 1 页。
④ 沈满洪、谢慧：《公共物品问题及其解决思路：公共物品理论文献综述》，《浙江大学学报》（人文社会科学版）2009 年第 6 期。
⑤ D. J. Young, "Voluntary Purchase of Public Goods", *Public Choice*, No. 1, 1982, pp. 73–85.

(Falkinger)等人也指出现实生活中不乏自愿合作提供公共物品的情形[1]。第四,公共物品的联合供给。布坎南提出公共物品的供给主要有两条途径:一是当双方交易规模较小时,通过一般的交易过程实现帕累托最优;二是当交易规模较大时,通过政治过程的运转来达到最优[2]。因而,布坎南提出的俱乐部物品理论主导性的供给方式是联合供给和私人供给。表1-1为三种有代表性的广义公共物品的供给方式[3]。

表1-1　　　　　　　　公共物品分类与供给方式

广义公共物品	代表人物	供给方式
纯公共物品	萨缪尔森	政府供给,联合供给
俱乐部物品	布坎南	联合供给,私人供给
公共池塘资源	奥斯特罗姆	政府供给,联合供给,自愿供给

不同的供给机制决定了公共物品不同的供给方式。在以政府为主的供给方式中,公共物品的供给机制主要是政府供给机制,政府供给机制以公平为目标、以税收和公共收费为主要筹资手段,是一种利用公共资源提供公共服务的供给方式。[4] 在以市场为主的供给方式中,其实现机制主要是市场供给机制。市场供给机制的存在很大一部分是由于政府供给存在效率低下或失灵的问题,市场供给机制遵循供求规律与价格变动规律,主要根据市场对某一公共物品的需求,提供一定的公共物品并获得利润的供给方式。以非营利组织供给为主的供给方式,其实现机制主要是公益供给机制。非营利组织相比于政府供给、市场供给拥有其无可

---

[1] J. Falkinger, E. Fehr, S. Gächter, et al., "A Simple Mechanism for the Efficient Provision of Public Goods: Experimental Evidence", *The American Economic Review*, No. 1, 2000, pp. 247-264.

[2] J. M. Buchanan, "Joint Supply, Externality and Optimality", *Economic*, No. 132, 1996, pp. 404-415.

[3] 沈满洪、谢慧:《公共物品问题及其解决思路:公共物品理论文献综述》,《浙江大学学报》(人文社会科学版)2009年第6期。

[4] 程万高:《基于公共物品理论的政府信息资源增值服务供给机制研究》,博士学位论文,武汉大学,2010年,第56页。

比拟的优越性，它并没有政府科层制、官僚制导致的效率低下问题，也没有市场机制供给过分追求利润最大化的动机，因而，公益供给机制在公民需求与服务提供方面比政府和市场供给机制略有优势。在现实生活中，并不完全存在某一种单一的公共物品供给机制，每一种供给机制的作用范围与特点都是各不相同的，只有将三种供给机制有机结合，才能实现公共物品的有效供给，进而更好实现公共利益。

遵循公共物品的定义与逻辑，萨缪尔森将政府的公共服务职能界定为"政府要在高效、高水平地提供公共产品和公共服务时，满足公众的公共需求、提高社会资源配置效率"[1]。由此可知，提供公共服务既是政府的一种职能也是政府的一种责任，如公民的受教育权是国家必须予以保障或满足的权利，这是政府提供教育服务的责任，政府为实现公民的受教育权而举办的各级各类教育是政府公共服务职能的直接表现。由于公民受教育需求的异质性与多样性，政府办学并不能完全满足公民的现实需求，因而，政府可以通过宏观控制和委托代理等手段授权给其他主体，使市场和社会等多元主体参与办学，进而更好实现公民对多样化、高质量教育的需求，使政府充分履行服务职能。

公共物品理论有利于人们从本体论的视角来理解学前教育的性质，学前教育资源的属性，进而为学前教育资源的合理优化配置奠定基础。学前教育是典型的准公共物品，具有明显的正外部效益，对国家、社会教育事业的发展都具有重要的促进作用。学前教育的正外部性决定了政府在学前教育资源配置中的主导地位，但同时，学前教育对个体和家庭也具有重要的意义。由此，学前教育的准公共物品性质决定了在学前教育成本分担中家庭及社会的共同责任，政府尽管是学前教育资源投入的主体，但家庭、社会等其他利益相关者在学前教育资源配置中也需要承担一定的责任。

公共物品理论从优化政府公共服务职能提升县域学前教育资源配置质

---

[1] Paul A. Samuelson, "The Pure Theory of Public Expenditure", *Review of Economics and Statistics*, No. 4, 1954.

量的角度，基于公民权利与共同的公共利益诉求，从多元主体参与治理的视角提供了研究县域学前教育资源配置的新的研究方向。这对进一步优化政府及其他有关主体在学前教育资源配置中的职能与责任提供了有益的思路与实践策略。在学前教育资源配置过程中，要正确理解和认识政府的公共服务职能，合理界定政府的服务范围。例如，制定县域学前教育资源配置的目标、方案与规划，为县域幼儿教师进修和培训提供经费保障，划清各级政府部门在学前教育资源配置中的职责并加强合作，为教育行政部门和幼儿园赋权等。为提高县域学前教育资源配置的质量和效益，政府要联合一切可以联合的各方力量，由政府、幼儿园、家庭和社会共同承担实现县域学前教育资源配置优化的目标与责任。例如，政府要为社会组织参与学前教育资源配置创造有利条件，鼓励和支持社会组织积极参与到学前教育资源配置中来。最后，要处理好学前教育资源配置中的优质、公平与效率之间的关系。优质与公平是人民对美好的学前教育的追求，是人民的公共利益与共同诉求，同时也是中国学前教育资源管理的价值追求。若要最大限度地实现人民的公共利益，就要妥善处理县域学前教育资源配置中的效率与公平的关系，因而要持续深化学前教育行政体制改革，提升政府部门对公众的回应性，建立政府与公众、社会的沟通机制以提升学前教育资源配置政策制定和实施的满意度等。

二 机制设计理论

机制设计理论的思想源头通常可以追溯到20世纪30年代国际经济学界以恩尼科·巴罗尼（Enrico Barone）、奥斯卡·兰格（Oskar Lange）为代表的左派以及与路德维希·冯·米塞斯（Ludwig Heinrich Edler von Mises）、弗里德里希·奥古斯特·冯·哈耶克（Friedrich August von Hayek）为代表的右派对社会主义经济制度的效率问题所展开的大论战。[1] 在这场旷日持久的论战中，双方的争论焦点共同落脚在信息与激励问题上，即

---

[1] Lange, O., "On the Economic Theory of Socialism", *Review of Economic Studies*, No.1, 1936.

无论是市场经济"看不见的手"实现资源配置还是计划经济"看得见的手"进行资源配置都会遇到信息不对称与激励不足等问题。那么,在既定的经济环境下,什么样的经济机制才能实现资源的有效配置,该经济机制又该如何设计、怎样执行?这样的机制设计能否实现社会公平等共同目标?在此背景下,机制设计理论应运而生。

机制设计理论的奠基人是利奥·赫维茨(Leonid Hurwicz),赫维茨在1960年发表的《资源配置中的最优化与信息效率》一文中首次提出机制设计理论,于1972年提出激励相容概念,1973年提出机制设计理论的初步框架。随后,埃里克·马斯金(Eric S. Maskin)将博弈论引入机制设计理论之中,专注于实施理论的研究,提出了"马斯金定理";罗杰·迈尔森(Roger B. Myerson)将显示原理运用于机制设计理论的执行过程中,降低了机制设计问题的复杂程序,提出任何一种机制的任意均衡结果都可以通过一种激励相容的直接机制实现,只要找到这种直接机制就可以实现"讲真话"的均衡结果。这三位经济学家在创立和发展机制设计理论方面做出了卓越的贡献,于2007年共同获得诺贝尔经济学奖。

机制设计理论的核心观点为:机制设计理论致力于研究如何在信息不对称、不均衡的条件下,设计一种激励相容机制进而实现资源的有效配置,在这个机制中要用最少的信息资源消耗获取最佳的效益,同时也要调动参与者的最大积极性,使个体利益与集体利益相一致,进而实现整体利益最大化。其中,信息成本与激励相容是其研究的核心问题。机制设计理论在某种程度上可以视为一种冲突解决方案,它要求设计者首先确定要达成什么样的目标,然后再根据给定的条件设计一种能够实现的机制。[①] 该机制实现的关键之一为要设计出能够充分调动各方参与者积极性的激励,使参与者愿意达成机制设计者所设想的结果,进而让利益冲突的各方达成最大公约数的共识。

---

① 杨卫安、邬志辉:《机制设计理论与城乡教育一体化建设》,《理论与改革》2012年第5期。

第一,激励相容。赫维茨指出,机制的实质为一个信息交流系统,在这个系统里所有的参与者都在不断地互相传递信息,而这些信息并不一定能真实反映参与者对公共物品的支付意愿,但每个参与者都在尽力谋求自身利益最大化。[①] 因而,在制度或规则的设计者不了解所有参与人基本信息的情况下,制度设计一个尤为重要的原则就是要使参与者显示真实偏好策略成为占优的均衡策略,这就是激励相容的制度设计。也即,制度设计者所制定的机制能够激励每个参与者,在保证各参与者实现个人利益的同时也能实现整体利益,各主体之间是激励相容的良性合作循环。激励相容还要施加一个约束条件,即没有人因参与这个机制而使情况变坏。

第二,显示原理。机制设计理论是一个典型的不完全信息博弈过程,"第一阶段,委托人设计一个'机制',机制代表了博弈规则,根据这个规则,代理人发出信号,实现的信号决定配置结果。在第二阶段,代理人选择接受还是不接受委托人的机制。在第三阶段,接受机制的代理人根据规则进行博弈。"[②] 而要在激励相容的参与约束条件下设计一个最优机制,是一个十分复杂的数学问题。显示原理的发现,则较好地解决了这一问题。美国经济学家吉伯德(Gibbard)于 1973 年用公式明确表述了显示原理,迈尔森将显示原理应用到许多经济学问题中,于 1979 年提出了显示性偏好原理。[③] 显示性偏好原理主要指在不完全信息的博弈背景下,在贝叶斯均衡状态下可以找到一个三阶段的信息诱导机制,使得所有参与者在第二阶段接受该机制,在第三阶段显示真实偏好。[④] 迈尔森指出:"任意一个机制的任何一个均衡结果都能通过一个激励相容的直

---

① Hurwicz L., Optimality and Informational Efficiency in Resource Allocation Processes, In: K. Arrow (eds.), *Mathematical Methods in the Social Sciences*, Stanford: Stanford University Press, 1960, p.12.
② 张维迎:《博弈论与信息经济学》,上海人民出版社 1996 年版,第 275 页。
③ 李文俊:《机制设计理论的产生发展与理论现实意义》,《学术界》2017 年第 7 期。
④ [美]朱·弗登博格、[法]让·梯若尔:《博弈论》,黄涛等译,中国人民大学出版社 2015 年版,第 213—224 页。

接机制来实施。"① 根据显示原理，在寻找最优机制时人们可以通过直接机制简化问题，极大地减少了机制设计的复杂性。

第三，马斯金定理。马斯金于1977年完成并于1999年发表的论文《纳什均衡和福利最优化》提出并论证了机制设计理论执行的充分和必要条件。马斯金指出，如果一个机制能同时满足"单调性"和"无否决权"这两个条件，那么这种社会机制就是可执行的。单调性主要指某一种社会方案在一种经济运行环境中是可取的，在另一种社会经济环境中也是选择的最优方案，那么这种方案就应该总是社会选择的结果；且如果同时假定存在纳什均衡，则被执行的社会目标函数一定要满足单调性这一条件，就能实现显示原理与社会目标函数之间的激励相容。② 马斯金进一步指出，仅仅满足单调性这一个条件并不能完全保证机制是可实施的，还要满足另一个条件——"无否决权"。无否决权主要指在大于等于三人的博弈中，没有任何人具有否决权。③ 如，政府设计税收制度，既不能挫伤人们的工作积极性，同时还要通过税收实现社会公平，改进一部分人的生活水平，那么这种制度就是可实施的。

当前，机制设计理论已经有一个比较成熟的分析设计框架，在评判一种机制设计的优劣时，需要考虑以下三个要素：资源有效配置、信息有效利用、激励相容。④

机制设计理论为本书在既定的经济与社会环境下，设计出一套使各参与者与整体目标相一致的机制，提供了在信息不完全、个体理性、自由选择与分散决策等条件下的最优机制选择。换言之，机制设计理论能够为县域学前教育资源配置提供一种可行的、可实施的操作机制。县域学前教育资源配置机制的设计要考虑资源是否得到有效配置、信息是否

---

① 祖强：《机制设计理论与最优资源配置的实现：2007年诺贝尔经济学奖评析》，《世界经济与政治论坛》2008年第2期。
② 李文俊：《机制设计理论的产生发展与理论现实意义》，《学术界》2017年第7期。
③ 祖强：《机制设计理论与最优资源配置的实现：2007年诺贝尔经济学奖评析》，《世界经济与政治论坛》2008年第2期。
④ [美]艾里克·拉斯穆森：《博弈与信息：博弈论概论》（第四版），韩松等译，中国人民大学出版社2009年版，第335—338页。

得到有效利用与各主体之间是否激励相容这三个基本要素。此外，机制设计理论所提出的激励相容概念，成为解决学前教育资源配置各主体间信息不对等、激励不相容问题的切入点。纯公共物品因其具有消费上的非竞争性、享用上的非排他性等特性，易导致公共物品的配置存在"搭便车"等行为，其配置效果并不是最优的。在中国县域学前教育资源的供给、运行、管理、使用等方面，各政府部门间、政府与幼儿园、政府与社会、幼儿园与幼儿园、幼儿园与社会间均存在着不同程度的信息不对等、激励不相容等问题。借鉴机制设计理论的研究成果，有利于发现中国县域学前教育资源配置中存在的不足与缺陷，进而通过学前教育资源配置优化的机制创新，实现县域学前教育资源的优化均衡配置目标。

第二，机制设计理论倡导的从个体行为的角度优化资源的行动策略，为县域学前教育资源配置优化中教师主体的参与与行动提供了依据。机制设计理论的研究表明，不同的参与者在进行博弈的过程中会选择以下三种博弈策略：其一，占优策略。其二，纳什策略。其三，贝叶斯策略。机制设计理论在不同的策略背景下，通过设计出不同的激励相容机制，使参与博弈的不同参与者获取最大收益的同时，也实现了整体利益。如，萨缪尔森曾指出，在人们对某种公共物品的支付意愿拥有私人信息时，可能会被诱导提供虚假信息以表示对此公共物品不感兴趣，从而减少成本承担，因而，公共物品不可能真正实现有效配置。[1] 针对此问题，机制设计理论者提出，在拟线性偏好环境下[2]，存在一种机制使每个人"讲真话"是占优策略均衡，其核心思想是通过设计一种税收或补贴方案，使人们决策所带来的外部性内部化。[3] 也就是说，在县域学前教育资源配置优化的过程中，政府、幼儿园与社会可以通过设计激励政策与具体措施，使学前教育的不同利益相关者积极参与到学前教育资源配置优化的工作中，并使学前教育资源不同利益相关者的个体利益和需求，

---

[1] 方燕、张昕竹：《机制设计理论综述》，《当代财经》2012年第7期。
[2] 拟线性偏好：此偏好的效用满足拟线性函数。通常指消费者对一种商品的喜好明显，呈良好性状偏好，即商品越多满足程度越大，而对另一种商品的喜好则不明显。
[3] Clarke E. H., "Multipart Pricing of Public Goods", *Public Choice*, No.1, 1971.

与县域学前教育资源均衡配置目标的整体利益相统一。学前教育不同利益相关者对学前教育重要性和价值的积极认识和主动参与，对学前教育资源配置能起到积极的促进作用。在学前教育投入不断增加的新时期，学前教育发展的主要矛盾发生了转变，经济不再是制约学前教育发展的主要因素。因此，思考问题的角度需要转换，学前教育资源配置机制也需要调整，从传统中关注客体的"物"转向主体的"人"，从强调外部扶持转向内生动力，用外力激发、培育主体在学前教育发展中的内力，才是推进学前教育资源配置的长效机制。[1]

三 协同治理理论

协同治理是发端于西方公共管理的一种新的治理范式，现广泛应用于公共危机管理、公共服务供给、区域合作及生态环境等治理领域，成为一种重要而有益的分析框架和方法工具。[2]但协同治理理论的最直接的思想来源是协同学理论。"协同学"源于希腊文，意为"协调合作之学"，德国著名物理学家赫尔曼·哈肯（Hermann Haken）是协同学理论的奠基者。他认为："尽管大自然展示的结构千差万别，但有可能找到一些统一的基本规律，从而说明结构是怎样形成的。"[3]在各种各样的领域中结构的发展有着相同的规律，这里的结构不仅涉及物质世界，而且也涉及精神世界。因此，协同学是"一门在普遍规律支配下的有序自组织集体行为科学"，其任务是"确定不同科学领域中系统自组织的规律"[4]。

协同治理理论吸取了协同学理论和治理理论的核心思想，强调通过主体间资源和要素的良好匹配，达到政治国家与公民社会合作关系的最

---

[1] 马忠才、郝苏民：《乡村教育振兴的困境及其内生性逻辑——基于深度贫困地区Y县的调查分析》，《中南民族大学学报》（人文社会科学版）2022年第2期。
[2] 参见王声平《中国"双一流"建设高校学院治理文化研究》，中国社会科学出版社2022年版，第52—53页。
[3] ［德］赫尔曼·哈肯：《大自然成功的奥秘：协同学》，凌复华译，上海译文出版社2018年版，第5页。
[4] ［德］赫尔曼·哈肯：《大自然成功的奥秘：协同学》，凌复华译，上海译文出版社2018年版，第9页。

佳状态。① 但目前,学界对协同治理的内涵并未达成共识。有研究者认为,协同治理是"在公共管理活动中,政府、非政府组织、企业、公民个人等社会多元要素在网络技术与信息技术的支持下,相互协调,合作治理公共事务,以追求最大化的管理效能,最终达到最大限度地维护和增进公共利益之目的。"② 协同治理是指:"处于同一治理网络中的多元主体间通过协调合作,形成彼此啮合、相互依存、共同行动、共担风险的局面,产生有序的治理结构,以促进公共利益的实现。"③ 尽管研究者们对协同治理的理解有一定差异性,但总体来看,协同治理的特征主要包括参与主体的多元性、治理过程的协同性、治理结果的超越性、治理权威的多样性、子系统的协作性、系统的动态性、自组织的协调性、社会秩序的稳定性等几个方面。④ 协同治理理论是对传统中政府公共管理范式的超越,彰显的是一种新的治理文化,即强调治理中不同主体间的协同、合作和沟通,注重治理过程的有序性,治理结构的有效性,强调组织系统的自组织性和自我建构能力。

尽管协同治理理论是一个跨学科概念,且发展还不够成熟。但协同治理本身彰显的是一种新的治理文化,即强调多元主体参与治理过程的民主性,治理主体的多元化、治理结构的扁平化以及决策过程的公平正义等,这与当前倡导的学前教育治理现代化的内涵和精神不谋而合,对推进县域学前教育资源配置的研究提供了学理基础和新的思路。县域学前教育本质上是一个共生发展系统,以协调与整合内外共生资源,促进异质园所之间的共生关系及其交互作用为目的。根据共生学原理的观点,县域学前教育共生发展是其多重要素共生交互"耦合"的综合结果,由

---

① 李辉、任晓春:《善治视野下的协同治理研究》,《科学与管理》2010年第6期。
② 何水:《协同治理及其在中国的实现——基于社会资本理论的分析》,《西南大学学报》(社会科学版)2008年第3期。
③ 李辉、任晓春:《善治视野下的协同治理研究》,《科学与管理》2010年第6期。
④ 郑巧、肖文涛:《协同治理:服务型政府的治道逻辑》,《中国行政管理》2008年第7期。

此形成的共生关系和交互方式越丰富多元,其产生的共生效益就越高。[①]县域学前教育资源配置是社会共生系统的组成部分,要实现整合有序并维护一个充满活力的县域学前教育公共服务系统,仅仅依靠教育行政管理部门的力量是远远不够的。"公共服务供给主体协同共生的组织模式和行为模式,能够使公共服务协同供给更加系统化、完备化,使各方主体共同合作、共同进化。"[②] 县级政府需从共生协同发展视角出发,充分发挥县域内不同行政部门的作用,加强部门间的协同与合作,共同致力于县域学前教育公共服务的可持续发展。"学前教育事业发展关涉多个行政职能部门,不同层次和类型的职能部门能否精诚协作,这是决定普惠性学前教育公共服务体系建设成功与否的关键。"[③] 例如,建立统一的明确界定规划、财政、人事、土地、建设、卫生、民政、妇联、公安等诸多部门在学前教育资源配置上的职责范围、权利边界和责任划分,对县域学前教育的高质量发展具有重要的促进作用。

同时,县域学前教育资源配置需充分调动县域内各幼儿园及教师们的积极性,"幼儿园的发展仅凭外部政府投入、社会支持是远远不够的,幼儿园全体教职人员才是推动幼儿园教育高质量发展的主要力量,调动幼儿园全体成员参与质量改进实践的积极性对推动幼儿园高质量发展意义重大"[④]。在尊重不同幼儿园内部发展特点的基础上,激发幼儿园自组织发展的活力,发挥各幼儿园在相互协作中的功能。"县域教育管理部门应强调学前教育发展的共生性,积极践行共生发展理念,建立健全共生型治理机制,重视域内异质园所之间共生关系的培育、构建、维护与进化,加强对园所之间共生交互作用过程的引领与支持,以最大限度地激

[①] 杨晓萍、沈爱祥:《县域学前教育共生发展现状分析》,《学前教育研究》2020年第9期。

[②] 赵曼丽:《公共服务协同供给研究:基于共生理论的分析框架》,《学术论坛》2012年第12期。

[③] 姜勇、庞丽娟:《我国普惠性学前教育公共服务体系建设的突出问题与破解思路——基于ROST文本挖掘系统的分析》,《湖南师范大学教育科学学报》2019年第4期。

[④] 姚伟:《价值与路径:高质量发展背景下幼儿园质量文化建设探寻》,《东北师大学报》(哲学社会科学版)2020年第6期。

活和开发域内园所的发展活力。"① 县域学前教育的发展既要促进县域学前教育的整体协同发展，也要促进园所个体的优质发展，形成县域学前教育诸多园所"各美其美，美美与共"的和谐共生局面。地方政府各部门之间既要相互协作，共同致力于学前教育资源的建设和完善，同时也要鼓励县域内不同幼儿园之间的相互合作、协同共生，并为各幼儿园之间的协同发展创设良好的外部支持环境。

四 供需均衡理论

"供需"一词是供给与需求的简称。"供需适配"，即"形成供需相互引导的动态平衡"②。供需均衡理论中的"供应"和"需求"的关系，是基于微观经济学中的供求关系衍生的。在经济学中，所有能用的东西均可认为是商品，必然存在消费者和生产者，其中消费者直接决定"需求"的多少，而生产者决定了"供应"的多少，而消费者决定的"需求"是影响生产者决定的"供应"的直接因素。供给和需求是市场经济运行的重要力量来源，需求决定供给。但供给也可以创造需求。供求关系的意义是决定商品的价格。当供给大于需求时，价格必然下降，甚至低于使用价值；反之当供给小于需求时，价格必然上涨，可能超过商品本身使用价值。价格围绕着价值这根轴不规则地上下波动，"供应"与"需求"平衡时，价格和使用价值也会基本保持平衡。在市场经济中，供给和需求总是在不断地发生变化，当需求大于供给时，就会"供不应求"，反之，则会"供过于求"。经济学致力于供需平衡，相信市场供给会在价格波动的引导下自动调节，最后趋于相同。因此，经济学以"看不见的手"即市场机制为调节措施来协调资源的均衡配置。③

学前教育尽管有别于商业活动，属于准公共物品。但学前教育在资

---

① 杨晓萍、沈爱祥：《县域学前教育共生发展现状分析》，《学前教育研究》2020年第9期。
② 龚欣、曲海滢：《高质量学前教育体系：基本构成、主要特征及建设路径》，《现代教育管理》2021年第11期。
③ 许浩：《武汉市基础教育资源配置与空间供需均衡性研究》，博士学位论文，华中师范大学，2019年，第22页。

源配置过程中依然存在需求与供给的问题。供需适配要求县域学前教育资源的供给，既要考虑学前儿童家庭对学前教育的数量需求、内容质量需求，还要综合考虑家庭对学前教育的办园属性需求、费用可承受需求、物理可及性需求等多重因素。县域学前教育资源配置是广大民众需求与供给主体之间的双向互动、交流和反馈过程，解决的是群体间资源和服务的有效分配。政府应在充分了解需求主体利益诉求的基础上，结合县域经济发展水平、学前适龄人口的变化趋势、城镇化发展进程、不同家庭的经济承受能力，等等，因地制宜，合理布局幼儿园，提供高质量的普惠性学前教育公共服务。"学前教育公共服务的布局、规模和速度都不同程度地受制于公众教育需求的影响，只有把握城镇社会发展规划状况，把握人口发展动态，把握公众现实和可能的需求，才能真正构建起普惠优质的学前教育公共服务体系。"[1]

依据供需均衡理论的观点，一般而言，县域学前教育资源的需求对供给具有决定性作用，只有与学前教育资源需求相适应的供给才是比较有效的供给。但同时，学前教育资源的供给也能激发出新的需求，因为有些需求是广大民众未必能自己意识到的，通过合理的学前教育资源供给可以使民众发现新的需求。因此，县域学前教育资源配置效能的提高，既要充分考虑不同层次和类型的家庭对学前教育的多样化、个性化需求，还要考虑县级政府的供给能力，实现供给主体与需求主体间的双向对话和沟通，实现供需主体间的有效衔接，促使县域学前教育资源供给与需求之间的动态平衡。[2] 相反，政府如果忽视民众对学前教育资源的内在需求，往往会导致学前教育资源供给的低效甚至无效，造成教育资源的浪费，最终制约幼儿接受学前教育的机会，难以促进学前教育公平的实现。此外，县级政府还需结合县域内不同地区的实际情况，根据特定区域、特殊群体的不同需求，进行差别化提供。例如，对经济发展落后的

---

[1] 虞永平：《建设益童、惠民、利国的学前教育公共服务体系》，《人民教育》2014年第11期。

[2] 姜勇、庞丽娟：《以供给侧改革为抓手推进普惠性学前教育公共服务体系建设》，《教育发展研究》2019年第8期。

贫困县、偏远山区、少数民族地区或处境不利家庭的儿童，可通过设立专门的学前儿童综合发展项目，由中央和地方共同承担财政事权和支出责任，适度加强中央支出责任。① 当然，学前教育资源的供给与需求也是一个动态发展的过程，它会随人们对学前教育观念的转变、社会经济的发展、新的生育政策的调整、城镇化进程等的变化而不断变化。学前教育资源配置的关键是使供给与需求之间保持相对平衡，尽量避免"供不应求"或"供过于求"现象的发生。

第三节 研究思路与研究方法

一 研究问题

本书中拟解决的关键问题主要有以下四个方面。

第一，县域学前教育资源配置的政策分析。结合浙江省县域学前教育发展的特点，从政策视角切入，采取内容分析法，以浙江省部分县（区）颁布的政策法规为研究样本，基于人力资源、财力资源、物力资源、制度资源、管理体制等方面，对不同县（区）学前教育资源配置政策文本的共性、个性、存在的问题、改进策略等进行学理分析。

第二，县域学前教育资源配置的现状分析。本书通过访谈与问卷调查的方法，基于园长认知的视角，以浙江省六个地级市共18个县190所幼儿园550位园长/副园长为研究样本。从幼儿园对学前教育资源的需求切入，以学前教育资源的四个核心构成要素为设计框架，对浙江省县域学前教育资源配置的现状展开调研。

第三，县域学前教育资源配置影响因素的分析。在学理分析和全面了解浙江省县域学前教育资源配置现状的基础上，通过回归分析的方法，从幼儿教师的职业认同感、地方政府对发展学前教育的重视程度、园长优化学前教育资源配置的能力、县域教育文化因素、人口政策变动、城

---

① 韩凤芹、曹蕊：《构建儿童早期发展公共服务体系：理论探讨与现实选择》，《财政研究》2020年第9期。

镇化进程等方面，对影响县域学前教育资源配置的核心因素进行分析。结合对部分园长/副园长及县（区）教育局行政管理人员的访谈，从人力资源、财力资源、物力资源、制度资源等方面对浙江省县域学前教育资源配置中存在的问题进行了深入剖析。

第四，县域学前教育资源配置的优化路径。根据理论研究与调查研究，针对县域学前教育资源配置中存在的问题及原因，以公共物品理论、机制设计理论、协同治理理论、供需均衡理论为基础，结合县域学前教育资源配置的政策、现实状况、影响因素，从地方政府的财政投入、政策设计、管理体制等方面，提出完善和优化县域学前教育资源配置的路径。

二 研究思路

县域是分析学前教育发展特点的基本单位，是中国学前教育整体可持续发展的关键。学前教育高质量发展首先需要实现县域学前教育的高质量发展，而县域学前教育发展的核心在学前教育资源的合理配置。本书基于园长认知视角，结合县域的经济、文化、教育等特点，以"县域学前教育资源配置"为核心主题，遵循"提出问题—分析问题—解决问题"的基本思路，采取质性研究与量化研究相结合的研究方式，以问题导向的思路展开研究，探寻具有浙江特色的县域学前教育资源配置的路径与方法。

第一，通过文献研究，系统梳理了与县域学前教育资源配置有关的国内外研究成果，明确本书的切入点与核心概念。以"县域学前教育资源配置"这一概念为核心，将学前教育资源分解为幼儿园的人力资源、财力资源、物力资源、制度资源四个核心构成要素，并对县域学前教育资源配置的内涵、特征、内容等进行探讨。

第二，结合县域学前教育资源配置的特点，采取内容分析法，以学前教育资源的四个构成要素为分析框架，选择部分县（区）政府颁布的政策法规文件，分析不同县域学前教育资源配政策法规文件的共性、个性、差异性以及不足。基于政策视角，提出县（区）政府颁布的政策法规亟待完善之处和改革方向，为县域学前教育资源配置提供政策支持。

第三，采用问卷调查法和访谈法，基于园长认知的视角，以浙江省的部分县（区）为研究对象，从幼儿园的实际需求出发，以学前教育资源的四个核心构成要素为设计框架，对浙江省县域学前教育资源配置的现状展开调研。

第四，在学理分析和全面了解样本县（区）学前教育资源配置现状的基础上，以公共物品理论、机制设计理论、协同治理理论、供需均衡理论为研究的理论基础。从政府的财政投入、幼儿园对学前教育资源的需求、县域学前教育管理的理念等方面，对浙江省县域学前教育资源配置存在的问题及原因进行深入剖析。在此基础上，结合影响浙江省县域学前教育资源配置的因素，采取描述性分析、差异性分析、多元线性回归与验证性因子分析的方法，深入挖掘其核心影响因子，对县域学前教育资源配置影响因素进行深入剖析。

最后，在理论分析和实证考察的基础上，依据县域学前教育资源配置的核心影响因素，根据浙江省县域学前教育资源配置的特点、存在的问题及原因，提出浙江省县域学前教育资源配置的优化路径。具体研究思路，见图1-1。

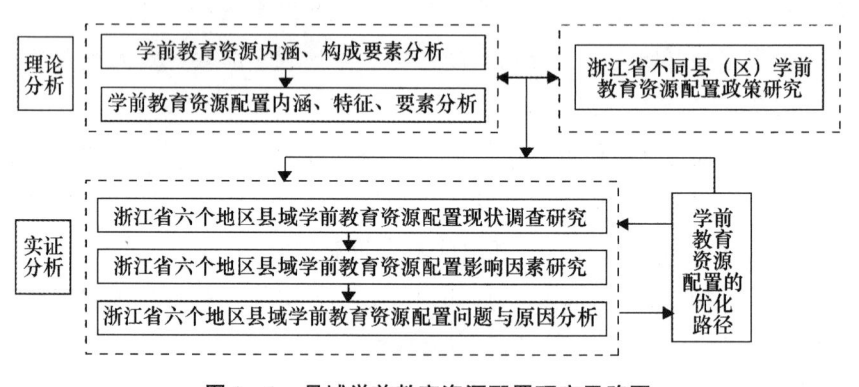

图1-1 县域学前教育资源配置研究思路图

三 研究方法

根据研究目的和内容，本书主要采取以下几种研究方法：

(一) 问卷调查法

采用自编问卷，以浙江省部分县（市、区）为研究样本，以学前教育资源的四个核心构成要素为设计框架，基于园长认知的视角，从学前教育资源配置中的人力资源、财力资源、物力资源、制度资源四个方面，深入分析浙江省县域学前教育资源配置的现状、存在的问题及原因。

(二) 内容分析法

采用内容分析法，对浙江省样本县（市、区）政府颁布的有关学前教育资源配置的政策法规文件进行系统梳理，以学前教育资源的四个核心构成要素为分析维度，对政策法规内容进行编码，深入分析不同县域学前教育资源配置的政策及特点，为后续调研的开展、问题的分析、对策的实施奠定基础。通过对政策法规的深入分析能全面把握浙江省县域学前教育资源配置的政策方向与内容，为完善浙江省县域学前教育资源配置提供科学依据与政策参考。

(三) 统计分析法

本书根据县域学前教育资源配置的相关数据，通过提炼影响县域学前教育资源配置的关键变量和因子。综合应用 SPSS 26.0 统计软件对县域学前教育资源配置的数据进行分析，采用描述性统计、差异性分析、多元线性回归分析、验证性分析等方法，对浙江省县域学前教育资源配置的调查数据进行整理、统计和相关性分析。以此为基础，深入探讨浙江省县域学前教育资源配置的影响因素，为幼儿园布局调整和规划提供借鉴，提高学前教育资源配置效率。

(四) 访谈法

本书在调查问卷的基础上，辅以访谈法。访谈内容主要围绕学前教育资源的四个核心构成要素展开，采取结构性和半结构性访谈相结合的方法，以样本县（区）中的部分园长/副园长、县（区）教育局的行政管理人员为访谈对象，以更全面、深入地了解浙江省县域学前教育资源配置的现状、问题及原因，为进一步探析影响县域学前教育资源配置的因素寻找合理的切入点。

第二章

县域学前教育资源配置的政策研究

中共中央、国务院在《关于学前教育深化改革规范发展的若干意见》中明确提出："县级政府对本县域学前教育发展负主体责任，要着力扩大普惠性学前教育资源供给。"教育部等九部门在印发的《"十四五"学前教育发展提升行动计划》中强调：要"落实县级政府主体责任，完善县（区）普惠性幼儿园布局规划，增加普惠性学前教育资源供给。"根据国家颁布的学前教育政策文件的精神，浙江省教育厅等部门根据省域学前教育事业发展情况也颁布并出台了相关政策。例如，《浙江省学前教育发展第四轮行动计划（2021—2025年）》明确指出："县（市、区）人民政府要落实主体责任，从完善学前教育经费投入机制和健全城镇小区配套幼儿园建设等方面优化县域学前教育资源配置。"可见，浙江省政府越来越重视县域学前教育资源配置在学前教育发展中的作用。

在中国学前教育实行"地方负责、分级管理、部门分工合作"的管理体制背景下，县级政府是发展学前教育的主体。县，作为最基层的行政单位，拥有独立的人权、财权和事权，理应承担优化学前教育资源配置的主体责任。受各县政治经济、科技文化、地理环境、教育与卫生医疗、人文历史等因素的影响，不同县的学前教育资源配置情况各不相同。如何促进县域学前教育公平、均衡和可持续发展，提高县域学前教育资源配置质量由此成为县级政府和教育行政管理部门理应关注的重大议题。

总体上，中国县域学前教育资源面临资源总量不足、资源分配不均衡、区域空间资源配置差异大、政府监管力度不到位等问题。当前，学者们主要是从宏观层面分析了学前教育资源配置的现状，内容聚焦于幼儿教师资源配置、学前教育资源配置评价、学前教育资源的空间分布与均衡程度、学前教育资源配置效率等几个方面。但对县域学前教育资源配置的政策文本分析甚少，缺乏系统性且研究视角较为单一。县域学前教育资源配置政策的科学性与可行性，决定了县域学前教育均衡发展和学前教育公平实现的程度。本书从县域学前教育资源配置的政策文本出发，对其内容进行深入、全面、系统的分析，为县域学前教育资源配置政策的制定提供借鉴与思路。

第一节 研究样本的选取

一 研究对象

县域是以县级行政区划为地理空间，是国家行政管理的基本单位之一。根据浙江省教育厅统计资料显示，浙江省县域数量多。由于研究的调研范围广、任务重且难度大，若想获取全部县域的详细资料是相当有难度的。因此，本书采取目的性分层抽样的方法，根据以下三个原则确定研究对象：其一，当地的社会经济发展水平，研究对象兼顾社会经济发展水平高、中、低的地区，以地区生产总值及排名、人口总数及排名作为主要评价指标。其二，当地学前教育普及与发展水平，研究对象兼顾学前教育普及与发展水平高、中、低的地区，主要以各地区的学前三率，即以学前教育的公办率、普惠率和优质率来衡量各地学前教育发展的关键性指标。公办率指在公办幼儿园就读的幼儿人数占全区在园总人数的比例；普惠率指在公办幼儿园和普惠性民办幼儿园就读的幼儿人数占全区在园总人数的比例；优质率指在省一级、省二级幼儿园就读的幼儿人数占全区在园总人数的比例。其三，选取近年来积极探索学前教育资源配置并初步取得成效的区域，这主要是根据浙江省统计局的数据和各县（市、区）颁布的学前教育政策文本进行筛选的。

如表2-1所示，本书根据2021年浙江省90个县（市、区）地区生产总值及排名、人口总数及排名、学前三率和近年来积极探索学前教育资源配置并初步取得成效的情况，将这90个县（市、区）划分为经济发达地区、经济中等地区和经济欠发达地区。其中，经济发达地区生产总值及排名最高，人口总数及排名最高，学前三率最高，主要以萧山区、北仑区、鹿城区、余杭区、镇海区等为代表。经济中等地区生产总值及排名中等，人口总数及排名中等，学前三率中等，主要以安吉县、德清县、临海市、长兴县、温岭市等为代表。经济欠发达地区生产总值及排名最低，人口总数及排名最低，学前三率最低，主要以遂昌县、开化县和龙游县、柯城区等为代表。在综合考虑浙江省90个县（市、区）内的地区生产总值、人口总数和学前教育的发展状况以及地理位置后，本书选择经济发达的萧山区、北仑区、鹿城区；经济中等的安吉县、德清县、临海市；经济欠发达的遂昌县、开化县和龙游县等共9个县（市、区）作为研究对象。这9个县（市、区）具有完备的政治经济、科技文化、教育与卫生医疗等事业，地区生产总值及排名、人口总数及排名和学前教育的发展状况也各具特色。

萧山区，地处杭州市，2021年地区生产总值总计为1828.47亿元，在浙江省90个县（市、区）内排名第5，2021年人口总数为201.17万人，在浙江省90个县（市、区）内人口排名第1，2021年学前教育公办率、普惠率和优质率分别为73%左右、90%左右和90%左右。北仑区，地处宁波市，2021年地区生产总值总计为2020.49亿元，在浙江省90个县（市、区）内排名第3，2021年人口总数为82.94万人，在浙江省90个县（市、区）内人口排名第31，2021年学前教育公办率、普惠率和优质率分别在50%以上、85%以上和70%以上。鹿城区，地处温州市，2021年地区生产总值总计为1172.32亿元，在浙江省90个县（市、区）内排名第15，2021年人口总数为116.72万人，在浙江省90个县（市、区）内人口排名第13，2021年学前教育公办率、普惠率和优质率分别在55%以上、85%以上和65%以上。

安吉县，地处湖州市，2021年地区生产总值总计为487.06亿元，在浙江省90个县（市、区）内排名第52，2021年人口总数为58.64万人，在浙江省90个县（市、区）内人口排名第46，2021年学前教育公办率、普惠率和优质率分别在55%左右、90%以上和85%以上。德清县，地处湖州市，2021年地区生产总值总计为544.15亿元，在浙江省90个县

（市、区）内排名第 50，2021 年人口总数为 54.86 万人，在浙江省 90 个县（市、区）内人口排名第 51，2021 年学前教育公办率、普惠率和优质率分别在 34% 左右、90% 以上和 70% 以上。临海市，地处台州市，2021 年地区生产总值总计为 738.48 亿元，在浙江省 90 个县（市、区）内排名第 29，2021 年人口总数为 111.41 万人，在浙江省 90 个县（市、区）内人口排名第 15，2021 年学前教育公办率、普惠率和优质率分别在 36% 以上、90% 以上和 65% 左右。

遂昌县，地处丽水市，2021 年地区生产总值总计为 130.81 亿元，在浙江省 90 个县（市、区）内排名第 81，2021 年人口总数为 19.44 万人，在浙江省 90 个县（市、区）内人口排名第 84，2021 年学前教育公办率、普惠率和优质率分别在 55% 以上、91% 以上和 60% 以上。开化县，地处衢州市，2021 年地区生产总值总计为 150.50 亿元，在浙江省 90 个县（市、区）内排名第 79，2021 年人口总数为 25.88 万人，在浙江省 90 个县（市、区）内人口排名第 80，2021 年学前教育公办率、普惠率和优质率分别在 30% 左右、85% 左右和 60% 以上。龙游县，地处衢州市，2021 年地区生产总值总计为 247.61 亿元，在浙江省 90 个县（市、区）内排名第 72，2021 年人口总数为 36.02 万人，在浙江省 90 个县（市、区）内人口排名第 73，2021 年学前教育公办率、普惠率和优质率分别在 31% 左右、90% 以上和 60% 以上。

表 2-1　　　　　　　　研究地区的基本情况（N=9）

县域名称	2021 年各地区生产总值（亿元）	2021 年各地区生产总值排名	2021 年人口总数（万人）	2021 年人口排名	2021 年学前教育公办率	2021 年学前教育普惠率	2021 年学前教育优质率	所属城市
萧山区	1828.47	5	201.17	1	73% 左右	90% 左右	90% 左右	杭州市
北仑区	2020.49	3	82.94	31	50% 以上	85% 以上	70% 以上	宁波市
鹿城区	1172.32	15	116.72	13	55% 以上	85% 以上	65% 以上	温州市
临海市	738.48	29	111.41	15	36% 以上	90% 以上	65% 左右	台州市
德清县	544.15	50	54.86	51	34% 左右	90% 以上	70% 以上	湖州市

续表

县域名称	2021年各地区生产总值（亿元）	2021年各地区生产总值排名	2021年人口总数（万人）	2021年人口排名	2021年学前教育公办率	2021年学前教育普惠率	2021年学前教育优质率	所属城市
安吉县	487.06	52	58.64	46	55%左右	90%以上	85%以上	湖州市
龙游县	247.61	72	36.02	73	31%左右	90%以上	60%以上	衢州市
开化县	150.50	79	25.88	80	30%左右	85%左右	60%以上	衢州市
遂昌县	130.81	81	19.44	84	55%以上	91%以上	60%以上	丽水市

资料来源：根据2021年浙江省统计局提供的数据资料和各县（市、区）颁布的学前教育政策文件整理所得。

结合县域学前教育整体发展及经济发展状况，本书选取了浙江省9个县（市、区）的21份学前教育政策文本进行分析。政策文本的选择主要遵循以下基本原则：其一，政策文本都是县级政府颁布的有关学前教育发展和改革的相关文件；其二，选取的所有政策文本在内容上均涉及学前教育资源配置；其三，选取的所有政策文本都代表了该县域学前教育发展的状况。

如表2-2所示，研究还对浙江省9个县（市、区）的21份学前教育政策文件进行了编码，每份文件编码以4个大写字母和2个阿拉伯数字组合的形式构成。其中，前2个字母表示该县所属的城市名称，后2个字母表示该县（市、区）的名称，最后2个数字代表的是文件的呈现序号。因此，每个地区的文件编码都是由县所属城市、县级名称和文件呈现序号三部分组成。例如，在"HZXS01"文件中，"HZ"代表杭州市，"XS"代表萧山区，01代表的是在萧山区选取的呈现序号为"01"的文件。

表2-2　　浙江省9个县（市、区）21份学前教育政策文本

编号	文件名称	文件编码
1	《萧山区普惠性民办学前教育机构认定和管理办法》（萧教〔2019〕81号）	HZXS01
2	《杭州市萧山区发展学前教育第三轮行动计划》（萧政办发〔2020〕33号）	HZXS02

续表

编号	文件名称	文件编码
3	《中共萧山区委、萧山区人民政府关于加快推进学前教育均衡优质发展的实施意见》（萧委〔2011〕11号）	HZXS03
4	《北仑区住宅小区配套幼儿园建设管理办法的通知》（仑政办〔2016〕44号）	NBBL01
5	《2020年度普惠性幼儿园劳动合同制教师工资补差办法》（仑教〔2020〕1号）	NBBL02
6	《温州市鹿城区发展学前教育第三轮行动计划（2018—2020年）》	WZLC01
7	《关于进一步加快学前教育改革与发展的实施意见》（温鹿政发〔2010〕4号）	WZLC02
8	《德清县发展学前教育第三轮行动计划（2017—2020年）》	HZDQ01
9	《安吉县发展学前教育第二轮三年行动计划（2014—2016年）》（安政办发〔2015〕13号）	HZAJ01
10	《安吉县第三期学前教育行动计划（2017—2020年）》（安政办发〔2018〕67号）	HZAJ02
11	《关于学前教育深化改革规范发展的实施意见（征求意见稿）》	HZAJ03
12	《临海市发展学前教育第三轮三年行动计划（2017—2020年）》	TZLH01
13	《临海市关于实施学前教育提升工程的若干意见》（临政办发〔2014〕101号）	TZLH02
14	《遂昌县发展学前教育第二轮三年行动计划（2015—2017年）》（遂政办发〔2015〕25号）	LSSC01
15	《遂昌县发展学前教育第三轮三年行动计划（2018—2020年）》（遂政办发〔2018〕100号）	LSSC02
16	《关于加快学前教育发展全面提升保教质量的实施意见》（遂政发〔2011〕70号）	LSSC03
17	《开化县儿童发展规划（2006—2010年）》（开政发〔2006〕85号）	QZKH01
18	《开化县学前教育专项资金管理办法》（开财行〔2018〕24号）	QZKH02
19	《开化县创建浙江省教育现代化县实施意见》（开政发〔2012〕62号）	QZKH03
20	《开化县发展学前教育第三轮行动计划（2018—2020年）》（开政办发〔2018〕80号）	QZKH04
21	《龙游县发展学前教育第三轮行动计划》（2017—2020年）	QZLY01

二 研究方法

本书主要运用文本分析法。文本分析法是指"按某一研究课题的需要，对一系列相关文本进行分析、综合、从中提炼出评述性的说明"的研究方法。① 它能从文本表面进入到深层，并揭示出比通过普通阅读所能理解得更深的含义，属于内容分析法的一个分支，是定量研究与定性研究相结合的方法。文本分析法具有以下特点：第一，客观性，文本分析法用事实与数据说话，主要依赖固有程序得出结论，能排除主观因素的影响；第二，系统性，文本分析的对象是大量的、系统化的、全面的文献资料，需要经过系统化取样调查；第三，非接触性，文本分析法是通过对二手资料进行的间接、非接触式的研究方法，与调查法、访谈法和实验法有着根本的差异。

依据文本分析法的特点，本书主要对浙江省9个县（市、区）的21份学前教育政策文件进行文本分析。文本分析法是对地方性政策进行分析的重要手段，研究主要通过文字和图表相结合的形式对县域学前教育政策文件的共性、差异性及文本中存在的突出问题进行分析，以探寻各县域学前教育政策的共同规律，进而从政策层面促进浙江省县域内学前教育资源的合理配置，优化学前教育的发展路径，以期引起各县级政府的高度关注，促进县域学前教育公平的实现和城乡学前教育的优质均衡发展。

第二节 县域学前教育资源配置政策的共性特征

教育政策是一个动态的发展过程，是指国家、政党或教育行政职能部门在特定时期为实现一定的教育目标和任务，有目的、有计划、有组织地协调教育关系所制定的具体行动准则。② 学前教育政策是指国家、政党或负有教育行政职能的部门在特定时期为实现一定的学前教育目标和任务，有目的、有计划、有组织地协调学前教育关系所规定的具体行动准则，它与学前教育法规不同，具有国家意志性、目的性、系统性和时限性等特征。③ 本书中的学前教育政策文件是指县级政府为实现一定

---

① 钱梦兰：《职业教育扶贫政策演变趋势研究——基于政策文本分析法》，硕士学位论文，中南民族大学，2018年，第16页。
② 张丽：《学前教育政策与法规》，南开大学出版社2019年版，第3页。
③ 张丽：《学前教育政策与法规》，南开大学出版社2019年版，第3页。

的学前教育目标和任务，有目的、有计划、有组织地协调学前教育关系所规定的具体行动准则，包括办法、通知、计划、意见等。分析学前教育政策文件的主要内容与特点能最大限度地了解各县域学前教育资源配置的整体概况。以下将从与学前教育资源配置最紧密相关的内容，即学前教育管理体制、学前教育经费保障机制、幼儿园教师资源配置、城乡学前教育资源布局、幼儿园的办园模式五个方面切入，对选择的9个县（市、区）的21份学前教育政策文本的主要内容与特点进行分析。

一 坚持政府主导，健全县、乡镇共建的学前教育管理体制

广义的学前教育管理体制包括学前教育行政管理体制和学前教育机构（主要是幼儿园）内部管理体制，狭义的学前教育管理体制特指学前教育行政管理体制。[①] 本书是指狭义上的学前教育管理体制，它对领导、组织与协调、保障和监督学前教育的发展有着十分重要的作用。同时，也是保证政府有效履行学前教育发展责任的重要条件，是促进学前教育健康、有序、可持续发展的关键因素。[②]

（一）建立以政府主导的学前教育管理体制

学前教育的整体发展是中国基础教育发展中不可或缺的组成部分。与市场主导相比，政府有着巨大的优势：一是政府部门在各种政策引导、总体规划发展和资源配置等方面具有显著的管理优势，其作用和功能是任何类型的组织都难以代替的；二是加强统筹管理、规范管理幼儿园、依法落实幼儿园教师独特地位和待遇等方面的责任和义务，也必须并且只能由政府来承担。[③] 由此可见，建立以政府主导的学前教育管理体制机制，能进一步深化学前教育内涵建设，优化学前教育整体发展结构，完善经费保障制度和学前教育质量评估监管核心体系，健全师资队伍整

---

① 庞丽娟、范明丽：《当前我国学前教育管理体制面临的主要问题与挑战》，《教育发展研究》2012年第4期。
② 范明丽、庞丽娟：《当前我国学前教育管理体制的主要问题、挑战与改革方向》，《学前教育研究》2013年第6期。
③ 范明丽、庞丽娟：《当前我国学前教育管理体制的主要问题、挑战与改革方向》，《学前教育研究》2013年第6期。

体发展机制。只有建立以政府为主导的学前教育管理体制，才能强化政府发展、监督与管理学前教育的主体责任和义务，科学规划学前教育的发展，从而建立健全学前教育可持续发展的体制机制。研究通过对浙江省9个县（市、区）的21份学前教育政策文件进行分析发现，文件中都突出了以政府为主导的学前教育管理体制的共性。例如，HZXS03文件指出：要"坚持政府的主导地位，加强对学前教育的工作领导，形成'地方政府主导、全社会参与、公办民办幼儿园协调发展'的学前教育发展格局"。HZAJ02文件指出："要坚持政府主导，强化县乡两级政府发展和监管学前教育的主体责任，县政府要宏观管理、依法治教、加大财政保障力度。"LSSC02文件指出：要"坚持政府主导，政府要切实履行投入保障、政策制定与实施、服务供给与监管等方面职责，优化学前教育建设、管理、运行体制以及监督、评价、激励机制"。

（二）健全县、乡镇共建的学前教育管理体制机制

县、乡镇共建的学前教育管理体制机制是指以县为主、乡镇（街道）共同合作参与、各职能部门协同对学前教育进行管理和监督。这种管理体制有利于各相关部门共同协作，分工合作，各自履行自身的职责，全面落实人力、物力和财力资源，最终促进学前教育高质量均衡发展。研究发现，浙江省9个县（市、区）的21份学前教育政策文本中都提到了县、乡镇共建的学前教育管理体制。例如，WZLC01文件指出：要"建立健全以区为主、街镇参与、部门协同的学前教育管理体制"。TZLH01文件指出：要"实行以县为主、镇（街道）参与的学前教育管理体制，完善市、镇（街道）上下联动、部门协同的工作机制"。QZ-KH04文件指出：要建立"以县为主、镇（街道）参与"的学前教育管理体制。QZLY01文件指出：要落实"以县为主、街镇参与、部门协同的学前教育管理体制，教育部门负责全县幼儿园的业务指导和教师培训等工作，乡镇（街道）承担发展本辖区内学前教育的责任"。

二 建立以公共财政为支撑的学前教育经费保障机制

目前，中国学前教育面临"入园难""入园贵"、发展不均衡等问

题，其中的学前教育经费投入不足是制约学前教育发展的一大障碍。学前教育要发展离不开政府的财政支持，为了解决学前教育经费不足的问题，明确政府对学前教育的财政投入理所当然地构成了学前教育政策的重要内容。[①] 2011年国家财政部与教育部联合出台的《关于加大财政投入支持学前教育发展的通知》明确提出，支持和帮助学前教育整体蓬勃发展是国家公共财政的重要职责所在。这些以多种渠道和方式加大学前教育财政投入的规定又能进一步推进其转化为地方学前教育政策文件的具体内容。下面将从学前教育财政投入力度、学前教育生均公用经费投入机制、学前教育资助政策体制等方面来分析9个县（市、区）学前教育政策文本在学前教育经费保障机制方面的共同特点。

（一）加大学前教育财政投入力度

为学前教育提供经费保障是发展学前教育的前提条件，借助加大财政投入的方式来保障学前教育经费已经成为发展学前教育的热点问题。《"十四五"学前教育发展提升行动计划》指出：要"逐步提高财政投入总体水平，保障普惠性学前教育发展的质量"。通过对浙江省9个县（市、区）的21份学前教育政策文本进行分析发现，很多县（市、区）都关注到加大学前教育财政投入力度的重要性，并在文件中明确规定要加大学前教育财政投入力度。例如，WZLC01文件指出："将学前教育经费纳入财政预算，新增教育经费优先向学前教育倾斜，到2020年（现有体制口径计算），学前教育经费占比达到10%以上"；"优化政府投入、社会举办者投入、家庭合理分担的投入机制"。TZLH01文件也明确指出：要"将幼儿教育经费列入财政预算，新增教育经费向学前教育倾斜，依法确保学前教育经费投入，市级财政性学前教育经费占财政性教育经费的比例不低于6%"。研究同时还对其他县（市、区）学前教育政策文件中关于加大学前教育财政投入力度的相关规定进行了整理，具体内容如表2-3所示。

---

① 湛中乐、李烁：《我国学前教育立法研究——以政策法律化为视角》，《陕西师范大学学报》（哲学社会科学版）2019年第1期。

表2-3　　学前教育政策文本中关于学前教育财政投入的内容

文件编码	文本内容举要	关键词
HZXS03	各级财政学前教育事业费达到同级教育事业费的8%以上，地方教育附加按20%比例安排学前教育专项资金，镇街每年要安排足够的经费。	学前教育事业费8%以上；20%比例专项资金；镇街经费
HZAJ02	逐步提高县、乡两级政府学前教育财政支持水平。新增教育经费向学前教育倾斜，主要用于扩大普惠性资源、补充配备教师和提高教师待遇、改善办园条件，逐步缩小与义务段教师收入差距。	提高财政支持水平；教育经费向学前教育倾斜
HZAJ03	健全学前教育经费投入长效机制，逐步提高学前教育财政投入和支持水平。新增教育经费向学前教育倾斜，主要用于扩大普惠性资源、补充配备教师、提高教师待遇、改善办园条件、提升保教质量。	经费投入长效机制；教育经费向学前教育倾斜
QZKH04	切实加大财政投入力度，合理确定学前教育经费在教育经费中的比例，新增教育经费向学前教育倾斜。	确定学前教育经费比例；教育经费向学前教育倾斜

（二）强化学前教育生均公用经费投入机制

学前教育生均经费是指按幼儿园在园幼儿人数平均的经费收入，公用经费是指维持幼儿园正常运转的事业经费，生均公用经费则是政府对幼儿园公用经费拨付的基本依据，也是考量幼儿园运行经费充裕状况的重要标志。[①] 强化学前教育生均公用经费投入机制，能建立并完善幼儿园生均经费标准、生均公用经费标准、公办园生均财政拨款标准和普惠性民办幼儿园政府购买服务标准。[②] 通过对浙江省9个县（市、区）的21份学前教育政策文本分析后发现，9个县（市、区）在文件中都规定了建立学前教育生均公用经费投入机制的相关措施。例如，HZXS02文件指出：要"进一步建立生均公用财政经费投入机制。建立预算内生均公用财政经费与当地小学预算内生均公用经费的协调联动机制，基本标准争取达到当地小学生均基本标准"。WZLC01文件指出：要"逐步建立完善幼儿园生均财政经费基本标准、公办园生均财政拨款基本标准、生均

---

① 吕武：《我国幼儿园生均公用经费政策的现状、问题及其优化路径分析》，《南宁师范大学学报》（哲学社会科学版）2019年第6期。

② 吕武：《我国幼儿园生均公用经费政策的现状、问题及其优化路径分析》，《南宁师范大学学报》（哲学社会科学版）2019年第6期。

公用财政经费基本标准和普惠性民办幼儿园政府购买服务基本标准。公办幼儿园财政经费实行'预算经费统筹、收入与支出分离、综合预算'的管理方法"。LSSC02文件指出："县财政局会同教育局科学制定我县幼儿园生均财政经费基本标准、公办幼儿园生均财政拨款基本标准、生均公用经费财政经费基本标准和普惠性民办幼儿园的政府购买服务基本标准"。研究还对其他县（市、区）学前教育政策文件中关于学前教育生均公用经费投入机制的规定进行了整理，具体内容如表2-4所示。

表2-4 学前教育政策文本中关于学前教育生均公用经费投入机制的内容

文件编码	文本内容举要	关键词
HZXS03	要统筹落实学前教育经费投入的各项政策，提高生均公用经费。落实预算内生均公用经费，逐步提高学前教育生均公用经费标准，扩大覆盖面。	落实学前教育经费投入；提高、落实生均公用经费
HZDQ01	建立政府主导、多元投入的办学机制，完善幼儿园生均标准、生均公用经费标准、公办幼儿园生均财政拨款标准和普惠性民办幼儿园的政府购买服务标准。公办幼儿园生均公用经费标准达到小学生均标准。	完善各类财政经费标准；公办幼儿园生均公用经费标准
HZAJ02	逐年提高专项财政经费和预算内生均公用财政经费。公办幼儿园生均公用财政经费逐年提高，不低于义务教育阶段学校生均公用财政经费基本标准。	提高各类财政经费；公用经费逐年提高；不低于义务教育阶段
TZLH01	建立学前教育经费制度，对办园行为规范、建立相应财务制度的普惠性民办幼儿园，给予一定的生均公用经费补助。	经费制度；普惠性民办幼儿园；公用经费补助
QZKH03	确保政府教育财政拨款的增长高于财政经常性收入的增长，确保财政教育经费支出比例达到或超过省核定比例，确保在校学生生均教育事业经费和生均公用经费逐步增长。	政府教育财政拨款；确保财政教育经费支出比例；生均教育事业经费和生均公用经费

（三）完善学前教育资助政策体制

每个学前儿童都享有平等接受学前教育的权利，特殊学前儿童由于其自身的特殊性，其接受学前教育的权利与自由更容易受到侵犯。完善学前教育资助政策体制能照顾到特殊儿童的利益，保护学前儿童的受教育权不受侵犯，最大限度地落实儿童利益最大化原则，体现以儿童为中心的思想。一些国家为了确保每名儿童都能接受良好的学前教育，站在相同的起跑线上，出台了各项资助计划来完善学前教育资助政策体制。如新加坡出台了资助低收入家庭儿童的幼儿园资助计划、收入较低双职工家庭的儿童保育资助计划。[1] 美国出台了为低收入家庭实施的提前开端计划和儿童保育与发展基金项目、困难家庭短期补助计划和社会服务补助金等，提高了处境不利幼儿接受学前教育的机会。[2]

通过对21份学前教育政策文本的分析发现，9个县在文本中都特别强调要建立完善的学前教育资助政策体制，关注弱势家庭及特殊儿童的受教育权。例如，LSSC02文件提出：要"完善学前教育资助政策体制，设立每年20万学前教育贫困儿童专项助学经费，重点资助成本分担机制改革区域家庭经济困难儿童"。QZKH04文件提出：要"建立和完善学前教育资助制度，参照义务教育段实施标准，保障3周岁以上学龄前残疾儿童生均公用经费标准达到普通儿童标准的10倍以上"。HZAJ01文件指出：要"大力发展残疾儿童学前康复教育，支持轻度残疾儿童随班就读工作，残疾儿童生均公用经费按正常儿童的十倍给予补助"。研究还对其他县（市、区）学前教育政策文件中关于学前教育资助政策体制的规定进行了整理，具体内容如表2-5所示。

表2-5 学前教育政策文本中关于学前教育资助政策体制的内容

文件编码	文本内容举要	关键词
HZXS03	完善教育资助制度。残疾儿童保育费全额资助，发展残疾儿童学前康复教育。	资助制度；保育费全额资助；康复教育
TZLH01	着力发展残疾幼儿学前教育，普通幼儿园应当依法为残疾学前儿童提供适合的保育工作和教育工作。	残疾幼儿教育；提供保育和教育
QZLY01	关注和重视弱势群体，进一步完善学前教育资助制度，逐步扩大包含"五类生"在内的资助对象范围，足额发放资助经费。	完善学前教育资助制度；扩大资助对象范围；足额发放

---

[1] 姜峰、程晴晴：《政府资助计划推动下的新加坡学前教育发展及其启示》，《外国教育研究》2013年第6期。

[2] 刘天娥、蔡迎旗：《美国促进学前教育公平的措施及启示》，《中国教育学刊》2013年第7期。

续表

文件编码	文本内容举要	关键词
QZKH01	通过实施"贫困生资助扩面工程""送营养工程""希望工程"和"春蕾计划"等活动，帮助贫困家庭子女就学。	各类贫困生活动
HZXS03	完善教育资助制度。残疾儿童保育费全额资助，发展残疾儿童学前康复教育。	资助制度；保育费全额资助；康复教育
HZAJ01	大力发展残疾儿童学前康复教育，支持轻度残疾儿童随班就读工作，残疾儿童生均公用经费按正常儿童的十倍给予补助。	残疾儿童康复教育；随班就读工作；十倍给予补助
TZLH01	着力发展残疾幼儿学前教育，普通幼儿园应当依法为残疾学前儿童提供适合的保育工作和教育工作。	残疾幼儿教育；提供保育和教育
LSSC02	完善学前教育资助政策体制，设立每年20万学前教育贫困儿童专项助学经费，重点资助成本分担机制改革区域家庭经济困难儿童。	资助政策体制；专项助学经费；重点资助
QZKH04	建立和完善学前教育资助制度，参照义务教育段实施标准，保障3周岁以上学龄前残疾儿童生均公用经费标准达到普通儿童标准的10倍以上。	资助制度；生均公用经费标准；经费标准达到10倍以上

三 优化幼儿园教师资源配置，提高幼儿园保教人员素质

2022年颁布的《新时代基础教育强师计划》指出："高质量教师是高质量教育发展的中坚力量，要推动优质师资均衡，优化教师资源配置，进一步完善教职工编制配置、加强教师工资待遇保障、促进教师数量、素质、结构协调发展，推进教师队伍建设创新。"本书中9个县（市、区）的学前教育政策文本均提出了要通过核定公办幼儿园教师编制、保障幼儿教师工资待遇、推进幼儿教师保教队伍专业化建设等，以优化幼儿园教师资源配置，切实提高幼儿园保教人员素质。

（一）核定公办幼儿园教师编制

幼儿教师的事业编制具有保健特质、停泊特质和强化组织特质，能让幼儿教师的工资、地位等外在环境得到保障，心理层面和情感层面得到信服和安定，让幼儿教师认同和归属于幼儿园这一组织机构。[1] 研究

---

[1] 于洁、孙百才：《规范幼儿教师流动——一个关于事业编制角色的解释框架》，《当代教育与文化》2020年第5期。

发现，21份学前教育政策文本中基本都明确提出了核定公办幼儿园教师编制的规定。例如，HZXS02文件提出：要"在科学核定公办幼儿园教职工编制体系的基础上，严格规范依照标准配备学校教职工，适当地增加核心幼儿园和镇（街道）中心幼儿园的幼儿教师编制数量，每一年保障一定数量的事业发展单位编制幼儿教师"。QZLY01文件指出："将幼儿教师编制纳入教职工编制总盘子统筹考虑，有序推进富余教职工编制向幼儿园流动，逐年提高公办幼儿园在编教师配备比例，确保每所乡镇公办中心园有三个在编管理人员。"HZAJ01文件指出：要"利用公开招聘的方式落实公办幼儿教师统一编制，逐年递增公立幼儿园在编幼儿教师标准配备比例"。其他县学前教育政策文件中关于核定公办幼儿园教师编制的表述，具体内容如表2-6所示。

表2-6 学前教育政策文本中关于核定公办幼儿园教师编制的内容

文件编码	文本内容举要	关键词
HZXS03	公办幼儿园根据杭编办〔2009〕99号文件规定核编后，首次配备在编教师时，可面向公办幼儿园在岗非事业编制教师公开招聘。	首次配备；非事业编制教师；公开招聘
WZLC02	严格按编制标准配备幼儿园教师。人事编制部门要根据公办幼儿园办园规模，参照省定标准核定编制，配齐配足教师并实行全员聘用制。	严格配备；参照省定标准
HZAJ03	编办要研究制定符合"安吉游戏"品牌建设实际需要的教职工配备标准，加强对各类事业编制的统筹，盘活事业编制存量，研制可聘数核定办法，优先保障学前教育发展需要。	加强事业编制统筹；盘活事业编制存量
LSSC01	利用公开招聘的方式去统筹调配，严格执行幼儿教师编制基础标准，逐年递增提高并达到幼儿园在编幼儿教师标准配置比例。	公开招聘；执行编制标准；提高配备比例

（二）保障幼儿教师工资待遇

幼儿教师是学前教育资源最重要的主体，他们能打造百花齐放、具有区域特色的课程体系，对园本化课程进行实践研究和开发。当幼儿教师的工资待遇和福利保障与劳动相符时能够增强教师的职业认同感，激发教师的教学热情，稳定教师队伍，增强归属感，从而减少师资流失现象的发生，因此要对幼儿教师工资待遇加强保障。研究发现，浙江省9个县（市、区）的21份学前教育政策文本对幼儿教师工资待遇都比较重视，且对其有明确规定。例如，WZLC01文件指出：要"大力提升公办非在编教师和民办教师工资待遇，依法落实幼儿园专任教师工资福利待遇和社会保障，落实'五险一金'政策。劳动合同制幼儿教师要依法参加社会保险并享受社会保险待遇，参保率要达100%"。QZLY01文件指出："幼儿园劳动合同制教师要确保人均年收入不低于上一年度本县在岗职工年平均工资，督促等级幼儿园劳动合同制教师待遇达到省定相应标准，推动逐步实现同工同酬。"LSSC02文件指出："保障非在编教师工资待遇。对达到非编持证教师年收入市级标准（三级园、二级园、一级园分别不低于上一年度所在地全社会单位在岗职工平均工资的110%、120%、130%的标准）以上，并按规定缴纳五险一金的民办幼儿园，给予每人每年1.2万元奖补。"其他县（市、区）学前教育政策文件中关于保障幼儿教师工资待遇的规定和表述，具体内容如表2-7所示。

表2-7　学前教育政策文本中关于保障幼儿教师工资待遇的内容

文件编码	文本内容举要	关键词
NBBL02	劳动合同制教师工资由基础性工资和绩效性工资两部分组成。基础性工资按幼儿园不同等级确定标准，奖励性绩效工资，由各辖区中心幼儿园按照人员年度考核结果进行发放。	劳动合同制；基础性工资；绩效性工资
HZAJ03	依法保障幼儿园教师地位和待遇。认真落实公办幼儿园教师工资待遇保障政策，确保教师工资足额发放。逐年提高自聘教师工资收入，提高养老保险缴费基数，并逐步实现同工同酬。	公办幼儿园教师；工资足额发放；自聘教师工资；同工同酬
TZLH01	进一步落实非在编幼儿教师的薪资待遇，幼儿园劳动合同制教师人均年收入不低于在岗职工年平均工资。	非在编教师；薪资待遇；劳动合同制；平均工资

（三）推进幼儿教师保教队伍专业化建设

一支具备专业素质的保教队伍不仅是促进儿童健康快乐成长的必要前提，更是推动中国学前教育事业可持续发展的基本保障，因此建设一支师德高尚、业务精湛、结构合理、充满活力的高素质专业化幼儿教师队伍是十分必要的。①《浙江省学前教育发展第四轮行动计划（2021—2025年）》指出：要"着力打造高素质学前教育师资队伍，提高学前教育教师学历和专业水平"。通过对浙江省9个县（市、区）的21份学前教育政策文本进行分析后发现，各县（市、区）在文件中均明确规定了推进幼儿教师保教队伍专业化建设的措施。例如，WZLC01文件指出："加强教职员工培训，加强全员师德培训和专业素养培训，健全上岗培训、职前培养、职后培训机制，多渠道开设适应不同岗位保教人员专业发展需要的在职培训课程。"HZDQ01文件指出："多举措优化队伍结构，分层次提升队伍素质。实施师德'锻造'工程、师能'三飞'工程和名师名园长培育工程，提高广大幼儿园教师师德修养，提高专业化水平。"TZLH01文件指出：要"加强幼儿园教职工队伍建设，加大对幼儿园园长和教师的培训、培养力度，开展三年轮训，提升专业能力和水平"。研究对其他县（市、区）学前教育政策文件中关于推进幼儿教师保教队伍专业化建设的规定也进行了整理，具体内容如表2-8所示。

表2-8 学前教育政策文本中关于推进幼儿教师保教队伍专业化建设的内容

文件编码	文本内容举要	关键词
HZXS02	依法保障幼儿园教师权利，健全幼儿园教师培养体系。重点打造具有区域特色的师训品牌链，将幼儿园骨干教师、园长培训纳入新一轮萧山区名师名校长培养计划和区人才名师引育计划。	保障权利；师训品牌链；培养计划；名师引育计划
HZAJ02	制定幼儿园教师专业发展规划，健全培训机制，重点加强对新入职教师的培训、民办幼儿园教师培训、安吉游戏研究骨干培训等。	专业发展规划；培训机制；加强培训
LSSC01	加强在职教师培训。制定幼师队伍培训规划，有计划、分层次开展园长、骨干教师培训和幼儿教师全员培训。通过开展多元化园际研讨交流、园本教研等途径，全面促进教师的专业成长。	在职教师培训；培训规划；多途径教师培训
LSSC02	定期举办保教人员、保健人员专题培训，进一步提升幼儿园卫生保教人员、保健人员的专业理论水平和实践操作能力。	专题培训；卫生保教人员；专业理论水平；实践操作能力

---

① 陈鹏、高源：《我国学前教育立法的现实诉求与基本问题观照》，《陕西师范大学学报》（哲学社会科学版）2017年第6期。

四 完善城乡学前教育资源布局，提高学前教育资源供给能力

当前，中国城乡地区学前教育资源特别是幼儿园布局规划的整体情况不容乐观，幼儿园布局规划与城镇公共服务设施建设不同步，幼儿园布局滞后于城镇化发展水平，幼儿园布局不均衡、城市各功能区学前教育设施缺乏良好的协调性。[①] 2021 年国家发展改革委等部门出台的《关于推进儿童友好城市建设的指导意见》指出：要"制定城市各类儿童友好空间与设施规划建设标准，完善城市功能布局，严格落实城镇小区配套幼儿园政策，补齐资源短板"。提高幼儿园保教质量，充分满足儿童成长需要。研究中 9 个县（市、区）的部分学前教育政策文本提出了要从落实小区配套幼儿园建设和加快农村幼儿园建设两方面入手，优化城乡学前教育资源布局结构，提高县域学前教育资源供给能力。

（一）落实小区配套幼儿园建设

根据《浙江省住宅小区配套幼儿园建设管理办法》的要求，各县市区应当规范城市社区配套幼儿园的规划、综合建设和使用，执行城市社区配套幼儿园规划建设管理的有关规定和要求。《浙江省学前教育发展第四轮行动计划（2021—2025 年）》指出："各县（市、区）要健全城镇小区配套幼儿园建设，巩固城镇小区配套幼儿园治理成果"。研究发现，21 份学前教育政策文本都明确规定了落实小区配套幼儿园建设的相关措施。例如，HZXS02 文件指出："规范居住区配套幼儿园的规划建设和管理。住宅区配套幼儿园建设与住宅建设首期工程同步规划、施工、验收、交付，探索在新建地块配套幼儿园实施同步装修制度。" WZLC01 文件指出："开展住宅小区配套幼儿园专项检查，对未按规定建设、移交、没有办成公办园或普惠性民办幼儿园的，通过补建、置换、购置、改造、租赁等方式予以补足配齐。" QZKH04 文件指出："严格落实小区配套幼儿园'四同步'政策，确保城镇住宅小区按规定配套建设幼儿园，属国有

---

① 王声平、杨晓萍：《新的生育政策下我国城镇幼儿园布局调整研究》，《天津师范大学学报》（基础教育版）2021 年第 3 期。

资产的小区配套园移交后确保普惠、鼓励公办。"研究还对其他县（市、区）学前教育政策文件中关于落实小区配套幼儿园建设的相关规定进行了整理，具体内容如表2-9所示。

表2-9　学前教育政策文本中关于落实小区配套幼儿园建设的内容

文件编码	文本内容举要	关键词
NBBL01	根据控制性详细规划和教育专项规划的要求，明确配套幼儿园的用地规模和建设标准，并征求教育部门意见。凡未按照规划条件规定配建幼儿园的，不予办理相关规划手续。分期建设的新建住宅小区，配套幼儿园应在首期建设中完成。	用地规模；建设标准；规划条件；配套幼儿园
HZAJ01	进一步规范城镇住宅小区配套幼儿园建设和管理。在原有政策基础上，完善出台《安吉县小区配套幼儿园建设与管理办法》，加大规划执行力度，努力建设好、用好城镇小区配套幼儿园。	规范建设和管理；加大执行力度
TZLH02	发改部门负责新建小区配套幼儿园建设项目立项管理。开发建设单位是小区配套幼儿园建设的主体。	建设项目立项管理；配套幼儿园建设的主体
LSSC02	强化小区配套幼儿园建设和管理。严格执行《浙江省住宅小区配套幼儿园建设管理办法》，确保配套幼儿园与住宅小区第一期同步规划、立项、建设和竣工移交。	建设和管理；严格执行

（二）加快农村幼儿园建设

2017年，在党的十九大报告中习近平总书记首次提出了"乡村振兴战略"，在中国乡村振兴战略的实施进程中，乡村学前教育一直是乡村振兴战略的关注重点。[①] 农村幼儿园与城区幼儿园建设相比，条件更为薄弱，是政府应该着重关注的一个方面。农村幼儿园不仅承担教育幼儿的功能，同时兼具文化传播的功能，加快农村幼儿园建设，有助于农村学前教育的可持续发展，实现农村地区儿童教育公平，促进乡村振兴强有力的发展。[②]《浙江省教育事业发展"十四五"规划》明确提出：要"将农村幼儿园建设列入乡村振兴战略和美丽乡村建设内容，以乡镇公办中

[①] 杨雄、杨晓萍：《乡村振兴战略下幼有优育的实践逻辑》，《天津师范大学学报》（基础教育版）2022年第5期。

[②] 李家黎：《农村学前教育发展对乡村振兴的深远影响》，《中国果树》2021年第5期。

心园为示范、中心村幼儿园为基础、村级教学点为补充,大村独立建园、小村联合办园,提升园舍条件、师资素质和保教水平"。研究发现,9个县(市、区)都在文件中明确提出了加快农村幼儿园建设的相关措施。例如,HZXS03文件提出:"建立'公办为主、政府投入为主、公办教师为主'的农村学前教育发展思路,加快农村幼儿园建设。"HZAJ01文件提出,要坚持"以公办为主的农村学前教育发展思路,县教育局在资金使用与师资配置等方面对农村幼儿园实行优惠政策"。TZLH02文件指出:"将村集体幼儿园建设纳入美丽乡村和城镇化建设的内容,大力鼓励和扶持中心村、经济发达村、人口在2000人以上的大村举办幼儿园。"

五 创新办园模式,推进城乡学前教育均衡发展

(一)探索集团化办园模式

集体化办园是指名园与私立幼儿园和农村幼儿园合作以开办分园或教学点的形式。集团化办园能通过资源共享促进教育均衡,扩大优质资源在师资、管理、服务等方面的输出,符合市、区推进新名校集团化办学共建共享学前教育资源的文件要求。有助于进一步开展城乡幼儿园互助共同体工作,创新各种有效途径,全面提高办园质量,推动区域内幼儿园均衡健康协调发展,满足人民对优质学前教育的需求。通过对9个县(市、区)的21份学前教育政策文本进行分析后发现,6个县(市、区)都在文件中提出了探索集团化办园模式的相关规定。如WZLC01文件指出:"探索集团化办园、名园办分园、品牌连锁、委托管理等多种办园机制,不断扩大优质资源,促进学前教育多元化办学、多渠道投入、多样化发展。"TZLH02文件指出:要"在'名园+新园、名园+农园'的集团化办学模式的基础上,深化'名园集团化办学战略',将城区所有民办幼儿园纳入公办名园集团管理,组建发展共同体"。LSSC02文件指出:要"积极推行集团化办园,大力引导和鼓励优质学前教育资源向农村地区、薄弱园区延伸,培育优质名园,不断促进学前教育城乡均衡、区域均衡,积极谋划以城区优质幼儿园创办分园、建立区域联盟、城乡结对互补等三种模式为主的集团化办园体系,促进我县学前教育均衡协调发展"。

(二) 加强公办幼儿园建设

公办幼儿园建设是指经费由地方政府进行投资，政府财政拨付幼儿园办公经费和教职工薪资，其管理及教学模式设计、方法选择等是在尊重幼儿成长规律基础上，按照学前教育规范规定合理安排和组织实施的。公办幼儿园可以拥有免费的教学空间、稳定的国家教育财政投资保障和一流的师资队伍。一个地区公办幼儿园的建设在一定程度上体现了当地学前教育的建设水平。《关于学前教育深化改革规范发展的若干意见》提出要"大力发展公办园，充分发挥公办园保基本、兜底线、引领方向、平抑收费的主渠道作用"。研究发现，21份学前教育政策文本基本都提出了加强公办幼儿园建设的规定。例如，WZLC01文件指出：要"大力举办公办园，将住宅区配套幼儿园继续办好公办园，扩大公办园、普惠园数量和公办、普惠覆盖面，公办园覆盖面达到55%以上"。TZLH01文件指出：要"如期推进公办幼儿园建设，以提供普惠、均等的学前教育公共服务为目标，办好一批公办幼儿园"。QZKH04文件指出："要加大公办幼儿园建设力度，保障每个乡镇设置一所公办中心幼儿园，力争全县公办幼儿园比例达到30%左右。"研究还对其他县（市、区）学前教育政策文件中关于加强公办幼儿园建设的规定进行了整理，具体内容如表2-10所示。

表2-10 学前教育政策文本中关于加强公办幼儿园建设的内容

文件编码	文本内容举要	关键词
HZXS03	加强公办幼儿园建设并逐步提高公办幼儿园的比重，各镇街要努力建好公办中心幼儿园，并参加事业单位法人登记。	公办幼儿园为主体；公办中心幼儿园
HZAJ03	加大县城区公办幼儿园建设力度，有效解决县城区幼儿入园难问题。	加大建设力度
TZLH02	加快公办幼儿园建设，加强幼儿园规范办园和安全管理，改善办园条件，推进多种形式的学前教育服务。加快中心幼儿园及其分园建设。	规范办园和安全管理；中心幼儿园及其分园建设

(三) 扶持与管理民办幼儿园

民办幼儿园由个人和社会主体共同承办，由于其不享受政府补贴，完全自负盈亏,因此收费标准普遍地高于公办幼儿园。中国倡导幼儿园多元化发展,鼓励社会力量创办高品质、高质量的民办幼儿园。目前,中国普惠性民办幼儿园的发展还比较薄弱,地方政府需要对其进行扶持、管理和办园质量监督。2022年中共中央办公厅、国务院办公厅在印发的《关于推进以县城为重要载体的城镇化建设的意见》中提出:要"引导扶持民办幼儿园提供普惠性服务,扩大教育资源供给"。通过对21份学前教育政策文本进行分析后发现,9个县(市、区)在文件中均明确提出要大力支持和发展民办幼儿园,尤其是普惠性民办幼儿园。如HZXS03文件提出:要"加大对民办幼儿园的扶持力度,在建设用地、审批登记、分类和建设规划等方面与公办幼儿园享受同等待遇"。WZLC02文件提出:要"加大对民办幼儿园的扶持力度,建立对民办幼儿园以奖代补机制,鼓励民办幼儿园改善办园条件"。TZLH01文件提出:"大力扶持普惠性民办幼儿园发展,建立相应财务制度的普惠性民办幼儿园,出台促进学前教育发展的实施方案和扶持民办幼儿园发展的政策。"

第三节 县域学前教育资源配置政策的反思

一 政府部门的职责界定不明确,学前教育政策执行可操作性弱

学前教育是一项综合性事业,学前教育资源的优化配置需要教育行政部门、财政部门、住房和城乡建设部门、编制部门、人力资源与社会保障部门、金融监管部门等的相互支持。因此,各政府部门要树立协同共治理念,重视不同部门间的协调,构建上下联动、横纵贯通的资源配置协同体系,持续推进学前教育资源的优化配置。《关于学前教育深化改革规范发展的若干意见》指出,"各级政府要加强对学前教育的统筹协调,健全教育部门主管、有关部门分工负责的工作机制,形成推动学前教育发展的合力",并规定了各政府部门的相关权责。[①] 但本书发现,县

---

① 李静、余瑶:《我国学前教育政策的现实困境与发展路向——基于"十三五"时期学前教育政策文本的分析》,《学术探索》2022年第3期。

域学前教育政策文件在内容上依然存在政府的职责范围规定不明确,学前教育政策可操作性弱的问题。

(一) 政府职责范围规定不明确

明确规定各政府部门的职责范围,有利于政府协调一致,通力协作,发挥其在学前教育管理方面的主导作用,促使学前教育事业得到统筹发展。地方政府作为扩充学前教育资源渠道、发展学前教育的主体,各政府部门职责范围规定不明确容易造成学前教育资源配置不均衡,出现政府多头管理、无权管理的问题,因此,需要政府各相关部门厘清职责定位、合理划分权责并统筹规划与协调管理。[①] 而研究中的县域学前教育政策文件依然存在对各部门之间的职能、权限和责任配置规定不够明确、职责不到位的问题。比如,QZLY01 文件只提出要"建立学前教育工作协调机制,各尽其责,同心协力",而并没有在规划统筹幼儿园的建设与管理、幼儿教师队伍的建设、学前教育经费保障机制的建立等方面详细规定各政府部门的具体职能。HZDQ01 文件指出"建立完善学前教育综合改革协调机制,明确各政府部门的职责",但并没有指明各政府部门的规划、投入、监管等职责,人财物条件保障无法落到有效实处。HZXS02 文件提出,要"健全政府统筹牵头、教育和其他部门齐抓共管的工作机制",却并没有规定各政府部门的责任配置。

(二) 学前教育资源配置政策可操作性不强

由于县是最基层的行政单位,因此,一般而言,县域学前教育政策文件较之省域和国务院等颁布的学前教育政策文件在要求上要更为详细、具体。详细、具体的县域学前教育政策文件更具有操作性、计划性和可行性,有利于充分发挥县级政府的主导作用,建立起以县为主、镇(街道)参与的学前教育管理体制,有利于政府各部门的协调合作和各地区学前教育的统一管理和实施,最终健全学前教育公共服务体系。但令人遗憾的是,研究中的政策文本依然存在可操作性不强的问题。例如,QZ-

---

① 庞丽娟、范明丽:《当前我国学前教育管理体制面临的主要问题与挑战》,《教育发展研究》2012 年第 4 期。

KH04 文件提出：要"不断加大财政投入力度，在教育财政经费中科学恰当地核定学前教育经费的比例标准，使得新增财政经费向幼儿教育倾斜"，但文件中并没有确切地指出新增教育经费的投入主要用于学前教育发展中的哪些方面、学前教育需要的预算经费在教育财政经费中的具体比例与权重。而明确的投入比例才能有效落实各种学前教育经费措施，促进学前教育资源的优化配置。再如 HZXS02 文件指出：要"让幼儿教育在预算内的生均公用财政经费与该地区小学预算内的生均公用财政经费形成上下联动机制，标准力争达到当地小学生均标准"，但文件并未明确规定当地小学生均标准和县财政、乡镇（街道）、学校应该承担的比例。

二 学前教育财政分担比例模糊，经费保障机制不完善

（一）学前教育财政分担比例模糊

学前教育总的经费来源主要包括财政补助收入、事业收入和其他收入，它们大致分别反映了政府、幼儿家长和社会对学前教育的投入情况。其中的财政补助收入是指事业单位直接从财政部门取得的和通过主管部门从财政部门取得的各类事业经费，包括正常经费和专项资金。[①] 当前，中国出现的"入园难、入园贵"的问题，在一定程度上是由于学前教育财政分担比例模糊导致的。研究中的县域学前教育政策文本中的财政分担比例模糊主要体现在没有真正建立起政府主导、家庭合理分担、社会参与的学前教育成本分担机制。比如，HZDQ01 文件提出：要"完善学前教育成本分担的机制体制，建立科学合理的收费标准和动态调整机制"，却没有明确指出政府的财政投入比例、幼儿家长的保育教育费比例和社会对学前教育财政分担的具体比例，这就容易出现财政投入不平衡、责任配置不到位的现象。QZKH04 文件提出"建立与普及目标和普惠要求相适应的学前教育成本分担机制"，这种

---

① 柏檀、熊筱燕、王水娟：《我国学前教育财政投入问题探析》，《教育与经济》2012 年第 1 期。

表述比较模糊、笼统，难以建立健全学前教育经费保障体系。QZLY01文件提出："进一步完善学前教育成本分担机制，确保幼儿园正常运转和稳定发展"，但文件却并没有明确说明财政分担的具体比例，导致收效甚微。

（二）学前经费保障机制不完善

学前教育经费保障机制方面主要体现了学前教育财政投入与保障力度不够、生均公用财政经费投入机制不健全的问题。在学前教育财政投入与保障力度方面，学前教育政策文件主要表现在各县域财政投入的有关表述模糊、保障力度弱等方面，这在很大程度上影响了各县学前教育经费投入的稳定性。研究中9个县（市、区）的学前教育政策文件中仅有萧山区、鹿城区和临海市明确提出了学前教育财政性教育经费占同级财政性教育经费的具体比例，其他6个县（市、区）都没有提出明确比例。例如，QZKH04文件指出：要"逐年加大经费投入，改善幼儿园办园条件，创新办园体制"，但并没有提出经费投入、创新办园体制等具体举措。在学前教育生均公用经费投入机制方面，主要表现在生均公用经费投入机制表述不完整，没有明确提出公办和民办幼儿园不同的生均经费标准和政府在购买服务标准时的比例、力度与管理模式。如TZLH01文件指出：要"建立学前教育教育经费制度，根据实际在园幼儿人数，给予一定的生均公用经费补助"，却并没有详细的文件表明公办幼儿园的财政经费拨款标准的力度，涉及的生均经费补助也没有提出具体的比例。又如HZAJ02文件提出："逐步提高县、乡两级政府学前教育财政支持水平，新增教育经费向学前教育倾斜"，但文件并没有清晰地说明县、乡政府的财政支持的标准以及相应的执行措施，表述较为笼统。

三 幼儿教师的社会地位和合法权益缺乏保障

幼儿园教师是学前教育资源配置中最重要的人力资源，能不断提升学前教育的质量与水平。随着学前教育的发展，幼儿教师资源的优化配置成为学前教育高质量发展的关键，如何保障幼儿教师的社会地位和合法权益成为发展学前教育必须解决的重大课题。研究发现，浙江省9个县（市、区）的学前教育政策文本在保障幼儿教师的社会地位和合法权益方面还存在以下问题。

（一）幼儿教师的社会地位难以保障

幼儿教师的社会地位是指幼儿教师在社会结构体系中所处的位置，包括经济收入、社会权利和职业声望等方面的因素。① 由于幼儿教师工资待遇低、社会权利无法得到保障和职业声望不高的原因，中国幼儿教师的社会地位普遍较低。② 研究中的政策文本都将焦点放到了幼儿教师的队伍建设上，而对幼儿教师社会地位的保障却少有提及。21份政策文件中只有《安吉县第三期学前教育行动计划（2017—2020年）》中提到：要"依法保障幼儿园教师与中小学教师享有同等地位和待遇"，其余县的政策文件中对此均没有论及。如果幼儿教师的社会地位得不到保障将会产生诸多问题：对于幼儿教师来说，会降低幼儿教师对自身的职业期待，教学热情和教学荣誉感得不到激发，幼儿教师职业缺乏吸引力而很难留住高学历人才，导致教师队伍建设稳定性差。对于幼儿来说，教师"传道、授业、解惑"的职能不能充分发挥，无法获得有益的学习经验、促进其身心全面和谐发展。对于社会来说，幼儿教师是幼儿园公共关系的协调者，是连接家庭、幼儿园与社会的桥梁，幼儿教师没有与中小学教师享有同等地位和待遇，则会对学前教育事业的健康发展产生极其不利的影响。

（二）幼儿教师的合法权益缺乏保障

幼儿教师的合法权益是指幼儿教师享有的合法权利和待遇，包括教育教学权、开展学术研究权、管教幼儿权、按时获取报酬权、参加培训进修权和社会保险、评优评先等方面的合法权益。本书发现，9个县（市、区）的学前教育政策文件中并没有明确提出保障幼儿教师合法权益的具体措施，这主要表现在公办幼儿园教师编制核定、工资待遇和保教队伍专业化建设体系三个方面。

---

① 张晓辉：《幼儿教师的社会地位》，《学前教育研究》2010年第3期。
② 张晓辉：《幼儿教师的社会地位》，《学前教育研究》2010年第3期。

在公办幼儿园教师编制核定方面，尽管9个县（市、区）学前教育政策文件都提出要制订编制计划，但文件并没有提出幼儿教师具体的编制标准与比例，语言表述比较笼统。例如，QZLY01文件提出：要"有序推进富裕教职工编制向幼儿园流动，逐年提高公办幼儿园在编教师配备比例"，但并没有提出幼儿园在编教师配备的具体比例，容易导致教师编制落实不到位。在幼儿教师工资待遇方面，由于目前学前教育还未被纳入义务教育，各地政府在实际工作中对幼儿教师的福利待遇还未有效落实到位，幼儿教师工资标准没有统一规定，幼儿教师工资待遇普遍不高。已颁布的9个县（市、区）学前教育政策文件中均提出要保障幼儿教师工资待遇，但并没有规定幼儿教师工资晋级与职称评定的途径，更没有明确各地区幼儿教师的最低工资标准，表述比较概括、泛化。研究显示，9个县（市、区）中只有北仑区提到了幼儿教师工资的组成部分，提出基础性工资按幼儿园不同等级确定具体标准，奖励性绩效工资补差标准为每人每年9000元。在保教队伍专业化建设体系方面，9个县（市、区）的学前教育政策文件更多关注的是幼儿教师的职后培训，而对幼儿教师在就职之前的相关培训的规定甚少，没有提出教师培训的目标，容易导致幼儿教师的培训进修权受到侵害。如LSSC02文件指出"定期举办保教人员、保健人员专题培训"。表述笼统，目标不明确。又如HZAJ02文件指出要"重点加强对新入职教师的培训、民办幼儿园教师培训、安吉游戏研究骨干培训等"，但并没有提出系统化的培训内容体系。

四 学前教育质量评估监测体系不健全

2022年教育部在印发的《幼儿园保育教育质量评估指南》中提出："要高度重视保教质量评估体系与监测的工作，将其作为促进幼儿教育进一步发展的重要举措。"[①] 学前教育质量评价与监控的内容主要

---

① 《教育部印发〈幼儿园保育教育质量评估指南〉》，https：//www.eol.cn/news/yaowen/202202/t20220215_2208213。

由结构质量和过程质量组成。制定学前教育质量评估标准，是保证和提高学前教育质量的有力手段。① 但研究发现，9个县（市、区）的学前教育政策文件中都较少涉及建立健全学前教育结构性质量和过程性质量评估标准的内容，这容易使学前教育资源质量提升的方向和要求变得模糊。

（一）结构性质量评估监测体系内容不全面

结构性质量是指不以情景为转移、幼儿园班级以及整个幼儿园稳定的框架，主要包括师幼比例、班级人数、幼儿园建筑面积、活动室面积、绿化面积、师资学历、园所管理等，它影响着过程性质量。② 9个县（市、区）的学前教育政策文件在发展目标中都提到要健全学前教育质量评估监管体系，却没有提出科学性和可操作性强的评价标准。并且，在对学前教育结构性质量评估监测中，9个县（市、区）的学前教育政策文件的评估内容也很不全面，只注重物质条件和人员配备，而忽视了对师幼比例、班级人数、幼儿园建筑面积、活动室面积、绿化面积、师资学历等评估监测。评估的角度单一，主要将重心放在对规范办园行为、办园条件和水平的评估上。例如，HZDQ01文件指出：要"健全幼儿园质量评估体系，探索实施幼儿园等级评估"，评估局限在对幼儿园等级的评价，而缺乏对不同幼儿园之间、不同地区之间教育质量的评价。LSSC01文件指出"建立质量评价体系用来促进各级各类幼儿园管理水平的不断提高"，以幼儿园的办园水平作为评估的立足点，而忽视了创办幼儿园的条件与设施以及幼儿教师的配备等方面。有的县（市、区）在学前教育政策文件中甚至没有提及学前教育质量监测评估体系的内容，如开化县和龙游县。研究还对其他县（市、区）学前教育政策文件中关于结构性质量评估监测体系的规定进行了整理，具体内容如表2–11所示。

---

① 彭兵：《武汉市幼儿园保教质量评估与监测现状及发展对策》，《学前教育研究》2013年第8期。

② 彭兵：《武汉市幼儿园保教质量评估与监测现状及发展对策》，《学前教育研究》2013年第8期。

表2-11 学前教育政策文本中关于结构性质量评估监测体系的内容

文件编码	文本内容举要	关键词
WZLC01	加强等级园复评后续的管理和指导；重点对幼儿园办园条件、人员配备等进行指导、监督和管理。	园所管理
LSSC03	建立科学的学前教育质量评价体系，不断提高学前教育质量。要根据学前教育的特点，切实抓好幼儿园的安全工作，确保园舍和教育教学活动安全。	园所管理

（二）过程性质量评估监测体系内容抽象

过程性质量涉及幼儿在幼儿园内的互动经验，其互动对象可以是"人""事""物"，如师幼行为、师幼互动、教师培训、幼儿园活动，也可以是幼儿园课程等。因此，过程性质量主要包括师幼行为、课程、学习环境、师幼互动、教师培训、家长参与幼儿园教育活动等。[1]《幼儿园保育教育质量评估指南》强调要树立科学的评价导向，突出过程评估并改进评估方式，强化自我评估，聚焦班级观察，重点关注幼儿园保教水平的提升。在学前教育过程性质量评估监测中，9个县（市、区）的学前教育政策文件在语言表述上也比较抽象且没有清晰的评估分类标准，大都表述为"保教质量评估监测"。这在很大程度上会导致评估内容过于笼统，操作力度弱，影响评估的公平公正性。此外，文件中也没有明确提出保教质量评估监测的评价者与被评价者、评价的程序与流程、评价结果的公示以及申诉的状况等，容易造成保教质量评估的目的性与可信度弱，最终导致评估结果真实性差，影响学前教育资源的优化配置。例如，HZXS02文件提出要"加强对各级各类幼儿园保教质量监测评估"；LSSC01文件指出：要"建立学前教育质量评估体系，促进保教质量持续提升"。可见，上述文件都没有对保教质量的评估指标进行细分，也没有提出保教质量评估的可操作性的方法，表述上较为笼统。研究还对其他县（市、区）学前教育政策文件中关于过程性质量评估监测体系的规定进行了整理，具体内容如表2-12所示。

---

[1] 彭兵：《武汉市幼儿园保教质量评估与监测现状及发展对策》，《学前教育研究》2013年第8期。

表2-12 学前教育政策文本中关于过程性质量评估监测体系的内容

文件编码	文本内容举要	关键词
WZLC01	支持保教质量监控评估；严格规范幼儿教师的教育行为，严禁虐童等违规行为的发生。	保教质量；教师行为评估
HZDQ01	健全幼儿园质量评估体系，探索保教质量第三方评估。	质量评估体系
HZAJ03	注重教师课程实施能力的评价，关注教师的反思过程和质量。	教师行为评估

第四节 县域学前教育资源配置政策制定的理路

"十四五"时期以来，国家和政府越来越重视县域学前教育资源配置在学前教育发展中的作用。本书针对浙江省9个县（市、区）的学前教育政策文件中存在的问题，认为各县在制定学前教育资源配置政策文件时应从明确政府职责范围、建立完善的学前教育经费保障机制、依法保障幼儿教师合法权益、完善县域学前教育公共服务网络等方面入手，提高学前教育资源配置的质量和效能，促使学前教育中的人力、财力、物力等资源真正落到实处。

一 明确政府部门的职责范围，提高学前教育政策执行的可操作性

浙江省9个县（市、区）的学前教育政策文件都提出了要建立以政府为主导的学前教育管理体制，落实政府主体责任，但各县（市、区）在政策文件中仍存在各政府的职责范围不明确、学前教育政策可操作性弱的问题。下面将从明确各级政府的职责范围，加强学前教育政策的可操作性两个方面着手，提出县域学前教育资源配置中政府职责实现和政策有效落实的改进路径。

首先，明确规定各政府的职责范围。政府部门包括教育、发展改革、财政、人社、住建、编制、国土等，各部门通过明确权责划分，有利于相互配合，分工合作，从而优化学前教育发展结构。各县在出台学前教育资源配置政策时，要明确规定各政府部门的职责范围，不断细化其工作职责。例如，明确提出妇联、残联等群众团体的职责是积极开展对家

庭教育、残疾幼儿早期教育的宣传指导；卫生、市场监管部门的职责是加强幼儿园食品安全、卫生保健和疾病防控工作的监督和指导，等等。这可参照宁波市北仑区政府颁布的《北仑区住宅小区配套幼儿园建设管理办法的通知》。该文件明确了配套建设幼儿园的建设主体；明确了规划部门、国土部门、建设主管部门的职责与具体内容，对配套建设幼儿园工程建设标准提出了具体要求；明确了配套建设幼儿园内部配置标准、幼儿园产权移交与登记；明确了配套建设幼儿园开办与管理主体、用途与办学性质，等等。通过该文件，各职能部门能够清楚地明确自己的权责，进而提高工作效率，优化学前教育资源配置。

其次，提高学前教育政策的可操作性。可操作性强的学前教育政策文件能从源头上规划学前教育资源的配置，它能规定学前教育资源配置的目标、重要主体、主体权责及学前教育资源优化配置的实现条件等。为了提高县域学前教育资源配置政策的可操作性，可以采取以下措施：第一，各县（市、区）要依据国家和省级政策文件的精神，通过调查研究该县的实际情况来制定政策。政策文件要经过实践且具有精准性，切忌直接生搬硬套国家和省级的相关文件。第二，各县（市、区）学前教育政策文件在内容上要具体、有很强的可操作性，政策概念要做到内涵清晰、外延明确。[①] 用词要准确、详尽，切忌模棱两可、似是而非。第三，各县（市、区）学前教育政策文件在资源配置内容上应全面，尽量包含学前教育资源配置的各个方面。第四，各县（市、区）学前教育政策文件要明确提出检查与督导的环节，加大评估、监测、反馈的力度。同时，相关考核与评价目标要便于执行，绝不能纸上谈兵。

二 明确学前教育财政分担比例，建立学前教育经费保障机制

浙江省9个县（市、区）的学前教育政策文件目前仍存在学前教育财政分担比例模糊、生均公用经费投入机制不健全等问题。各县（市、

---

① 国家教育标准体系研究课题组、徐长发、孙霄兵、曾天山、黄兴胜：《国家教育标准体系的发展与完善》，《教育研究》2015年第12期。

区）学前教育政策文件在制定过程中需要从明确学前教育财政分担比例、加大经费保障力度、强化生均公用经费投入机制等方面入手，建立健全完善的学前教育经费保障机制。

第一，明确学前教育财政分担比例。其一，明确财政分担的主体成分及相应的投入比例，各县（市、区）政策文件要明确提出建立以政府为主导、家庭合理分担、社会参与的学前教育成本分担机制。[1] 明确规定政府的财政投入比例、幼儿家长的保育教育费比例和社会对学前教育财政分担的具体比例。其二，明晰财政分担的主体权责。各县（市、区）政策文本要坚持财政投入以政府为主，明确要求政府通过公共预算财政拨款、专项转移支付、购买服务、减免租金等方式履行财政投入职责。其三，核定县级政府财政投入的比例。科学确定学前教育事业费在教育事业费中所占的比例、学前教育经费在各级政府财政预算中的具体比例，促使新增教育经费向学前教育倾斜，同时将其纳入市政府对县（市、区）政府的年度考核要求中，切实保障学前教育的普惠性。

第二，加大学前教育经费保障力度。地方政府要通过多渠道筹措经费、多渠道加大财政投入来源来加大学前教育经费保障力度。其一，对农村学前教育的经费保障，各县（市、区）政策文本要重点提高农村学前教育底部水平，明确要求设立农村专项经费，加大对农村学前教育经费的扶持力度。其二，经费投入主体多元化，积极鼓励和引导社会资本以多种方式进入学前教育领域，支持企事业单位、慈善组织、基金会、公民个人等捐资助园和投资兴办学前教育，扩大学前教育资源供给能力。其三，确保学前经费投入的对象，各县（市、区）政策文本要确保财政投入能统筹落实到学前教育资源的方方面面，如公办幼儿园建设和民办幼儿园的扶持、幼儿园教师工资待遇、学前教育生均公用经费等。

第三，强化生均公用经费投入机制。各县政策文本应在审定学前教

---

[1] 陈鹏、高源：《我国学前教育立法的现实诉求与基本问题观照》，《陕西师范大学学报》（哲学社会科学版）2017年第6期。

育生均公用经费最低标准的基础上，根据当地实际情况科学合理确定不同等级与规模幼儿园的经费标准。在综合考虑学前教育生均成本、收费标准及财力水平等因素的基础上，合理确定并逐步提高每一年的预算内生均公用经费标准并扩大覆盖面，建立财政拨款生均标准、政府购买服务标准及其尺度、力度与管理模式。这里可以参照《开化县学前教育专项资金管理办法》，该文件对学前教育专项资金进行了概括说明，提出了生均公用经费的具体标准，确定了公办园生均财政拨款标准（含公用经费）定额，详细规定了生均公用经费补助、公用经费支出等范围和标准。

三 加强师资队伍建设，依法保障幼儿教师合法权益

师资队伍建设是指开发和配置教师资源，优化教师结构，提高教师质量和教师资源效率，以实现教育培养目标和人才培养目标的管理活动。[①] 长期以来，中国高度重视幼儿教师队伍的建设，保障幼儿教师合法权益。浙江省9个县（市、区）的学前教育政策文件在规定和配置幼儿教师资源时，对幼儿教师社会地位和合法权益表述得还不够明确，下面将从幼儿教师的社会地位、合法权益两个方面提出县域学前教育政策文件的改进路径。

首先，明确幼儿教师社会地位。第一，明确规定幼儿教师的身份是提高其社会地位的前提。法国在《1889年法》中明确规定：幼儿教师获得公务员身份。韩国、日本也将幼儿教师的身份明确界定为公务员。各县（市、区）政策文本要明确规定幼儿园教师的身份地位，强化幼儿园教师的专业身份和社会尊严，如《安吉县第三期学前教育行动计划（2017—2020年）》中明确指出幼儿教师与中小学教师享有同等地位和待遇。第二，科学评价幼儿教师是提高其社会地位的重要手段。各县（市、区）政策文本在制定过程中要建立完善的幼儿教师评价体系，通过必要的宣传和教育，引导大众客观、科学地评价幼儿园

---

① 孙海萍：《我国普惠性学前教育发展中的师资建设问题与优化路径》，《基础教育参考》2018年第3期。

教师，体会幼儿园教师的辛苦与不易，形成尊重幼儿园教师的社会氛围和文化，[1] 提高幼儿教师的社会地位。

其次，依法保障幼儿教师的合法权益。基于对上述问题的分析，幼儿教师的合法权益可以从教师编制配备、工资待遇、保教队伍专业化建设三个方面着手。第一，在编制配备方面，要确定幼儿教师具体的编制标准与编制比例，将幼儿教师编制纳入区域教职工编制整体统筹考虑，有序推进富余教职工编制向幼儿园流动，逐年提高公办幼儿园在编教师配备比例。同时要求编委办和各政府部门按照中央有关规定和省制定的编制标准，结合实际合理确定公办幼儿园教职工编制。注意编制配置比例的合理性和公平性，给予公办幼儿园合同制教师编制的资格与机会，如编制备案制。第二，在幼儿教师工资待遇方面，要求人力社保部门协同政府各部门依法落实幼儿园专任教师工资福利待遇和社会保障，明确规定幼儿教师在各地区的最低工资标准，确保所有教师享受"五险一金"，保证教师工资足额发放。关注普惠性民办幼儿园教师这一群体，保障其享有与拥有编制的教师同等待遇。第三，在保教队伍专业化建设方面，明确幼儿教师具有进修培训、教研活动、评比表彰等权利，由县财政每年安排幼儿教师和保育教师培训专项经费，有计划、分层次开展幼儿园园长、骨干教师培训和农村幼儿教师全员培训项目，促进职前、职后培训一体化。教育行政部门要切实把好园长、教师入口关，完善幼儿教师年度考核评价制度。根据实际情况设置该县幼儿教师的"强师计划"，以高水平师范院校为引领，以创新人才培养为目标，以深化幼儿教师评价改革为牵引，以信息技术应用为抓手，加快幼教队伍建设。

四 规范县域学前教育管理体制，健全学前教育质量评估监督机制

县域幼儿园学前教育质量评估的出发点和落脚点是要在遵循学前儿

---

[1] 张汶军、张绵绵：《深化改革背景下幼儿园教师队伍建设的思考》，《河北师范大学学报》（教育科学版）2019年第2期。

童身体和心理健康发展规律的基础上，促进学前儿童健康和谐发展和成长。研究发现，9个县（市、区）的学前教育政策文件在学前教育质量评估上，均存在结构性质量评估监测体系内容不全面，角度单一、过程性质量评估监测体系内容抽象，可操作性差的问题。因此，需要通过政策文件的形式规范县域幼儿园的管理，健全学前教育质量评估监督机制。

首先，完善结构性质量评估监测体系内容，设置多元角度。各县政策文本要关注到师幼比例、班级人数、幼儿园建筑面积、活动室面积、绿化面积、师资学历、园所管理等内容的评估，不能重此失彼。同时，每一方面内容评估的角度要尽量多元化。例如，对幼儿园户外游戏活动环境进行评价时，可以从户外游戏活动环境的大小、位置、器械设施、地面、区域划分5个方面的内容进行评估，每一方面内容评估的角度要多元化。当考虑到户外游戏活动环境的大小时，评估角度要涉及生均活动面积、集体活动的场地和分班活动的场地；当考虑到户外游戏活动环境的位置时，评估角度要涉及活动场地位置的合理性、有无根据季节和一日时间的变化变更场地位置；当考虑到户外游戏活动环境的器械设施时，评估角度要涉及器械设施的安全性、数量以及幼儿年龄和活动能力的适宜性；当考虑到户外游戏活动环境的地面时，评估角度要涉及地面材料的厚度、硬度适宜性和安全性；当考虑到户外游戏活动环境的区域划分时，评估角度要涉及区域划分的合理性、抗干扰性、趣味性、探索性和观赏性等。

其次，提高过程性质量评估监测体系的可操作性。依据教育部颁布的《幼儿园保育教育质量评估指南》的精神，明确提出学前教育过程性质量评估的原则与依据、评估过程中的对象、内容指标、评价工具、方法、形式与应用范围，以及评估结果的公示与申诉程序等。鼓励各县（区）幼儿园制定符合该幼儿园实际情况的过程性质量评估量表，同时引进第三方专业机构对学前教育办园质量进行评估。例如，在建立县域幼儿园的师幼互动评估监测体系时，首先要提出师幼互动评估的原则与依据，设立师幼互动评估量表，其中包括情感支持、言语与肢体回应、有效性、幼儿反应与尊重幼儿个性差异5级内容指标;① 其次规定评价的工具与方法,设立师幼互动评估等级指标与标准;最后对县域幼儿园师幼互动评估结果进行公示。

五 加快幼儿园新建工程规划,完善县域学前教育公共服务网络

县域学前教育公共服务是指由县级政府主导、以公办托幼机构为主,社会力量办园为辅,满足广大群众对学前儿童接受教育服务的基本需求。② 幼儿园是学前教育发展最重要的载体,幼儿的一日生活和身心发展都在幼儿园内进行,是学前教育资源中最主要的物质资源。③ 加快幼儿园新建工程的规划建设,能优化幼儿园发展布局,完善县域学前教育公共服务网络。为建立完备的学前教育公共服务体系,各县(市、区)政策文本可以从加快幼儿园新建工程的规划建设入手,制定新建幼儿园工程项目规划的可行性方案并加强对新建幼儿园动态管理和指导。

首先,制定新建幼儿园工程项目规划的可行性方案。各县(市、区)政策文本要在分析该县(市、区)地理位置、自然环境、工程地质和基础设施的基础上,确定新建幼儿园工程项目的资金来源,对新建幼儿园进行选址,考虑工程建设条件(包括气象条件、区域地质条件、交通条件和供电条件等)。合理规划新建幼儿园工程建设的规模大小和内容,注意公用工程和节能减排的设计,科学规划新建幼儿园项目实施进度,提出新建幼儿园工程项目的招标方案。设置新建幼儿园环境评价和社会评价机制。这里可以参考《德清县幼儿园专项布局规划(2017—2035)》,该文件明确提出了新建幼儿园工程项目规划的可行性方案。在对德清县的社会经济状况、人口发展状况、城市结构状况、住宅开发建设状况、教育事业状况和教育设施现状进行分析后,提出了新建幼儿园

---

① 郭念舟:《基于过程性质量的幼儿园生活活动评价标准的研制》,硕士学位论文,湖南师范大学,2018年,第85页。

② 朱星翌:《学前教育公共服务网络化治理机制研究——以杭州市S区为例》,硕士学位论文,浙江师范大学,2016年,第3页。

③ Seva Nada and Radisic Jelena, "The development of emergent literacy in Serbian kindergartens: Basic resources and related practices", *Psihološka Istraživanja*, No. 2, 2013.

的建设标准、服务半径和选址原则。通过各镇人口总数对幼儿园幼儿数进行了预测，对新建幼儿园布局提出了近期（至2022年）和远期（2022—2035年）规划，最后从建立基础教育设施用地储备专项资金、规划基础教育设施建设的相关标准、建立统一的幼儿园配置标准及达标计划、均衡财政投入及师资配置等几个方面来保障新建幼儿园的建设项目的实施。

其次，加强对新建幼儿园动态管理和指导。在新建幼儿园之后，对幼儿园进行动态管理和指导是非常必要的。各县（市、区）政策文本应严格执行幼儿园准入制度，[1] 建立无证办园的预警机制，密切关注无证办园的征兆，并对其基本办园条件和空间布局进行规划。例如，幼儿教师资源配置、幼儿园园舍、场地面积与设施设备，等等。对符合学前教育布局规划的无证幼儿园，引导它们规范办园并督促其及时申领办园许可证。

---

[1] Zhen Wang, "Brief Analysis of the Main Problems in the Management of Kindergartens and Corresponding Countermeasures", *Advances in Social Science, Education and Humanities Research*, vol. 351, pp. 833–836, 2019.

第三章

县域学前教育资源配置的实证研究

在对学前教育资源配置政策文本分析的基础上，为更全面、深入地分析县域学前教育资源配置的现状及存在的问题。本书采用问卷调查和访谈相结合的研究方法，以学前教育资源的四个核心构成要素为设计框架，对浙江省县域内学前教育资源配置的现状展开调查。

园长作为幼儿园内部的主要管理者和决策者，对学前教育资源配置的整体情况最为了解。园长对县域学前教育资源配置的理性认识，包括对学前教育资源配置的目标、理念、主体、运行机制等的看法及其所持的价值观，对提高学前教育资源配置的质量和效能有重要的促进作用。本书以园长认知的视角切入，遵循自下而上的研究思路，全面考察浙江省县域内学前教育资源配置的现状、存在的问题、影响因素及解决策略，为浙江省及其他省的县域学前教育资源配置提供参考。

第一节 调查目的与方法

本书以学前教育资源的四个核心构成要素为设计框架，以幼儿园园长为研究对象，采取问卷调查和访谈相结合的研究方法，基于园长认知的视角，对浙江省县域内学前教育资源配置的现状展开调研。与此同时，为更全面、深入地了解县域学前教育资源配置的现实境况，研究在问卷调查的基础上，采取目的性抽样的方法，对部分幼儿园园长和县（区、市）教育局行政管理人员进行了深度的结构性访谈。下面主要从调查目的、调查对象的选取、调查工具的设计等方面，对研究的整体设计进行阐释。

一 调查目的

基于园长认知的视角,从学前教育资源的四个核心构成要素,即教师资源、财力资源、物力资源、制度资源四个方面,对浙江省六个地级市18个县(区)190所幼儿园共550位园长/副园长进行了问卷调查。通过分析与比较,探讨不同县(区)幼儿园园长/副园长的认识、态度和看法。在全面把握和了解浙江省县域学前教育资源配置的现状、存在的问题及原因的基础上,探寻县域学前教育资源配置的可行性路径和方法,提高学前教育资源配置效能,促进县域学前教育高质量发展。

二 调查对象的选取

本书采取随机抽样的方法,以经济发展水平与教育投入为县域样本选择的研究依据,选择了浙江省的杭州市、宁波市、绍兴市、湖州市、台州市和舟山市六个地区。在每个地区分别选择三个县(区),六个地区共选择18个县(区)为调查样本,研究共抽取190所幼儿园中的550位园长/副园长进行调查。关于调研地区的选取,主要基于以下几方面的考虑:

第一,县域经济发展的差异性原则。经济发展水平是县域学前教育资源配置的重要物质基础。本书中衡量县域经济发展状况的指标是各地区的经济生产总值与人均生产总值;教育投入情况主要采用的是一般公共预算教育经费。根据2019年浙江省国民经济和社会发展统计公报的统计结果显示,浙江省六个地级市的经济生产总值分别为:杭州市15373.05亿元(人均生产总值152465元)、宁波市11985.12亿元(人均生产总值143157元)、绍兴市5780.74亿元(人均生产总值114561元)、湖州市3122.43亿元(人均生产总值102593元)、台州市5134.05亿元(人均生产总值83555元)、舟山市1371.6亿元(人均生产总值116781元)。根据2019年浙江省教育事业发展统计公报的统计结果显示，六个地区一般公共预算教育经费分别为[①]：杭州市307.6128539亿元、宁波市218.4811735亿元、绍兴市124.2322009亿元、湖州市71.6951392亿元、台州市134.5144022亿元、舟山市34.3698422亿元。

　　本书结合不同地区的经济发展指标与政府对学前教育投入的整体情况，在浙江省六个地级市中选择出排名靠前、居中与靠后的地级市，作为浙江省不同县域经济发展与学前教育投入的典型代表。从六个地级市的综合地区生产总值与人均生产总值看，杭州市的综合地区生产总值最高，在人均生产总值的排名上位居浙江省第一位；宁波市的地区生产总值位居浙江省的第二位，在人均生产总值的排名上位居浙江省第二位。其他地区在这两方面的排名由高到低的顺序依次为绍兴市、湖州市、台州市、舟山市。由此可知，杭州市和宁波市、绍兴市和湖州市、台州市和舟山市分别代表了浙江省经济发达、较为发达与欠发达地区，且这六个地级市的教育投入情况虽与经济发展水平略有不同，但存在大致吻合的趋势。

　　一般而言，经济发展水平越高，学前教育资源配置的质量和覆盖面也越广。本书主要根据不同县域的经济发展水平和条件，分别选择了经济发展水平较高的杭州市和宁波市，经济发展水平相对较高的绍兴市和湖州市，经济发展水平相对较低的台州市和舟山市为研究样本区域，分别从每个市各选取三个县（区），共抽取了18个县（区）190所幼儿园中的550位园长/副园长进行调查。从不同经济发展水平的县域中选取幼儿园园长/副园长为研究对象，这在很大程度上能反映浙江省县域学前教育资源配置的总体情况。

　　第二，办园水平的层次性原则。县域学前教育资源配置是保障幼儿园高质量发展的关键。通过对选取的六个地级市学前教育办园水平的差异性分析发现，这六个市的不同性质、不同等级的幼儿园之间在办园水平上呈现出一定层次性。这种层次性可通过公办与民办幼儿园

[①]《浙江省教育厅　浙江省统计局　浙江省财政厅关于2019年全省教育经费执行情况统计公告》，http://jyt.zj.gov.cn/art/2021/3/12/art_1229266680_4587814.html。

数量、师幼比及学前教育生均一般公共预算教育事业费、学前教育生均一般公共预算公用经费等指标来反映。根据2019年浙江省教育事业发展统计公报①，六个市幼儿园生均一般公共预算教育经费分别为：杭州市14158.37元、宁波市13454.12元、绍兴市7914.91元、湖州市7538.43元、台州市11100.8元、舟山市13331.7元。

第三，资源配置的可比性原则。根据浙江省县域学前教育资源配置的共性，本书采取问卷调查和访谈相结合的方法，对不同县域学前教育资源配置的现状进行横向比较分析。探讨省域内不同县域在学前教育资源配置上的共性、个性以及差异性，这对总体上了解和把握浙江省县域学前教育资源配置状况，促进县域学前教育高质量发展有着十分重要的意义。

为尊重和保护不同县（区）的权益，本书对这六个地级市的名称以字母替代的形式进行了编码。其中，大写字母表示的是市的名称，即字母"H"代表杭州市，"N"代表宁波市，"S"代表绍兴市，"Z"代表湖州市，"T"代表台州市，"F"代表舟山市。小写字母代表的是市所辖区域的名称，即字母"a—c"分别代表县城、乡镇和农村三级行政区域。因此，不同市及所辖的区域由"市+区域"两个字母构成。例如，"Ha"代表的是杭州市县（区）名称为a的地区。

三 调查研究工具

本书自编了《县域学前教育资源配置现状调查问卷（园长/副园长）》（具体内容见附录1）。以此为研究工具，基于园长认识视角，围绕学前教育资源的四个核心要素，即幼儿园的教师资源、财力资源、物质环境资源和制度资源四个方面进行设计，全面了解幼儿园园长/副园长对县域学前教育资源配置的看法、态度和观点。

学前教育教师资源是县域学前教育资源配置的核心，对县域学前教育质量的提升具有决定性意义。为理解不同县域幼儿园园长/副园长对学

---

① 《浙江省教育厅 浙江省统计局 浙江省财政厅关于2019年全省教育经费执行情况统计公告》，http://jyt.zj.gov.cn/art/2021/3/12/art_1229266680_4587814.html。

前教师资源配置的认知，本书在此维度下设计了四个二级指标，即幼儿教师资源配置的数量、结构、质量、幼儿教师流失。

学前教育财力资源是县域学前教育资源配置的物质基础，对学前教育资源配置起到重要的保障性作用。本书主要从幼儿园财政投入的主体、县级政府对幼儿园财政投入的分布与内容、县级政府对幼儿园的财政支持、幼儿园的财政自主权、幼儿园对县级政府财政投入的满意度五个维度进行设计。

学前教育物力资源是县域学前教育发展的物质环境，对幼儿的学习和发展起到潜移默化的教育价值。本书主要从三个方面进行了设计，即生均建筑面积与活动面积、图书与玩教具配置、园所环境。通过对幼儿园物力资源配置的考察，能为幼儿园物质环境资源的配置提供基本保障。

学前教育制度资源在很大程度上也是一种重要的教育资源，完善的制度设计是促进县域学前教育有序发展的关键。本书主要从三个维度进行了设计：即幼儿园教师资源配置的制度、学前教育资源配置的督导与评估制度、生均经费投入制度。

所有题目均采用国际常用的李克特（Likert）五级量表技术对问卷进行编制，即完全一致、比较一致、一般、不太一致、完全不一致，要求被调查者指出对题目陈述内容的认同程度。李克特量表的五种选项，能使被调查者较为方便地标出自己对某一问题的认同情况，较好地测查被调查者的态度。与其他同样长度的量表相比，其信度更高。

为更深入地了解浙江省县域学前教育资源配置的现状，研究在问卷调查的基础上，于2021年11月—2022年6月，分别从学前教育教师资源、财力资源、物力资源和制度资源四个方面，采取结构性访谈的方式对部分县域的幼儿园园长/副园长和县（区）教育局分管学前教育的行政管理人员进行了访谈（访谈提纲内容见附录2、附录3）。访谈对象的选择遵循的是目的性抽样的原则，即从浙江省的样本县（区）中选择了10位园长、3位副园长、6位县（区）教育局行政管理人员进行访谈。访谈对象的选择综合考虑了学历、年龄、地域、任教年限、专业背景等因素。最后，为更好识别不同地域的被访者身份，笔者用英文和阿拉伯数字相结合的方式对被访者进行了编码。县城、乡镇和农村三个区域分别用大写字母"X""S""Z"表示，被访者身份分别用大写字母"K""M"表示。其中，"K"表示幼儿园园长/副园长、"M"表示县（区）教育局行政管理人员，阿拉伯数字代表具体的被访者。因此，每位被访者的编码由"地域+身份+代码"构成，例如，"XK1"表示的是县城某所幼儿园中代码为"1"的一位园长或副园长。编码一方面是因研究的需要；另一方面也是对被访者权益的保护。

同时，为保证访谈内容的真实性和全面性，在征得被访者同意的情况下，笔者对访谈过程进行了全程录音。考虑到对个别不同意录音的被访者的尊重，在访谈过程中，先记录下被访者强调的重点和主要观点，访谈结束后及时对记录内容进行补充和完善，每次访谈的平均时间为30分钟左右。最后根据访谈提纲，按主题对收集的所有资料进行编码和分析。被访园长/副园长与教育局行政管理人员的基本信息，见表3-1、表3-2。

表3-1　　　　　被访园长/副园长的基本信息（N=13）

区域	编码	职务	年龄（岁）	学历	职称	性别	任教年限（年）	专业	备注
县城	XK1	园长	46	硕士	高级	女	12	学前教育	
	XK2	副园长	35	本科	小学二级	女	11	商务英语	
	XK3	园长	42	本科	高级	女	11	学前教育	
	XK4	园长	47	本科	高级	女	13	学前教育	
	XK5	园长	50	本科	高级	女	15	学前教育	
乡镇	SK1	园长	41	本科	小学二级	女	12	学前教育	
	SK2	园长	43	本科	小学一级	女	13	学前教育	
	SK3	副园长	38	本科	小学一级	女	8	学前教育	
	SK4	园长	52	本科	小学二级	女	14	学前教育	
	SK5	园长	46	本科	小学一级	女	15	学前教育	
农村	ZK1	园长	48	本科	小学一级	女	12	学前教育	
	ZK2	副园长	39	专科	小学二级	女	13	舞蹈	
	ZK3	园长	53	本科	小学一级	女	12	学前教育	

表3-2 被访县（区）教育局行政管理人员的基本信息（N=6）

区域	编码	职务	年龄（岁）	学历	职称	性别	任教年限（年）	专业	备注
县城	XM1	科长	38	本科	中学一级	男	6	汉语言文学	
	XM2	科长	40	本科	中学二级	女	4	思想政治教育	
	XM3	科长	45	本科	中学一级	男	5	汉语言文学	
	XM4	副局长	50	本科	中学一级	男	2	会计	
	XM5	副局长	52	硕士	副高级	男	3	教育管理	
	XM6	副局长	53	硕士	副高级	男	4	教育管理	

四 问卷的信效度检验

（一）问卷预调查

为检验问卷的信效度，在问卷正式施测之前，笔者于2021年4月从台州市部分县的幼儿园中随机抽取了28位幼儿园园长和16位幼儿园副园长进行预调查。他们都直接或间接参与过幼儿园教育资源配置的一些相关管理或决策活动，对学前教育资源配置的政策或制度相对比较熟悉。问卷由基本信息与调查内容两部分构成，基本信息包括被调查者的性别、学历、年龄、任教年限等；调查内容主要包括幼儿园的人力资源、财力资源、物力资源和制度资源四个方面。问卷由笔者当面发放给被调查者填写并及时收回，园长/副园长在填写中对题干或选项有任何疑问均可在题目上标注，并由笔者及时记录下园长/副园长们对问卷设计的意见和建议。根据问卷设计的维度，研究同时设计了一份正式的结构性访谈提纲，以个别访谈的形式对园长/副园长们进行了结构性访谈，听取了他们关于问卷设计的看法。结合问卷预调查结果及园长/副园长们的意见，对问卷结构和内容进行了适当调整和修改。最终形成的调查问卷的各题项主要是根据预调查的情况整理和提炼而成。

（二）问卷的描述性统计分析

对正式调查所搜集的数据进行描述性统计分析。通过SPSS 26.0统计软件对正式调查数据进行平均数、标准差、偏度与峰度的计算与分析。一般而言，平均数≥3，认为受访者对变量较为认同；标准差≤2则认为问卷的结果比较理想；偏度的绝对值≤1、峰度的绝对值≤7则符合正态数据分布要求。如表3-3所示，大多数题目的平均值大于3；调查数据的标准差均小于2，表明问卷的结果比较理想；调查数据的偏度与峰度值基本满足要求，表明问卷的结果较为理想。

表3-3　　　　　　　　问卷的描述性统计分析

题项	N	最小值	最大值	均值	标准差	偏度		峰度	
	统计	统计	统计	统计	统计	统计	标准误	统计	标准误
18	550	1	5	2.73	0.746	1.576	0.104	4.325	0.208
19	550	1	5	2.78	1.164	0.436	0.104	-0.808	0.208
20	550	1	5	2.09	0.477	4.203	0.104	19.711	0.208
21	550	1	5	3.42	0.675	2.408	0.104	8.640	0.208
22	550	1	5	3.48	0.700	2.090	0.104	6.645	0.208
23	550	1	5	3.34	0.943	0.915	0.104	0.299	0.208
24	550	1	5	3.42	0.935	1.059	0.104	0.165	0.208
25	550	1	5	3.95	0.617	1.525	0.104	6.817	0.208
26	550	1	5	3.06	0.901	1.301	0.104	1.848	0.208
27	550	1	5	2.18	0.827	-2.034	0.104	6.027	0.208
28	550	1	5	3.88	1.140	-1.013	0.104	0.081	0.208
29	550	1	5	2.17	0.630	3.052	0.104	10.655	0.208
30	550	1	5	3.18	1.112	-0.024	0.104	-0.981	0.208
31	550	1	5	3.62	0.823	-1.541	0.104	2.356	0.208
32	550	1	5	3.91	1.043	-1.318	0.104	1.331	0.208
33	550	1	5	3.71	0.898	-1.411	0.104	2.379	0.208
34	550	1	5	3.79	0.796	1.463	0.104	3.298	0.208
35	550	1	5	3.65	1.140	0.448	0.104	-0.848	0.208
36	550	1	5	3.59	0.978	1.062	0.104	-0.159	0.208
37	550	1	5	3.38	0.827	1.649	0.104	2.530	0.208
38	550	1	5	3.04	0.774	1.698	0.104	4.488	0.208
39	550	1	5	3.14	1.098	0.078	0.104	-1.274	0.208

续表

描述性统计

题项	N	最小值	最大值	均值	标准偏差	偏度		峰度	
	统计	统计	统计	统计	统计	统计	标准误	统计	标准误
40	550	1	5	3.10	0.655	2.159	0.104	6.572	0.208
41	550	1	5	3.89	0.903	0.313	0.104	-0.069	0.208
42	550	1	5	3.57	1.003	1.221	0.104	0.223	0.208
43	550	1	5	3.13	1.079	-0.310	0.104	-0.949	0.208
44	550	1	5	3.35	1.034	1.370	0.104	1.228	0.208
45	550	1	5	3.45	0.937	0.045	0.104	0.386	0.208
46	550	1	5	3.48	0.874	2.408	0.104	6.162	0.208
47	550	1	5	2.63	0.785	0.214	0.104	0.786	0.208
48	550	1	5	3.76	1.082	-1.236	0.104	0.988	0.208
49	550	1	5	3.62	0.948	2.000	0.104	4.011	0.208
50	550	1	5	3.67	0.878	0.456	0.104	0.468	0.208
51	550	1	5	3.45	0.915	2.623	0.104	6.863	0.208
52	550	1	5	3.53	0.831	2.326	0.104	6.628	0.208

(三) 信度检验

本书采用克隆巴赫系数（Cronbach's α 或 Cronbach's alpha）对问卷的内在一致性信度进行检验。Cronbach's α 系数检验是当前社会科学研究中使用得比较多的信度分析方法。Cronbach's α 系数的值在 0—1，系数越接近 1，表明量表信度越高。一般情况下，Cronbach's α 系数值大于 0.7 就表明量表具有较好的内在信度。但有学者认为，Cronbach's α 系数大于 0.6 也是可以接受的范围。[1] 本书通过 SPSS 26.0 统计软件对预调查数据进行处理。由表 3-4 可知，调查问卷的内在一致性信度 Cronbach's α 系数是 0.770，大于 0.7。说明问卷各题项内在一致性比较高，具有较高的信度。

---

[1] 研究一般认为量表的 Cronbach's α 系数在 0.9 以上，表明信度非常好；0.8—0.9 表示很好；0.7—0.8 表示相当好；0.65—0.7 表示最小可接受值；0.6—0.65 表示测量结果不可信，需对评价指标进行修订。

表3-4　　　　　　　　　　可靠性统计量

Cronbach's Alpha	基于标准化项目的 Cronbach's Alpha	项数
0.770	0.759	35

（四）结构效度检验

效度，即问卷的有效性。本书对问卷效度的检测主要采用结构效度分析的方法，也即因子分析法。通过 KMO 和 Bartlett 检验，KMO 的值越接近1，说明变量间的相关度越强，样本数据越适合做因子分析，且表明问卷的效度也越好。[1] 本书通过 KMO 和 Bartlett 分析问卷的结构效度。由表3-5可知，Sig. =0<0.05，说明具有显著性。KMO 的值为0.790，说明变量之间信息重叠程度比较高，相关度比较大，适合做因子分析。

表3-5　　　　　　　　　KMO 和 Bartlett 的检验

KMO 取样适切性量数		0.790
Bartlett 的球形度检验	上次读取的卡方	21382.808
	df	595
	Sig.	0.000

Bartlett 球形度检验的原假设相关系数矩阵为单位阵，Sig. 的值为0.000，小于显著性水平0.05，因此拒绝原假设，表示变量之间存在相关关系，适合做因子分析。[2] KMO 和 Bartlett 的检验结果均表明很适合做因子分析，说明问卷具有较高的效度。利用 SPSS 26.0 对问卷进行因子分析后，得到的"旋转成分矩阵"，8个成分总的解释变异为80.13%。每个组件的收敛效度与区别效度较好，均大于0.5，每个组件中各因素的负荷量均大于0.5。

---

[1] KMO 的值越接近1，说明变量间的相关度越强，样本数据越适合做因子分析，也表明问卷的效度越好。

[2] 吴骏：《SPSS 统计分析从零开始学》，清华大学出版社2014年版，第270页。

第二节 问卷实施

调查问卷具有较好的信度和效度。因此，该问卷符合本书调查目的的需要，可用于大规模的正式调查。

一 问卷的发放与回收

问卷正式施测的时间为2021年9月至12月，持续时间为3个月。问卷主要以问卷星的形式发放，本次共发放问卷600份，收回578份，删除28份无效问卷后，对剩余的550份有效问卷进行统一编号和录入，有效回收率为91.7%。问卷数据最后采用SPSS 26.0统计软件进行分析。

二 调查样本的构成

（一）样本地区分布

由表3-6可知，在调研的浙江省六个地级市中，位于县城的幼儿园数量最多，占总数的38%；其次是乡镇幼儿园，占34%；最后是位于农村的幼儿园，占总数的28%。幼儿园的地区分布基本符合调研预设范围。

表3-6　　　　　　　　样本幼儿园的地区分布

		频率	百分比（%）	有效百分比（%）	累积百分比（%）
有效	县城	209	38.0	38.0	38.0
	乡镇	187	34.0	34.0	72.0
	农村	154	28.0	28.0	100.0
	总计	550	100.0	100.0	

（二）样本幼儿园性质

由表3-7可知，在调研的幼儿园中，公办幼儿园园长（含副园长）共282位，占总人数的51.3%；民办园园长（含副园长）共268位，占总人数的48.7%。调查样本基本符合幼儿园数量分布实际情况与调研预设。

表3-7　　　　　　　　　　样本幼儿园性质

		频率	百分比（%）	有效百分比（%）	累积百分比（%）
有效	公办园	282	51.3	51.3	51.3
	民办园	268	48.7	48.7	100.0
	总计	550	100.0	100.0	

（三）样本幼儿园等级

由表3-8可知，在样本园的等级上，园长/副园长所在幼儿园为省二级园的所占比例最高，共234位，占总人数的42.5%；其次是等级为省三级园的幼儿园园长/副园长，共202位，占总人数的36.7%；另有等级为省一级园的幼儿园园长/副园长，共97位，占总人数的17.6%；未定级和其他等级的幼儿园园长/副园长共17位，占总人数的3.1%。

表3-8　　　　　　　　　　样本幼儿园性质

		频率	百分比（%）	有效百分比（%）	累积百分比（%）
有效	省一级园	97	17.6	17.6	17.6
	省二级园	234	42.5	42.5	60.2
	省三级园	202	36.7	36.7	96.9
	未定级	15	2.7	2.7	99.6
	其他	2	0.4	0.4	100.0
	总计	550	100.0	100.0	

（四）样本幼儿园经费来源分布

由表3-9可知，在经费来源方面，选择"园所自筹"的园长/副园长所占的比例最高，共384人，占总人数的26.2%；其次为选择"乡镇政府"拨款的园长/副园长，占总人数的23.3%；再次为选择"家长缴费"的，占总人数的22.0%；排名第四的为选择"县（区）级政府"拨款的园长/副园长，占总人数的18.6%；排名第五的为选择"市级政府"拨款的，占调研总人数的5.4%；"其他"经费来源的幼儿园占总人数的4.0%；"省级政府"拨款的园所仅占总人数的0.4%。

表3-9　　　　　　　　　　样本幼儿园经费来源

		个案数	百分比（%）
经费来源	省级政府	6	0.4
	市级政府	79	5.4
	县（区）级政府	272	18.6
	乡镇政府	342	23.3
	园所自筹	384	26.2
	家长缴费	323	22.0
	其他	59	4.0
	总计	1465	100.0

（五）有效样本人口特征的描述性分析

由表3-10可知，本书的调查对象涵盖了不同性别、职称、学历、收入、年龄段的幼儿园园长/副园长。在性别方面，女性共534人，占总人数的97.1%；男性仅16人，占总人数的2.9%。年龄分布上，园长/副园长的年龄主要集中在31—40岁和41—50岁两个年龄段，其中31—40岁的园长/副园长所占比例最高，占总人数的50.4%。职务方面，园长共374人，占总人数的68.0%；副园长共176人，占总人数的32.0%。在学历方面，超过半数的园长/副园长都是本科学历，占总人数的58.0%；硕士研究生及以上学历的占总人数的5.45%；高中或中专学历的仅占总人数的0.55%。在是否持资格证方面，持有园长资格证的人数为548人，占总人数的99.6%，仅有0.4%园长没有园长资格证；持有幼儿教师资格证的人数为543人，占总人数的98.7%，仅有1.3%的园长没有幼儿教师资格证。在工作年限上，具有11—15年工作经验的园长/副园长最多，占总人数的42.2%；其次是工作时间为6—10年的园长/副园长，占总人数的32.7%；工作时间为16—20年的园长/副园长占总人数的15.8%；另有工作时间在21年及以上的园长/副园长占总人数的5.1%；工作时间在5年及以下的园长/副园长所占比例最低，仅占总人数的4.2%。在年均收入上，年均收入在11—15万元的园长/副园长最多，占总数的47.8%；其次是年均收入为16—20万元的园长/副园长占总人数的22.7%；另有年均收入为6—10万元的园长/副园长占总人数的21.1%；年均收入在5万元以下的园长/副园长所占比例最低，仅占总人数的2.7%。在用工方式上，主要集中在有编制教师和合同制两种形式，分别占总人数的50.9%和48.7%。在所学专业上，七成以上的幼儿园园长/副园长是学前教育专业毕业，占总人数的74%；不是学前教育专业毕业的幼儿园园长/副园长占总人数的26%。职称方面，二级教师的人数最多，共255人，占总人数的46.4%；其次是高级教师共107人，占总人数的19.4%；一级教师共95人，占总人数的17.3%；三级教师共57人，占总人数的10.4%；无职称的园长/副园长人数最少，共36人，仅占总人数的6.5%；无副高级教师。

表3–10　　　　　　有效样本人口特征的描述性分析

项目	类别			
性别	男性	女性		
频率	16	534		
百分比	2.9%	97.1%		
年龄	30岁及以下	31—40岁	41—50岁	51岁及以上
频率	9	277	244	20
百分比	1.6%	50.4%	44.4%	3.6%
职务	园长	副园长		
频率	374	176		
百分比	68.0%	32.0%		
受教育程度	高中或中专	大专	本科	硕士及以上
频率	3	198	319	30
百分比	0.55%	36%	58%	5.45%

续表

项目	类别				
持有资格证	园长资格证	幼儿教师资格证			
频率	548	543			
百分比	99.6%	98.7%			
工作年限	5年及以下	6—10年	11—15年	16—20年	21年及以上
频率	23	180	232	87	28
百分比	4.2%	32.7%	42.2%	15.8%	5.1%
收入分布	小于5万元	6万—10万元	11万—15万元	16万—20万元	21万元及以上
频率	15	116	263	125	31
百分比	2.7%	21.1%	47.8%	22.7%	5.6%
用工方式	有编制教师	合同制	临时工		
频率	280	268	2		
百分比	50.9%	48.7%	0.4%		
专业一致性	学前教育专业	非学前教育专业			
频率	407	143			
百分比	74%	26%			
职称	三级教师	二级教师	一级教师	高级教师	无职称
频率	57	255	95	107	36
百分比	10.4%	46.4%	17.3%	19.4%	6.5%

第三节 数据统计与分析

本书采用自编问卷，以园长/副园长这一核心利益群体为考察对象，从县域学前教师资源、财力资源、物力资源、制度资源四个方面，对浙江省县域内学前教育资源配置的现状展开调查和分析。

一 学前教育教师资源配置

高质量学前教师队伍建设是普及有质量的学前教育和建设高质量学前教育体系的重要支撑，[1]《中国教育现代化2035》明确提出，"建设高素质

---

[1] 蔡迎旗、胡马琳:《OECD国家高质量学前教师队伍建设的行动与启示》,《全球教育展望》2022年第9期。

专业化创新型教师队伍"。大量研究表明，幼儿园教师的工作对儿童的生活有持久的影响，幼儿园教师更高的准备水平、更好的教学质量、更优的师生互动与更积极的儿童发展结果呈正相关（Peeters et al.，2015）。幼儿园教师是学前教育资源配置中最核心、最重要的人力资源，是保障县域学前教育高质量发展的关键，对实现学前教育过程公平，促进幼儿身心健康和谐发展有决定性作用。在本书中，学前教育教师资源配置主要从幼儿园教师资源配置的数量、结构、质量、幼儿教师流动性四个维度进行设计。其中，幼儿园教师资源配置的数量主要包括幼儿园专任教师的配置情况和幼儿园师幼比两个方面；幼儿园教师资源配置的结构主要包括幼儿园教师的职称、幼儿园教师的编制两方面；幼儿园教师资源配置的质量主要包括幼儿园教师的学历、幼儿园教师的专业两个方面。最后，研究还对幼儿教师的流动性进行了分析。具体内容见表3-11。

表3-11　　学前教育教师资源配置的描述性分析

幼儿园所处区位	幼儿园性质		贵园专任教师不足	贵园专任教师流失严重	贵园师幼比符合国家要求	贵园有职称教师比例低	贵园有编制教师比例低	贵园大专及以上学历教师比例低	贵园学前教育专业毕业的教师比例低	负责学前教育资源配置的行政管理人员缺乏
县城	公办园	平均值	3.06	2.17	3.99	3.12	3.02	1.63	2.35	2.97
		标准偏差	0.717	0.693	0.276	0.653	0.552	0.882	0.766	0.589
	民办园	平均值	3.81	4.06	3.00	3.86	3.40	3.14	3.02	2.97
		标准偏差	0.394	0.725	0.000	0.207	0.493	0.439	0.148	0.278
乡镇	公办园	平均值	3.98	3.28	3.20	3.24	3.09	2.10	2.65	3.14
		标准偏差	0.553	1.059	0.779	1.051	1.107	0.994	1.060	0.883
	民办园	平均值	3.45	3.25	3.03	3.95	3.78	3.02	3.12	3.00
		标准偏差	0.519	0.573	0.171	0.218	0.306	0.510	0.325	0.469
农村	公办园	平均值	1.78	4.34	3.04	3.23	3.75	2.21	3.74	3.52
		标准偏差	1.231	0.968	0.195	0.426	0.463	0.497	0.497	0.528
	民办园	平均值	1.14	4.06	3.39	3.43	3.86	2.26	3.81	3.06
		标准偏差	0.352	0.894	0.797	0.498	0.352	0.408	0.399	0.656

续表

幼儿园所处区位	幼儿园性质		贵园专任教师不足	贵园专任教师流失严重	贵园师幼比符合国家要求	贵园有职称教师比例低	贵园有编制教师比例低	贵园大专及以上学历教师比例低	贵园学前教育专业毕业的教师比例低	负责学前教育资源配置的行政管理人员缺乏
总计	公办园	平均值	3.96	2.40	3.07	3.33	3.26	2.68	2.82	2.90
		标准偏差	0.855	1.165	0.484	0.797	0.810	1.068	1.127	0.719
	民办园	平均值	3.48	3.13	3.12	3.84	3.79	2.88	3.00	3.01
		标准偏差	0.508	0.730	0.470	0.364	0.414	0.464	0.330	0.482

（一）幼儿园教师资源配置的数量

在教师资源配置数量方面。中国教育部在2013年印发的《幼儿园教职工配备标准（暂行）》中明确规定：全日制幼儿园每班要配备2名专任教师，1名保育员（或3名专任教师）。如表3-12所示，在"贵园专任教师不足"这一问题上，选择完全一致的园长/副园长占总人数的10%，选择比较一致的占总人数的41.1%，持中立态度的占总人数的19.8%，另有29.1%的园长/副园长对此持反对意见。由表3-11可知，公办园总的平均值为3.96，民办园总的平均值为3.48，这一研究结果表明：无论是公办幼儿园还是民办幼儿园，都存在专任教师短缺的问题。

表3-12　　　幼儿园教师资源配置数量的基本情况

题项	N	所占比例（%）					均值	标准差
		完全不一致	不太一致	一般	比较一致	完全一致		
贵园专任教师不足	550	10	19.1	19.8	41.1	10	2.78	1.164
贵园师幼比符合国家要求	550	1.1	2.7	1.8	93.3	1.1	2.09	0.477

"师幼比"是一名教师与他/她所负责照顾的幼儿人数之比。[①] 师幼比是保障儿童实现更好发展的关键，较高的师幼比可增加师幼互动的频率和意义性，国际上通常用师幼比作为衡量学前教育事业发展的监测指标。[②] OECD 国家普遍采取控制生师比的方式减轻学前教师的身心负担。[③]《幼儿园教职工配备标准（暂行）》规定，全日制幼儿园教职工配备需满足以下最低标准：全园教职工与幼儿比须在 1∶5 至 1∶7 之间，全园保教人员与幼儿比须在 1∶7 至 1∶9 之间。以色列研究者们（Reli Iluz et al.）发现，在年龄为 3—4.5 岁的幼儿班级中，师幼比与积极的同伴互动相关，适宜的师幼比能更好引发幼儿进行积极的同伴互动，并有助于幼儿与同伴交往技能的提高。适宜的师幼比应成为衡量托幼机构质量的重要指标之一。[④] 加拿大研究者们（Michal Perlman et al.）发现，一名教师以积极敏感的方式与幼儿交往的幼儿人数是受到限制的，适宜的师幼比将增加教师与幼儿个体的互动，以及教师对幼儿个别化的指导，进而促进幼儿更好的发展。[⑤] 美国研究者们（Barnett W. et al.）发现，凡是那些对幼儿园质量制定了较严格的标准的地区，其幼儿园中的师幼比会更理想，而严格遵守了师幼比的幼儿园，教师流失的情况要少。这些幼

[①] 刘焱、李相禹：《国际视野下早期教育师幼比的规定与发展趋势》，《比较教育研究》2014 年第 5 期。

[②] 李相禹、刘焱：《师幼比对幼儿园集体教学质量影响的实证分析》，《学前教育研究》2016 年第 5 期。

[③] 生师比是最常使用和便于密切监测教师工作条件的指标。韩国于 2005 年修订《托儿法》，规定 1 岁以下生师比从 5∶1 降低到 3∶1；1 岁以上和 2 岁以上的生师比分别是 5∶1 和 7∶1；3 岁及以上生师比是 15∶1 至 20∶1；4—5 岁生师比 20∶1。英国作为 OECD 国家中生师比较低的国家之一则根据教师资格水平和儿童身心发展需要设置相应标准，2 岁以下学前机构生师比标准是 3∶1；2 岁学前机构生师比标准是 4∶1；3—6 岁学前机构若有合格教师或同等资格人员，生师比为 13∶1；若没有合格或同等资格人员，生师比为 8∶1。这种弹性生师比标准既能缓解师资紧缺现状，也能有效优化教师工作环境而达到留住学前教师的目的。(参见蔡迎旗、胡马琳《OECD 国家高质量学前教师队伍建设的行动与启示》，《全球教育展望》2022 年第 9 期。)

[④] 蔡迎旗、胡马琳：OECD Reli Iluz, Esther Adi-Japha, Pnina S. Klein, "Identifying Child-staff Ratios That Promote Peer Skills in Child Care", *Early Education and Development*, No. 7, 2016.

[⑤] Michal Perlman, Fletcher Brooke, Falenchuk Olesya, BrunsekAshley, McMullen Evelyn, Shah Prakesh S., "Child-Staff Ratios in Early Childhood Education and Care Settings and Child Outcomes: A Systematic Review and Meta-Analysis", *PLOS ONE*, No. 1, 2017.

儿园中的教育活动更符合儿童的发展水平，教师对儿童的反应更敏感，态度也更好，而这些幼儿园在质量评价中更有可能获得好的评价分数及结果。①

如表3-12所示，在"贵园师幼比符合国家要求"这一问题上，选择完全一致的园长/副园长占总人数的1.1%，选择比较一致的占总人数的93.3%，持中立态度的占总人数的1.8%，另有3.8%的园长/副园长对此持反对意见。在师幼比方面，由表3-11可知，公办园总的平均值为3.07，民办园总的平均值为3.12，这一数据表明参与调查的幼儿园普遍认为幼儿园师幼比符合国家规定的要求。从地域分布看，县城、乡镇、农村的大部分公办园和民办园在师幼比上也基本符合国家规定的要求，但仍有部分幼儿园在专任教师和保育员的配备上没有达到国家规定的标准。

本书在对城镇幼儿园教师资源配置的调研中也发现：② 师幼比为1∶10以上的班级最多，占总数的54.65%；师幼比为1∶10的占22.77%；师幼比为1∶7的占10.30%；师幼比为1∶8和1∶9的最少，分别占6.34%和5.94%。幼儿园规模、教师资质、培训、工资待遇、工作条件等对师幼比都会产生直接或间接影响。并且，"大部分全日制幼儿园实行教师轮班工作制度，在场教师数与幼儿数之比，即'在场师幼比'实际上更低"③。有研究者对中国城乡学前一年班级教育环境质量进行了调查，结果显示，56.5%的班级注册幼儿人数超过35人，城市地区师幼比均值为1∶19，农村地区为1∶31。过低的师幼比，致使师幼互动和幼幼互动处于较低水平，影响了教育活动质量。④

---

① Barhett W., Steven F. Ellen C., "Early Childhood Programs in the Public Schools: Insights from a State Survey", *Journal of Early Intervention*, No. 4, 1993.

② 王声平、杨友朝：《三孩生育政策下我国城镇幼儿园教师资源配置的现状及优化》，《北京教育学院学报》2022年第3期。

③ 李相禹、刘焱：《师幼比对幼儿园集体教学质量影响的实证分析》，《学前教育研究》2016年第5期。

④ 刘焱、杨晓萍、潘月娟、涂玥：《我国城乡学前一年班级教育环境质量的比较研究》，《教育学报》2012年第6期。

可见，师幼比低仍然是目前县域幼儿园，尤其是县镇幼儿园面临的现实难题。

为更全面地了解不同区域、不同性质、不同等级的幼儿园在此方面的差异性，本书进行了差异性分析。从表3-13、表3-14和表3-15中可以看出，幼儿园所处区位、幼儿园等级在幼儿园教师资源数量上存在显著差异，P值均小于0.05。而不同性质的幼儿园在专任教师不足上存在显著差异，但在师幼比上不存在显著差异。通过平均值可以看出，农村是3.46，因此，相对县城与乡镇，农村地区的幼儿教师资源最缺乏，这一研究结论在其他研究中也得到了证实。① 从幼儿园性质上看，相对公办幼儿园，民办幼儿园的教师资源更为缺乏。

表3-13 幼儿园所处区位在幼儿园教师资源配置数量上的差异性分析

题项	幼儿园所在位置	N	平均值	标准偏差	F	显著性（P）
贵园专任教师不足	县城	209	2.95	0.610	20.956	0.000
	乡镇	187	2.69	0.596		
	农村	154	3.46	0.957		
贵园师幼比符合国家要求	县城	209	3.00	0.208	9.734	0.000
	乡镇	187	3.11	0.548		
	农村	154	3.21	0.605		

---

① 有研究者基于生育政策的调整对城镇地区和农村地区幼儿园专任教师的需求量进行了预测和分析。研究发现：生育政策调整将显著拉大幼儿园教师需求缺口，尤其是城镇地区的缺口更大。相对人口政策不调整的低增长方案预测结果，在中方案下，城镇地区和农村地区2020年幼儿园专任教师需求数量缺口分别为53.65万和31.97万，两类地区保育员需求数量缺口分别为26.82万和15.99万；到2030年，两类地区幼儿园专任教师需求数量缺口分别为50.16万和38.77万，两类地区保育员需求数量缺口分别为40.65万和70.94万。（参见梁文艳、王玮玮、史艳敏《人口政策调整后学前教育适龄人口变动趋势与教育需求分析》，《全球教育展望》2014年第9期。）因此，与农村地区相比，根据现有研究预测推算，两孩生育政策后新增学前适龄人口将对城镇学前教育资源承载力产生基础性和全局性影响，给本仍短板的学前教育带来了满足已有需求和新增人口教育需求的叠加压力。[参见庞丽娟、王红蕾、吕武《对"全面二孩"政策下我国学前教育发展战略的建议》，《北京师范大学学报》（社会科学版）2016年第6期。]

表3-14　幼儿园等级在幼儿园教师资源配置数量上的差异性分析

题项	幼儿园等级	N	平均值	标准偏差	F	显著性（P）
贵园专任教师不足	省一级园	97	3.23	0.771	18.812	0.000
	省二级园	234	3.35	0.479		
	省三级园	202	3.38	0.885		
	未定级	15	4.00	0.000		
	其他	2	2.50	0.707		
贵园师幼比符合国家要求	省一级园	97	3.03	0.305	118.140	0.000
	省二级园	234	2.99	0.092		
	省三级园	202	2.89	0.526		
	未定级	15	4.00	0.000		
	其他	2	2.50	0.707		

表3-15　幼儿园性质在幼儿园教师资源配置数量上的差异性分析

题项	幼儿园性质	N	平均值	标准偏差	F	显著性（P）
贵园专任教师不足	公办园	282	2.04	0.855	62.205	0.000
	民办园	268	2.52	0.508		
贵园师幼比符合国家要求	公办园	282	3.07	0.484	1.878	0.171
	民办园	268	3.12	0.470		

（二）幼儿园教师资源配置的结构

在教师职称方面。职称既是幼儿园园长/副园长科研水平、工作能力的具体体现，也是考量园长/副园长业绩实效的重要指标。如表3-16所示，在"贵园有职称教师比例低"这一问题上，选择完全一致的园长/副园长占总人数的64.4%，选择比较一致的占总人数的32.7%，持中立态度的占总人数的0.7%，另有2.2%的园长/副园长对此持反对意见。由表3-11可知，公办园总的平均值为3.33，民办园为3.84，由此说明公办园有职称教师比例略高于民办园。县城和乡镇的公办园在这一问题上的平均值为3.12、3.24，均低于民办园。位于农村的公办园和民办园在这一问题上的平均值为 3.23、3.43，这一数据说明农村的公办园有职称教师比例略高于民办园。

在教师编制方面。编制是中国教师人事管理制度的核心，[1] 具有保健特质和强化组织特质，能让幼儿教师的工资、地位等外在环境得到基本保障，心理层面和情感层面得到信服和安定，让幼儿教师认同和归属于幼儿园这一组织机构。[2]《中共中央 国务院关于学前教育深化改革规范发展的若干意见》中明确规定：要"严格依标配备教职工""各地要及时补充公办园教职工，严禁'有编不补'、长期使用代课教师。"如表 3-16 所示，在"贵园有编制教师比例低"这一问题上，选择完全一致的园长/副园长占总人数的 59.8%，选择比较一致的占总人数的 35.8%，持中立态度的占总人数的 2.2%，另有 2.2% 的园长/副园长对此持反对意见。

表 3-16　　　　　　幼儿园教师资源配置结构的基本情况

题项	N	完全不一致	不太一致	一般	比较一致	完全一致	均值	标准差
贵园有职称教师比例低	550	1.1	1.1	0.7	32.7	64.4	1.42	0.675
贵园有编制教师比例低	550	1.1	1.1	2.2	35.8	59.8	1.48	0.700

由表 3-11 可知，公办园总的平均值为 3.26，民办园为 3.79，这一结果说明浙江省县域内没有编制的幼儿教师所占比例较高，缺编问题十分严峻。正如访谈中的一位园长所言："我们觉得最大的问题是编制问题，我们年年呼吁：不管是人大还是政协来调研，我们都希望编制能扩容，投入少一点没关系，我们不用辛辛苦苦去为他们去争取那么一点点年薪了。编制是一个共性的问题。"另一位园长在访谈中对此也持相似观点："取消编制后，对幼儿园整体的教学质量可能还是影响蛮大的。特别是接下去，编制取消了以后，直接的就是优秀的高中毕业生可能就不会

---

[1] 韩小雨、庞丽娟、谢云丽：《中小学教师编制标准和编制管理制度研究——基于全国及部分省区现行相关政策的分析》，《教育发展研究》2010 年第 8 期。

[2] 于洁、孙百才：《规范幼儿教师流动：一个关于事业编制角色的解释框架》，《当代教育与文化》2020 年第 5 期。

再去选择学前教育这个专业。业务引领的人接下去招进来可能会越来越少。这对我们整个区域影响还是蛮大的,特别是与省内除台州市外的其他的区域进行业务上的PK,这个可能我觉得就差很多,因为目前我们当地这样做了以后,但是其他地区好像编制还在。"编制的缺乏导致教师没有稳定的收入和福利待遇,严重影响幼儿教师的生活,不利于提高幼儿教师工作积极性。而有事业编制的教师会因此产生职业稳定感,流动性降低,职业认同感更强。[1]

为更全面了解不同区域、不同性质、不同等级幼儿园在此方面的差异性,本书进行了差异性分析。从表3-17、表3-18和表3-19中可以看出,幼儿园所处区位、幼儿园等级、幼儿园性质在幼儿园教师资源结构上存在显著差异,P值均小于0.05。如表3-17所示,幼儿园所处区位在幼儿园教师资源配置结构上存在显著差异,位于农村的幼儿园在有职称教师和有编制教师的占比上均低于县城和乡镇。

表3-17 幼儿园所处区位在幼儿园教师资源配置结构上的差异性分析

题项	幼儿园所在位置	N	平均值	标准偏差	F	显著性(P)
贵园有职称教师比例低	县城	209	3.48	0.658	4.177	0.016
	乡镇	187	3.63	0.809		
	农村	154	3.67	0.472		
贵园有编制教师比例低	县城	209	3.25	0.609	32.898	0.000
	乡镇	187	3.59	0.859		
	农村	154	3.81	0.413		

如表3-18所示,幼儿园等级在幼儿园教师资源配置结构上存在显著差异,幼儿园等级越高,有职称教师的占比也相对越高;幼儿园等级越高,有编制教师的比例也相对越高。

---

[1] 赖昀、薛肖飞、杨如安:《农村地区学前教育教师资源配置问题与优化路径——基于陕西省X市农村学前教师资源现状的调查分析》,《教育研究》2015年第3期。

表3-18　幼儿园等级在幼儿园教师资源配置结构上的差异性分析

题项	幼儿园等级	N	平均值	标准偏差	F	显著性（P）
贵园有职称教师比例低	省一级园	97	3.01	0.669	32.358	0.000
	省二级园	234	3.42	0.388		
	省三级园	202	3.56	0.778		
	未定级	15	4.00	0.000		
	其他	2	3.00	1.414		
贵园有编制教师比例低	省一级园	97	2.86	0.520	36.657	0.000
	省二级园	234	3.59	0.551		
	省三级园	202	3.73	0.752		
	未定级	15	4.00	0.000		
	其他	2	3.00	1.414		

如表3-19所示，幼儿园性质在幼儿园教师资源配置结构上存在显著差异，公办园在有职称教师和有编制教师的占比上均高于民办园。

表3-19　幼儿园性质在幼儿园教师资源配置结构上的差异性分析

题项	幼儿园性质	N	平均值	标准偏差	F	显著性（P）
贵园有职称教师比例低	公办园	282	3.33	0.797	91.469	0.000
	民办园	268	3.84	0.364		
贵园有编制教师比例低	公办园	282	3.26	0.810	92.670	0.000
	民办园	268	3.79	0.414		

（三）幼儿园教师资源配置的质量

幼儿教师质量直接关系到幼儿园的教学质量，对幼儿的认知发展、学习品质、习惯养成等都有十分重要的影响。世界各国均强调支持幼儿保教人员的专业化，高素质的保教人员能创造高质量的教育环境。[1] 衡

---

[1] 澳大利亚学前教育国家质量框架规定了全国统一的教师资质要求；墨西哥《学前义务教育法》则明确规定所有的新教师都必须具有学士学位（余强，2010）；巴西《国家学前教育政策》明确规定逐年提升幼儿园教师的学历水平，并增加合格幼儿园教师的占比（莎莉，2016）[参见黄瑾、熊灿灿《我国"有质量"的学前教育发展内涵与实现进路》，《华东师范大学学报》（教育科学版）2021年第3期。]

量幼儿园教师资源配置质量的指标主要有幼儿教师的学历、专业背景两个方面。

表3-20　　　　　　　幼儿园教师资源配置质量的基本情况

题项	N	完全不一致	不太一致	一般	比较一致	完全一致	均值	标准差（P）
贵园大专及以上学历教师比例低	550	2.2	14.2	11.8	59.5	12.4	2.34	0.943
贵园学前教育专业毕业的教师比例低	550	2.2	18.2	5.8	67.1	6.7	2.42	0.935

在教师学历方面。教师学历是影响幼儿园教育环境质量的首要结构变量，是保障幼儿教师质量的外在标准。[1] 拥有较高学历以及接受过学前教育专门培训的教师会给儿童提供更为温暖的照顾，对儿童的需要反应更为敏感，而且能够创设更具有启发性的、语言刺激更为丰富的学习环境。[2] 美国研究者豪威斯（Carollee Howes）发现，相对于没有相关资质的教师，具有学士学位或接受过学前教育专门培训的教师与儿童会有更高水平的语言交流，且会和儿童开展更高水平的游戏。[3] 中国在颁布的《幼儿园管理条例》第九条中明确规定：幼儿园园长、教师应当具有幼儿师范学校（包括职业学校幼儿教育专业）毕业程度，或者经教育行政部门考核合格。《教师法》第十一条第一项规定："取得幼儿园教师资格，应当具备幼儿师范学校毕业及其以上学历。"无论是《教师法》还是《幼儿园管理条例》，中国对幼儿教师认定的学历要求还不高，只需中专毕业即可。

---

[1] 潘月娟、刘焱、胡彩云：《幼儿园结构变量与教育环境质量之间的关系研究——以山西省幼儿园为例》，《学前教育研究》2008年第4期。

[2] Clarke-Stewart K. Alison, Vandell Deborah Lowe, Burchinal Margaret, O'brien Marion, Mc Cartney Kathleen, "Do Regulable Features of Child-care Homes Affect Children's Development?", Early Childhood Research Quarterly, No. 1, 2012.

[3] Howes, Carollee, "Children's Experiences in Center-based Child Care as A Function of Teacher Background and Adult Child Ratio", Merrill-palmer Quarterly, No. 3, 1997.

如表3-20所示,在"贵园大专及以上学历教师比例低"这一问题上,选择完全一致的园长/副园长占总人数的12.4%,选择比较一致的占总人数的59.5%,持中立态度的占总人数的11.8%,另有16.4%的园长/副园长对此持反对意见。县域幼儿园教师的学历在大专及以上学历的比例较低,尽管基本达到了国家规定的要求,但与其他国家相比尚有较大差距。例如,英美等发达国家对幼儿教师学历的要求普遍较高,一般需要大学本科毕业并取得相应的学士学位。[1]

由表3-11可知,公办园总的平均值为2.68,民办园总的平均值为2.88,这一数据表明公办园教师大专及以上学历教师的比例高于民办园教师。在地区分布上,县城公办园在这一问题上的平均值为1.63,民办园的平均值为3.14;乡镇公办园为2.10、民办园为3.02。这两组数据说明县城、乡镇的公办园教师大专及以上学历教师比例高于民办园;农村公办园的平均值为2.21、民办园为2.26,这一数据说明农村公办园有大专及以上学历教师的比例略高于民办园。

在教师专业方面。幼儿教师所学专业是教师学习经历和知识背景的体现,能为幼儿教师质量打下坚实基础。美国研究者莎拉等人(Lang Sarah N. et al.)发现,接受过儿童发展或早期教育课程的教师,对幼儿的负面社会性指导会更少;定期接受培训的教师将给予幼儿更多的鼓励和帮助,将更频繁地与幼儿进行积极的互动。[2] 在教师专业一致性方面,如表3-20所示,在"贵园学前教育专业毕业的教师比例低"这一问题上,选择完全一致的园长/副园长占总人数的6.7%,选择比较一致的占总人数的

---

[1] OECD国家通过提高学前教师最低学历要求以提升专业地位。芬兰早在20世纪90年代就将其最低学历要求提高到大学学历,葡萄牙则在1998年将其最低学历要求从大学提高到硕士学历,截至目前已有17个成员国要求学前教师至少为大学学历,其中6个成员国要求硕士学历。(参见OECD. Starting Strong Ⅴ: Transitions from Early Childhood Education and Care to Primary Education [EB/OL]. https://www.oecd-ilibrary.org/education/starting-strong-v_9789264276253-en, 2017-06-21/2022-11-12.)

[2] Lang Sarah N., Mouzourou Chryso, Jeon Lieny, Buettner Cynthia K., Hur Eunhye, "Preschool Teacher's Professionnal Training, Observational Feedback, Child-centered Beliefs and Motivation: Direct and Indirect Associations with Social and Emotional Responsiveness", *Child & Youth Care Forum*, No. 1, 2017.

67.1%，持中立态度的园长/副园长占总人数的 5.8%，另有 20.4% 的园长/副园长对此持反对意见。

由表 3-11 可知，公办园总的平均值是 2.82，民办园总的平均值是 3.00，由此说明民办园学前教育专业毕业的教师比例低于公办园。在地区分布上，县城公办园（平均值 2.35）、乡镇公办园（平均值 2.65）、农村公办园（平均值 3.74）学前教育专业毕业的教师，要略高于县城民办园（平均值 3.02）、乡镇民办园（平均值 3.12）与农村民办园（平均值 3.81），且存在县城、乡镇公办园学前教育专业毕业的教师高于农村公办园的情况。[①]

为更全面地了解不同区域、不同性质、不同等级幼儿园在此方面的差异性，本书进行了差异性分析。从表 3-21、表 3-22 和表 3-23 可以看出，幼儿园所处区位、幼儿园等级、幼儿园性质在幼儿园教师资源结构上存在显著差异，P 值均小于 0.05。如表 3-21 所示，幼儿园所处区位在幼儿园教师资源配置质量上存在显著差异，位于农村的幼儿园在大专及以上学历教师和学前教育专业毕业的教师占比上均低于县城和乡镇。

表 3-21　幼儿园所处区位在幼儿园教师资源配置质量上的差异性分析

题项	幼儿园所在位置	N	平均值	标准偏差	F	显著性（P）
贵园大专及以上学历教师比例低	县城	209	2.28	1.043	54.589	0.000
	乡镇	187	2.60	0.895		
	农村	154	3.23	0.454		
贵园学前教育专业毕业的教师比例低	县城	209	2.05	0.996	94.485	0.000
	乡镇	187	2.63	0.801		
	农村	154	3.23	0.450		

[①] 有研究者认为，为保证学前教育教师队伍的高质量，教师的学前教育专业对口率应该提高到 70% 以上（农村 50% 以上），专业非对口教师（包括小学转岗教师）接受专业培训的比例应该得到监控并保证在 90% 以上，同时稳步提升教师学历程度。尤其重视乡村幼儿园教师的专业对口情况和保教水平。（参见龚欣、曲海滢《高质量学前教育体系：基本构成、主要特征及建设路径》，《现代教育管理》2021 年第 11 期。）

如表3-22所示，幼儿园等级在幼儿园教师资源配置质量上存在显著差异，幼儿园等级越高，教师高学历的占比也相对越高；幼儿园等级越高，学前教育专业毕业的教师比例也相对越高。

表3-22 幼儿园等级在幼儿园教师资源配置质量上的差异性分析

题项	幼儿园等级	N	平均值	标准偏差	F	显著性（P）
贵园大专及以上学历教师比例低	省一级园	97	1.65	0.969	60.601	0.000
	省二级园	234	2.69	0.850		
	省三级园	202	3.00	0.627		
	未定级	15	4.00	0.000		
	其他	2	2.50	0.707		
贵园学前教育专业毕业的教师比例低	省一级园	97	1.42	0.852	94.023	0.000
	省二级园	234	2.61	0.764		
	省三级园	202	3.00	0.623		
	未定级	15	4.00	0.000		
	其他	2	2.50	0.707		

如表3-23所示，幼儿园性质在幼儿园教师资源配置质量上存在显著差异，公办园在高学历教师占比、学前教育专业毕业教师占比上均高于民办园。

表3-23 幼儿园性质在幼儿园教师资源配置质量上的差异性分析

题项	幼儿园性质	N	平均值	标准偏差	F	显著性（P）
贵园大专及以上学历教师比例低	公办园	282	2.22	1.068	159.954	0.000
	民办园	268	3.12	0.464		
贵园学前教育专业毕业的教师比例低	公办园	282	2.18	1.127	133.191	0.000
	民办园	268	3.00	0.330		

第三章 县域学前教育资源配置的实证研究

（四）幼儿园教师资源的流失

幼儿教师流失是指"幼儿教师与幼儿园完全脱离关系而导致幼儿教育资源的外流以及幼儿教师不能全身心地投入到幼儿教育教学工作中，而引起的幼儿教育质量滑坡的现象。"[①] 从教师流失的形式来看，又可分为显性流失和隐性流失两种；显性流失主要是指教师流失在量上的表现，即教师绝对数量的减少；隐性流失主要指教师流失在质上的反映，表现在教师职业道德不高或敬业奉献精神的丧失。[②] 美国有研究发现，教师的稳定性会影响到幼儿新的依恋感的形成及其对新环境安全感的获得；在教师频繁变动的托幼机构中，幼儿每天入园时会表现出更强烈的分离焦虑和更多的消极情绪，在日常活动中与同伴和环境的有效互动也将大大减少。[③] 经历过频繁的教师变动的儿童，将很难与成人建立信任关系，也更少参与与同伴及环境的有效互动。[④] 美国研究者豪威斯等人（Carolle Howes et al.）对一年级儿童的学校适应性研究发现，儿童先前所经历的幼儿园教师的稳定性影响儿童在小学的社会交往能力及学业成就。[⑤] 全美幼教协会高质量幼儿教育机构评价标准在"人员配置"部分明确提出，在安排机构及机构人员时，应尽可能不让儿童转换班级，努力保持教师和儿童之间关系的连续性。[⑥]

如图3-1所示，在"贵园专任教师流失严重"这一问题上，选择完全一致的园长/副园长占总人数的10%，选择比较一致的占总人数的41.09%，持中立态度的占总人数的19.82%，另有29.09%的园长/副

[①] 王声平、杨晓萍：《幼儿教师流失：组织社会学视角》，《教育与教学研究》2011年第8期。

[②] 朱宾源：《我国中部地区农村中小学教师流失问题研究——以河南省光山县为例》，硕士学位论文，西南大学，2009年，第16—17页。

[③] Phillips Deborah A., Howes Carollee, Whitebook Marcy, "The Social Policy Context of Child Care: Effects on Quality", *American Journal of Community Psychology*, No. 1, 1992.

[④] Strolin-Goltzman J, Kollar S., Trinkle J., "Listening to The Voices of Children in Foster Care: Youths Speak Out about Child Welfare Workforce Turnover and Selection", *Social Work*, No. 1, 2010.

[⑤] Howes Carolle, Burchinal Margaret, Pianta Robert. "Ready to Learn? Children's Pre-academic Achievement in pre-kindergarten Programs", *Early Childhood Research Quarterly*, No. 1, 2008.

[⑥] 刘霞：《幼儿园教育质量评价的理论与实践》，人民教育出版社2017年版，第14页。

· 145 ·

园长对此持反对意见。由表3-11可知，公办园总的平均值为2.40，民办园总的平均值为3.13，这一结果表明民办园专任教师流失情况比公办园更为严重。县城的民办园专任教师流失情况比公办园严重，乡镇公办园专任教师流失情况高于民办园，农村地区的民办园和公办园平均值均在4以上，表明农村地区幼儿园专任教师流失情况更为普遍。学前教师相比其他教育阶段教师的工作时间更长、压力更大，而最终获得的报酬却相对较低，付出与回报的极不平衡使得学前教师流失较为严重。[①]

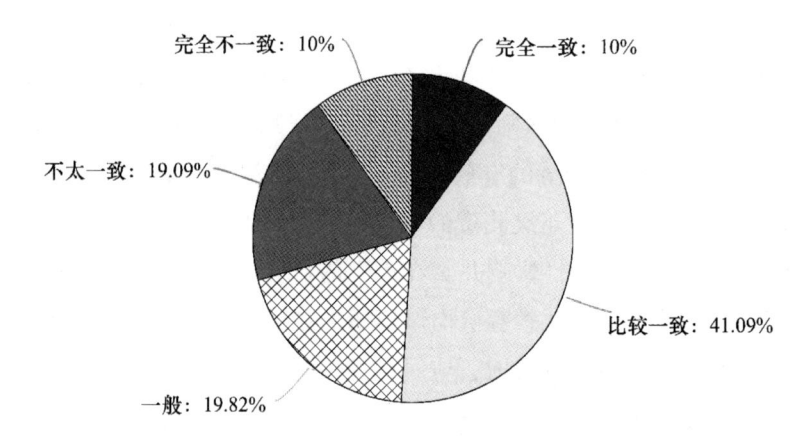

图3-1 幼儿园专任教师的流失情况

为更全面地了解不同区域、不同性质、不同等级幼儿园在此方面的差异性，本书进行了差异性分析。从表3-24、表3-25和表3-26中可以看出，幼儿园所处区位、幼儿园等级、幼儿园性质在幼儿园教师资源结构上存在显著差异，P值均小于0.05。如表3-24所示，幼儿园所处区位在幼儿园教师流失方面存在显著差异，位于农村的幼儿园教师流失占比均高于县城和乡镇。

[①] OECD, Good Practice for Good Jobs in Early Childhood Education and Care, Paris: OECD Publishing, 2019.

表3-24 幼儿园所处区位在幼儿园教师资源流失方面的差异性分析

题项	幼儿园所在位置	N	平均值	标准偏差	F	显著性（P）
贵园专任教师流失严重	县城	209	1.74	1.263	42.260	0.000
	乡镇	187	2.28	0.977		
	农村	154	2.80	0.939		

如表3-25所示，幼儿园等级在幼儿园教师流失方面存在显著差异，幼儿园等级越高，专任教师流失占比就越低。

表3-25 幼儿园等级在幼儿园教师资源流失方面的差异性分析

题项	幼儿园等级	N	平均值	标准偏差	F	显著性（P）
贵园专任教师流失严重	省一级园	97	1.76	0.573	87.235	0.000
	省二级园	234	2.36	1.057		
	省三级园	202	2.62	0.897		
	未定级	15	4.00	0.000		
	其他	2	2.50	0.707		

如表3-26所示，幼儿园性质在幼儿园教师流失方面存在显著差异，民办园的流失情况高于公办园。

表3-26 幼儿园性质在幼儿园教师资源流失方面的差异性分析

题项	幼儿园性质	N	平均值	标准偏差	F	显著性（P）
贵园专任教师流失严重	公办园	282	1.60	1.165	230.433	0.000
	民办园	268	2.87	0.730		

二 学前教育财力资源配置

学前教育的公益性、普惠性、公共性，决定了政府在学前教育财政投入中的主体地位。"建设高质量教育体系，是新时代中国特色社会主义现代化建设重大战略布局的教育新部署，是不同于以往各历史阶段中'进一步提高教育质量''教育质量明显提高''教育质量全面提升'等目标的表述，其本质是教育领域综合改革的深化，系统化整体提升是总体要求。核心在质量，目标在提升，重点在体系，但关键在投入保障。"[①] 幼儿教育投入是社会回报率最高的一种财政投入，政府对幼儿教育投入所产生的社会和国家收益远大于成本，幼儿教育财政投入是一种非常合算的投入。[②] 教育部在颁布的《国家中长期教育改革规划纲要（2010—2020年）》中明确规定，地方政府是学前教育发展的主体，要构建以政府投入为主，家庭合理分担，社会广泛参与的多元化财政投入机制。《"十四五"学前教育发展提升行动计划》也明确提出，各省（区、市）要"以提供普惠性服务为衡量标准，科学核定普惠性幼儿园办园成本，明确分担比例，统筹制定财政补助和收费政策，合理确定家庭支出水平"。确保政府对学前教育持续的、足额的和制度性的投入，高质量的学前教育与政府稳定充足的财政投入密切相关，高质量的学前教育需要高成本的财政投入。[③]

在本书中，学前教育财力资源配置主要从幼儿园财政投入的主体、县（区）级政府对幼儿园财政投入的分布与内容、县（区）级政府对幼儿园的财政支持、幼儿园的财政自主权、幼儿园对县级政府财政投入的满意度等维度进行分析。具体内容，见表3-27。

---

① 庞丽娟、杨小敏：《高质量教育体系建设的经费投入保障思考与建议》，《国家教育行政学院学报》2021年第8期。
② 蔡迎旗：《幼儿教育财政投入与政策》，教育科学出版社2007年版，第67页。
③ 庞丽娟、范明丽：《当前我国学前教育管理体制面临的主要问题与挑战》，《教育发展研究》2012年第4期。

表3-27　　　县域学前教育财力资源配置的描述性分析

幼儿园所处区位	幼儿园性质		县（区）级政府对幼儿园生均财政投入公用经费不足	全面三孩政策后县（区）级政府对幼儿园生均教育经费投入在逐步提高	贵园可根据需要灵活支配地方政府投入的财政经费	县域有专门为家庭不利儿童设立的专项资助项目	您对县（区）级政府的财政投入政策持满意态度
县城	公办园	平均值	2.99	2.13	2.35	3.06	3.45
		标准偏差	1.021	0.637	0.591	0.397	0.890
	民办园	平均值	3.79	2.20	2.51	3.01	2.77
		标准偏差	0.437	0.455	1.164	0.105	0.451
乡镇	公办园	平均值	3.14	1.78	2.16	3.10	3.09
		标准偏差	0.910	0.788	1.072	0.486	1.175
	民办园	平均值	3.39	1.47	2.08	3.10	2.72
		标准偏差	0.489	0.501	0.857	0.332	0.929
农村	公办园	平均值	3.71	1.64	2.73	3.27	3.10
		标准偏差	0.455	0.484	1.527	0.719	0.940
	民办园	平均值	4.05	1.86	2.16	3.60	2.42
		标准偏差	0.626	1.484	1.215	1.195	1.207
总计	公办园	平均值	3.38	2.16	2.12	3.13	3.27
		标准偏差	1.020	0.727	1.091	0.534	1.201
	民办园	平均值	3.71	2.20	2.62	3.21	3.10
		标准偏差	0.583	0.922	1.137	0.716	1.004

（一）幼儿园财政投入的主体

由图3-2可知，在参与调查的幼儿园中，在财政投入的主体上，选择"园所自筹"的占比最高，为69.82%；第二为乡镇政府，占比为62.18%；第三为家长缴费，占比为58.73%；第四为县（区）级政府，占比为49.45%；第五为市级政府，占比14.36%；最后为省级政府，占比最少，仅有1.09%。

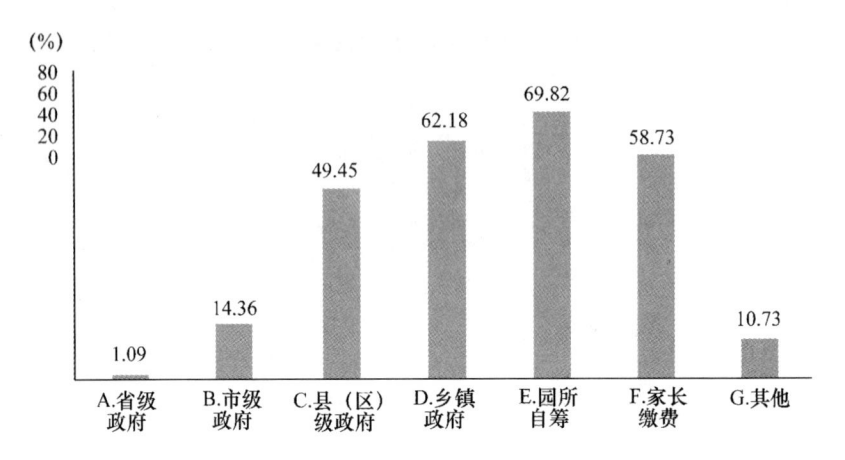

图3-2 幼儿园财政投入的主体分布情况

(二) 县级政府对幼儿园财政投入的分布与内容

由图3-3可知，在参与调查的幼儿园中，获得县（区）级政府财政支持的内容主要集中在以下六个方面：第一为专项投入，占县（区）级政府财政支持的94.73%；第二为人员经费拨款，占县（区）级政府财政支持的57.27%；第三为生均公用经费，占县（区）级政府财政支持的29.64%；第四为免费园舍提供，占县（区）级政府财政支持的21.64%；第五为园舍租金减免，占县（区）级政府财政支持的18.73%；最后是其他，占比为4.18%。

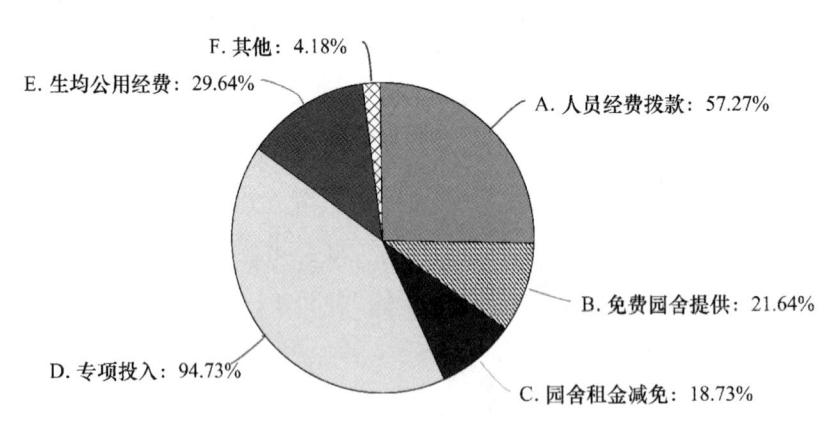

图3-3 幼儿园获得县（区）级政府财政支持情况

如图3-4所示，在参与调查的幼儿园中，有87.45%的园长/副园长认为县级政府的财政投入主要用于家庭不利儿童的补助。表3-27也证明了上述观点，在"县域有专门为家庭不利儿童设立的专项资助项目"这一问题上，公办园总的平均值为3.13，民办园为3.21，这一数据说明参与调查的幼儿园普遍认为县域有专门为家庭不利儿童设立的专项资助项目。第二是幼儿园基建设施（55.64%），第三是教师工资福利（43.09%），第四是购买幼儿园玩教具设备与其他，分别占24.36%。

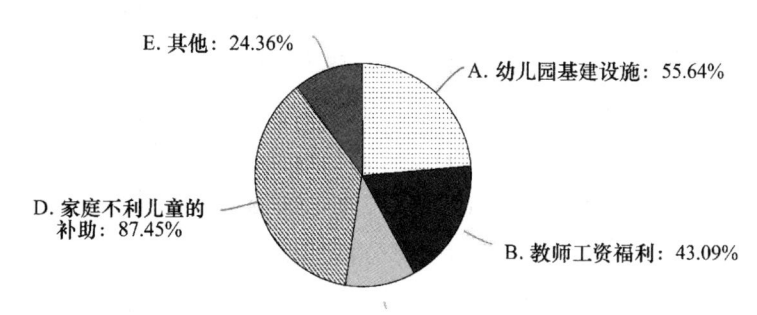

图3-4 县（区）级政府财政投入分布情况

（三）县级政府对幼儿园的财政支持

如表3-28所示，在"县（区）级政府对幼儿园生均财政投入公用经费不足"这一问题上，选择完全一致的园长/副园长占总人数的22.9%，选择比较一致的占总人数的61.3%，持中立态度的占总人数的5.3%，另有10.6%的园长/副园长对此持反对意见。由表3-27可知，公办园总的平均值为3.38，民办园总的平均值为3.71，这一数据说明参与调查的幼儿园普遍认为县（区）级政府对幼儿园生均财政投入公用经费不足，且民办园生均财政投入公用经费不足的比例明显高于公办园。在所处区位上，无论是县城、乡镇还是农村，都体现出民办园生均财政投入不足的比例要高于公办园的情况。具体来看，县城的公办园（平均值2.99）生均财政投入不足的情况要略好于乡镇的公办园（平均值3.14）与农村的公办园（平均值3.71）。在幼儿园性质方面，农村的民办园（平均值4.05）生均财政投入不足情况最为严峻。

如表3-28所示，在"全面三孩政策后县（区）级政府对幼儿园生均教育经费投入在逐步提高"这一问题上，选择完全一致的园长/副园长仅占总人数的3.6%，选择比较一致的占总人数的1.3%，持中立态度的占总人数的1.1%，另有94%的园长/副园长对此持反对意见。由表3-27可知，公办园总的平均值为2.16，民办园为2.20，这一数据说明参与调研的幼儿园普遍不认同全面三孩政策后县（区）级政府对幼儿园生均教育经费投入在逐步提高这一问题。在所处区位方面，乡镇和农村幼儿园的不认同程度要高于县城幼儿园。如，乡镇公办园的平均值为1.78，农村公办园的平均值为1.64，县城公办园的平均值为2.13。这一组数据说明，与县城公办园相比，乡镇和农村公办园普遍不认同全面三孩政策后县（区）级政府对幼儿园生均教育投入经费在逐步提高。在幼儿园性质方面，民办园的不认同程度高于公办园。

表3-28 县（区）级政府对幼儿园的财政支持

题项	N	完全不一致	不太一致	一般	比较一致	完全一致	均值	标准差
县（区）级政府对幼儿园生均财政投入公用经费不足	550	2.2	8.4	5.3	61.3	22.9	2.06	0.901
全面三孩政策后县（区）级政府对幼儿园生均教育经费投入在逐步提高	550	32.7	61.3	1.1	1.3	3.6	4.18	0.827

为更全面地了解不同区域、不同性质、不同等级幼儿园在此方面的差异性，本书进行了差异性分析。如表3-29所示，幼儿园所处区位在县（区）级政府对幼儿园生均财政投入公用经费不足方面存在显著差异，P值小于0.05，而在生均教育经费投入逐步提高方面不存在显著差异。如表3-29所示，幼儿园所处区位在政府财政方面存在显著差异，位于乡镇的幼儿园生均财政投入公用经费不足现象高于农村和县城。

表3-29　幼儿园所处区位在政府财政支持上的差异性分析

题项	幼儿园所在位置	N	平均值	标准偏差	F	显著性（P）
县（区）级政府对幼儿园生均财政投入公用经费不足	县城	209	2.53	1.015	43.105	0.000
	乡镇	187	3.27	0.805		
	农村	154	3.19	0.571		
全面三孩政策后县（区）级政府对幼儿园生均教育经费投入在逐步提高	县城	209	1.84	0.565	0.670	0.512
	乡镇	187	1.85	0.733		
	农村	154	1.75	1.168		

如表3-30所示，幼儿园等级在政府财政支持上存在显著差异，P值小于0.05。

表3-30　幼儿园等级在政府财政支持上的差异性分析

题项	幼儿园等级	N	平均值	标准偏差	F	显著性（P）
县（区）级政府对幼儿园生均财政投入公用经费不足	省一级园	97	2.01	1.046	54.370	0.000
	省二级园	234	3.23	0.703		
	省三级园	202	3.14	0.694		
	未定级	15	3.07	0.258		
	其他	2	2.50	0.707		
全面三孩政策后县（区）级政府对幼儿园生均教育经费投入在逐步提高	省一级园	97	2.03	0.653	113.789	0.000
	省二级园	234	2.00	0.432		
	省三级园	202	1.53	0.767		
	未定级	15	4.00	0.000		
	其他	2	4.00	1.414		

如表3-31所示，幼儿园性质在县（区）级政府对幼儿园生均财政投入公用经费不足方面存在显著差异，P值小于0.05。相比公办园，民办园在县（区）级政府对幼儿园生均财政投入公用经费不足方面占比较高。而在生均教育经费投入逐步提高方面不存在显著差异。

表3-31　　　　幼儿园性质在政府财政支持上的差异性分析

题项	幼儿园性质	N	平均值	标准偏差	F	显著性（P）
县（区）级政府对幼儿园生均财政投入公用经费不足	公办园	282	2.62	1.020	88.216	0.000
	民办园	268	3.29	0.583		
全面三孩政策后县（区）级政府对幼儿园生均教育经费投入在逐步提高	公办园	282	1.84	0.727	0.295	0.587
	民办园	268	1.80	0.922		

（四）幼儿园的财政自主权

如图3-5所示，在"贵园可根据需要灵活支配地方政府投入的财政经费"这一问题上，选择完全一致的园长/副园长仅占总人数的4.18%，选择比较一致的占总人数的14%，持中立态度的占总人数的4.55%，另有73.27%的园长/副园长对此持反对意见。

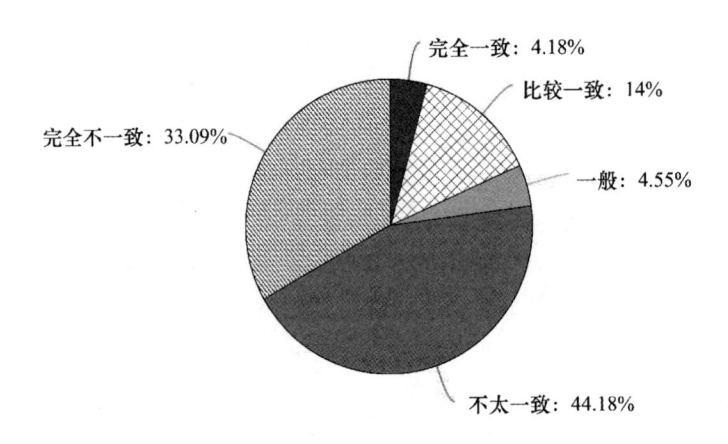

图3-5　幼儿园的财政自主权

如表3-27所示，公办园总的平均值为2.12，民办园总的平均值为2.62，这一数据说明参与调研的公办园和民办园普遍不认同幼儿园可根据需要灵活支配地方政府投入的财政经费。在所处区位上，不论是公办园还是民办园在灵活支配地方政府投入的财政经费上的平均值都在3以下，表明县城、乡镇与农村的幼儿园在支配财政经费方面的灵活性均较低。在幼儿园性质上，公办园和民办园在可根据需要灵活支配地方政府投入的财政经费方面不存在较大的差异。

如表3-32所示，在幼儿园能够"灵活支配地方政府投入的财政经费"方面，参与调查的公办园园长/副园长有47.2%选择了"不太一致"，41.1%选择了"完全不一致"；民办园有41%的园长/副园长选择了"不太一致"，28%选择了"比较一致"。由此可知，公办园与民办园在灵活支配地方政府投入的财政经费方面的自主权十分有限。

表3-32　　　所在幼儿园性质与贵园可根据需要灵活支配
地方政府投入的财政经费交叉表

			完全一致	比较一致	一般	不太一致	完全不一致	总计
所在幼儿园性质	公办园	计数	23	2	8	133	116	282
		百分比（%）	8.2	0.7	2.8	47.2	41.1	100.0
	民办园	计数	0	75	17	110	66	268
		百分比（%）	0.0	28.0	6.3	41.0	24.6	100.0

（五）幼儿园对县（区）级政府财政投入的满意度

如图3-6所示，在"您对县（区）级政府的财政投入政策持满意态度"这一问题上，选择完全一致的园长/副园长仅占总人数的4.55%，选择比较一致的占总人数的28.18%，持中立态度的占总人数的24%，另有43.27%的园长/副园长对此持反对意见。

由表3-27可知，公办园总的平均值为3.27，民办园总的平均值为3.10，这一数据说明参与调查的幼儿园对县（区）级政府的财政投入持基本满意的态度，且公办园的满意度略高于民办园。在所处区位上，县城公办园（平均值3.45）在这一问题上的满意度高于农村公办园（平均值3.10），农村公办园在这一问题上的满意度略高于乡镇公办园（平均值3.09）。在幼儿园性质上，公办园在这一问题上的满意度高于民办园。

完全不一致：12.36%　　完全一致：4.55%

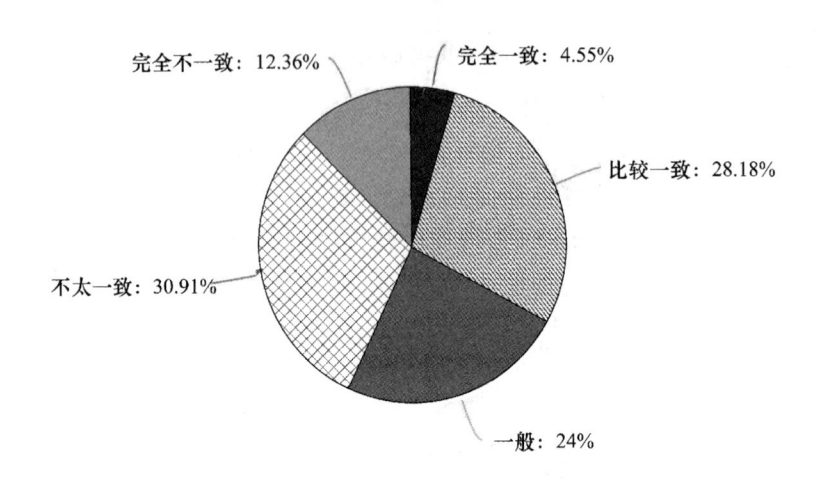

比较一致：28.18%

不太一致：30.91%

一般：24%

图 3-6　幼儿园对县（区）级政府财政投入的满意度

三　学前教育物力资源配置

学前教育物力资源配置主要从生均建筑面积与活动面积、图书与玩教具配置、园所环境的满意度三个维度进行分析。具体内容见表 3-33。

表 3-33　　　　县域学前教育物力资源配置的描述性分析

幼儿园所处区位	幼儿园性质		贵园生均建筑面积低于5平方米	贵园生均户外活动面积低于2平方米	贵园人均活动室面积低于2平方米	贵园生均图书册数在10册以上（不含教材）	全面三孩政策后贵园生均玩教具数量能满足幼儿活动需要	您对幼儿园工作环境持满意态度	县域内制定了统一的幼儿园基础设施建设标准
县城	公办园	平均值	2.93	2.75	2.62	3.57	3.22	3.91	3.82
		标准偏差	0.385	0.913	0.991	0.882	0.761	0.666	0.463
	民办园	平均值	2.59	2.94	2.88	3.50	3.04	3.21	3.97
		标准偏差	0.495	0.660	0.732	0.525	0.296	0.410	0.316
乡镇	公办园	平均值	2.23	2.66	2.43	3.40	3.27	3.71	3.19
		标准偏差	1.025	1.343	1.035	0.720	0.832	1.214	0.564
	民办园	平均值	2.86	1.08	2.04	3.49	2.85	3.25	3.59
		标准偏差	0.347	0.271	0.398	0.541	0.888	0.639	0.619

续表

幼儿园所处区位	幼儿园性质		贵园生均建筑面积低于5平方米	贵园生均户外活动面积低于2平方米	贵园人均活动室面积低于2平方米	贵园生均图书册数在10册以上（不含教材）	全面三孩政策后贵园生均玩教具数量能满足幼儿活动需要	您对幼儿园工作环境持满意态度	县域内制定了统一的幼儿园基础设施建设标准
农村	公办园	平均值	2.49	1.23	2.81	3.59	2.57	2.06	3.79
		标准偏差	1.071	1.202	0.650	0.488	0.924	0.614	1.533
	民办园	平均值	2.42	2.88	2.44	3.42	2.83	2.42	3.64
		标准偏差	1.196	1.495	1.219	0.817	0.951	1.196	0.857
总计	公办园	平均值	2.60	2.85	2.61	3.82	3.33	3.52	3.35
		标准偏差	0.884	1.158	0.933	0.835	0.840	1.292	0.947
	民办园	平均值	2.64	2.98	2.81	3.76	2.86	3.07	3.24
		标准偏差	0.754	0.903	0.849	0.753	1.038	0.951	0.679

（一）生均建筑面积与活动面积

幼儿园园舍的房屋建筑是幼儿园开展学习和生活各项活动必不可少的物质基础。学前教育阶段，教室需要足够大的空间来摆放各种教玩具，能够设置诸多区角以丰富幼儿的游戏和学习活动，还应满足幼儿午睡的空间需求。建筑空间越充足，越有可能为幼儿提供高质量的学习和生活环境。因此，生均园舍建筑面积是考察学前教育质量的一个重要指标。[1]

如表3-34所示，在"贵园生均建筑面积低于5平方米"这一问题上，选择完全一致的园长/副园长仅占总人数的3.8%，选择比较一致的占总人数的6.4%，持中立态度的占总人数的18%，另有71.8%的园长/副园长对此持反对意见。由表3-33可知，公办园总的平均值为2.60，民办园总的平均值为2.64，这一数据表明参与调研的幼儿园普遍不认同幼儿园生均建筑面积低于5平方米这一问题。在幼儿园所处区位上，无

---

[1] 姜勇、王艺芳等：《新时期学前教育发展研究》，华东师范大学出版社2020年版，第93页。

论是位于县城、乡镇还是农村的公办园与民办园，其平均值均小于3。在幼儿园性质方面，公办园与民办园在这一问题上的差异不大。

在"贵园生均户外活动面积低于2平方米"这一问题上，如表3-34所示，选择完全一致的园长/副园长仅占总人数的4.9%，选择比较一致的占总人数的8.4%，持中立态度的占总人数的4.4%，另有82.4%的园长/副园长对此持反对意见。由表3-33可知，公办园总的平均值为2.85，民办园总的平均值为2.98，均低于3，表明参与调查的幼儿园并不认同其生均户外活动面积低于2平方米。在所处区位上，位于乡镇的民办园（平均值1.08）、位于农村的民办园（平均值2.88）和公办园（平均值1.23）对这一问题持较为不认同的态度。在幼儿园性质上，公办园和民办园在生均户外活动面积低于2平方米这一问题上不存在较大差异。

在"贵园人均活动室面积低于2平方米"这一问题上，如表3-34所示，选择完全一致的园长/副园长仅占总人数的5.3%，选择比较一致的占总人数的3.1%，持中立态度的占总人数的18%，另有73.6%的园长/副园长对此持反对意见。由表3-33可知，公办园总的平均值为2.61，民办园总的平均值为2.81，均小于3，说明参与调查的幼儿园对人均活动室面积低于2平方米持不认同态度。在所处区位上，无论是位于县城、乡镇还是农村的公办园和民办园，其平均值均在3以下，乡镇民办园在这一问题上的平均值最低，仅有2.04，说明乡镇民办幼儿园在人均活动室面积低于2平方米这一问题上的认同度最低。

表3-34　幼儿园生均建筑面积与生均室内外活动面积的基本情况

	N	所占比例（%）					均值	标准差
		完全不一致	不太一致	一般	比较一致	完全一致		
贵园生均建筑面积低于5平方米	550	4.2	67.6	18	6.4	3.8	3.62	0.823
贵园生均户外活动面积低于2平方米	550	27.3	55.1	4.4	8.4	4.9	3.91	1.043
贵园人均活动室面积低于2平方米	550	11.1	62.5	18	3.1	5.3	3.71	0.898

为进一步了解幼儿园所处区位、幼儿园等级、幼儿园性质三个变量与生均建筑面积、活动面积之间的关系,本书进行了相关性分析。如表3-35所示,幼儿园所处位置与生均户外活动面积低于2平方米呈显著正相关,相关系数为0.02。幼儿园所处位置与生均建筑面积、人均活动室面积不存在相关性。

表3-35　幼儿园所处区位与生均建筑面积、活动面积相关性分析

			所在幼儿园的位置	贵园生均建筑面积低于5平方米	贵园生均户外活动面积低于2平方米	贵园人均活动室面积低于2平方米
斯皮尔曼Rho	幼儿园的位置	相关系数	1.000	-0.083	0.239**	-0.019
		Sig.（双尾）	0.000	0.052	0.000	0.650
		N	550	550	550	550

**. 在0.01级别（双尾），相关性显著。

如表3-36所示,幼儿园性质与人均户外活动面积低于2平方米呈显著正相关,相关系数为0.01。幼儿园性质与生均建筑面积、生均户外活动面积不存在相关性。

表3-36　幼儿园性质与生均建筑面积、活动面积相关性分析

			贵园生均户外活动面积低于2平方米	贵园生均建筑面积低于5平方米	贵园人均活动室面积低于2平方米	所在幼儿园性质
斯皮尔曼Rho	幼儿园性质	相关系数	-0.010	0.020	0.160**	1.000
		Sig.（双尾）	0.808	0.641	0.000	—
		N	550	550	550	550

**. 在0.01级别（双尾），相关性显著。

如表3-37所示,幼儿园等级与生均户外活动面积呈正相关,系数为0.01;园所等级与生均建筑面积呈负相关,系数为0.01。幼儿园等级与人均活动室面积不存在显著相关性。

表3-37　　幼儿园等级与生均建筑面积、活动面积相关性分析

		贵园生均户外活动面积低于2平方米	贵园生均建筑面积低于5平方米	贵园人均活动室面积低于2平方米	园所等级
园所等级	相关系数	0.166**	-0.156**	0.002	1.000
	Sig.（双尾）	0.000	0.000	0.969	0.000
	N	550	550	550	550

**. 在0.01级别（双尾），相关性显著。

（二）图书与玩教具配置

幼儿园的图书主要包括供幼儿使用的绘本资料和教师的教学专业用书，是必不可少的教学资源。供幼儿使用的绘本资料的充实程度，与幼儿可享有的学前教育质量息息相关。生均图书拥有量，是学前教育物力资源配置一个具有典型性和可操作性的衡量指标。①

在"贵园生均图书册数在10册以上（不含教材）"这一问题上，如表3-38所示，选择完全一致的园长/副园长占总人数的36.7%，选择比较一致的占总人数的54%，持中立态度的占总人数的4.2%，另有5.1%的园长/副园长对此持反对意见。由表3-33可知，公办园总的平均值为3.82，民办园总的平均值为3.76，这一数据说明参与调查的幼儿园对这一问题比较认同。具体而言，在所处区位上，位于县城的公办园在这一问题上的平均值为3.57，位于县城的民办园在这一问题上的平均值为3.50，均高于位于乡镇和农村的民办幼儿园，这一数据说明位于县城的幼儿园在生均图书册数上高于乡镇和农村。

如表3-38所示，在"全面三孩政策后贵园生均玩教具数量能满足幼儿活动需要"这一问题上，选择完全一致的园长/副园长仅占总人数的2.2%，选择比较一致的占总人数的65.5%，持中立态度的占总人数的8.4%，另有24%的园长/副园长对此持反对意见。由表3-33可知，公

---

① 姜勇、王艺芳：《新时期学前教育发展研究》，华东师范大学出版社2020年版，第95页。

办园总的平均值为 3.33，民办园总的平均值为 2.86，这一数据说明参与调查的大多数公办园对这一问题持认同态度。在所处区位上，位于县城的民办园和公办园在这一问题上的平均值均大于 3，说明县城的幼儿园生均玩教具数量能够满足幼儿活动需要。乡镇公办园在这一问题上的平均值高于民办园，农村的幼儿园在这一问题上的平均值均小于 3。

表 3-38　　　　幼儿生均图书、玩教具配置的基本情况

	N	所占比例（%）					均值	标准差
		完全不一致	不太一致	一般	比较一致	完全一致		
贵园生均图书册数在 10 册以上（不含教材）	550	1.3	3.8	4.2	54	36.7	1.79	0.796
全面三孩政策后贵园生均玩教具数量能满足幼儿活动需要	550	4.7	19.3	8.4	65.5	2.2	2.59	0.978

为更全面地了解不同区域、不同性质、不同等级幼儿园在此方面的差异，本书对此进行了差异性分析。如表 3-39 所示，幼儿园所处区位在图书与玩教具配置方面存在显著差异，P 值均小于 0.05。位于县城的幼儿园在生均图书 10 册以上（不含教材）、生均玩教具数量能满足幼儿活动需求方面均好于位于乡镇和农村的幼儿园。

表 3-39　　　幼儿园所处区位在图书与玩教具配置上的差异性分析

	幼儿园所在位置	N	平均值	标准偏差	F	显著性（P）
贵园生均图书册数在 10 册以上（不含教材）	县城	209	3.57	0.750	67.344	0.000
	乡镇	187	3.23	0.700		
	农村	154	2.69	0.680		
全面三孩政策后贵园生均玩教具数量能满足幼儿活动需要	县城	209	2.86	0.611	63.711	0.000
	乡镇	187	2.42	0.908		
	农村	154	1.80	1.128		

如表3-40所示，幼儿园等级在图书与玩具配置方面存在显著差异，P值均小于0.05。幼儿园等级越高，在生均图书册数、生均玩具数量的占有上会更多。

表3-40　幼儿园等级在图书与玩教具配置上的差异性分析

	幼儿园等级	N	平均值	标准偏差	F	显著性
贵园生均图书册数在10册以上（不含教材）	省一级园	97	3.53	1.011	68.808	0.000
	省二级园	234	3.46	0.549		
	省三级园	202	2.93	0.555		
	未定级	15	1.00	0.000		
	其他	2	2.50	0.707		
全面三孩政策后贵园生均玩教具数量能满足幼儿活动需要	省一级园	97	2.82	0.842	79.866	0.000
	省二级园	234	2.82	0.424		
	省三级园	202	1.92	1.048		
	未定级	15	1.00	0.000		
	其他	2	1.50	0.707		

如表3-41所示，幼儿园性质在生均图书配置方面不存在显著差异，P值大于0.05。幼儿园性质在生均玩教具数量上存在显著差异，P值小于0.05，公办园的生均玩教具数量略高于民办园。

表3-41　幼儿园性质在图书与玩教具配置上的差异性分析

	幼儿园性质	N	平均值	标准偏差	F	显著性
贵园生均图书册数在10册以上（不含教材）	公办园	282	3.18	0.835	0.826	0.364
	民办园	268	3.24	0.753		
全面三孩政策后贵园生均玩教具数量能满足幼儿活动需要	公办园	282	2.67	0.840	0.295	0.000
	民办园	268	2.14	1.038		

（三）园所环境的满意度

在"您对幼儿园工作环境持满意态度"这一问题上，如表3-42所示，选择完全一致的园长/副园长占总人数的12.7%，选择比较一致的占总人数的44.5%，持中立态度的占总人数的14%，另有28.7%的园长/副园长对此持反对意见。

表3-42　　　　　　　　幼儿园所环境的基本情况

	N	所占比例（%）					均值	标准差
		完全不一致	不太一致	一般	比较一致	完全一致		
您对幼儿园工作环境持满意态度	550	6	22.7	14	44.5	12.7	2.65	1.140
县域内制定了统一的幼儿园基础设施建设标准	550	4.2	6.4	16.4	69.6	3.5	2.38	0.827

由表3-33所示，公办园总的平均值为3.52，民办园总的平均值为3.07，这表明参与调研的园长/副园长对这一问题持认同态度，其中公办园对工作环境的满意度要高于民办园。在所处区位方面，县城和乡镇的幼儿园在这一问题上的满意度总体要高于农村幼儿园。在园所性质上，县城公办园（平均值3.91）和乡镇公办园（平均值3.71）在工作环境满意度上要高于位于县城（平均值3.21）和乡镇的民办园（平均值3.25），而农村民办园（平均值2.42）在这一问题上的满意度要高于公办园（平均值2.06）。

在"县域内制定了统一的幼儿园基础设施建设标准"这一问题上，如表3-42所示，选择完全一致的园长/副园长仅占总人数的3.5%，选择比较一致的占总人数的69.6%，持中立态度的占总人数的16.4%，另有10.6%的园长/副园长对此持反对意见。由表3-33可知，公办园总的平均值为3.35，民办园总的平均值为3.24，这一数据表明参与调查的幼儿园对这一问题持认同的态度，其中公办园的认同程度略高于民办园。在所处区位上，县城幼儿园认可程度高于乡镇和农村。

为更全面地了解不同区域、不同性质、不同等级幼儿园在此方面的差异，本书进行了差异性分析。如表3-43所示，幼儿园所处区位在园所环境方面存在显著差异，P值均小于0.05，位于县城的幼儿园在工作环境的满意度上优于位于乡镇和农村的幼儿园，位于县城的幼儿园在制定统一的基础设施标准方面优于乡镇和农村的幼儿园。幼儿园性质在园所环境上不存在显著差异，P值均大于0.05（未呈现过程）。

表3-43　幼儿园所处区位在园所环境上的差异性分析

	幼儿园所在位置	N	平均值	标准偏差	F	显著性（P）
您对幼儿园工作环境持满意态度	县城	209	3.07	0.620	191.391	0.000
	乡镇	187	2.45	1.001		
	农村	154	1.26	1.002		
县域内制定了统一的幼儿园基础设施建设标准	县城	209	2.89	0.412	25.484	0.000
	乡镇	187	2.59	0.627		
	农村	154	2.29	1.240		

表3-44可以看出，幼儿园等级在园所环境方面存在显著差异，P值均小于0.05。

表3-44　幼儿园等级在园所环境上的差异性分析

	幼儿园等级	N	平均值	标准偏差	F	显著性（P）
您对幼儿园工作环境持满意态度	省一级园	97	3.45	0.646	76.908	0.000
	省二级园	234	2.39	0.888		
	省三级园	202	1.65	1.074		
	未定级	15	1.00	0.000		
	其他	2	2.50	0.707		
县域内制定了统一的幼儿园基础设施建设标准	省一级园	97	2.78	0.544	28.169	0.000
	省二级园	234	2.85	0.492		
	省三级园	202	2.40	1.062		
	未定级	15	1.00	0.000		
	其他	2	2.00	0.000		

四 学前教育制度资源配置

学前教育制度资源配置主要从幼儿园教师资源配置的制度、学前教育资源配置的督导与评估制度、生均经费投入制度三个维度进行分析。具体内容见表3-45。

表3-45　县域学前教育制度资源配置的描述性分析

幼儿园所处区位	幼儿园性质		县域内城乡教师交流制度不完善	县域内建立了优质园与薄弱园优质资源共享制度	县域内幼儿园之间教师合作交流与岗位流动制度不完善	县域内制定了乡镇中青年骨干教师培训制度	县（区）级政府制定了对幼儿园教育资源配置指标定期评估的督导制度	县（区）级政府制定了幼儿园生均拨款经费投入制度	县（区）级政府制定了幼儿园生均资助经费投入制度
县城	公办园	平均值	3.55	2.59	4.07	3.29	3.50	2.42	3.86
		标准偏差	0.937	0.887	0.767	0.555	0.901	1.062	0.557
	民办园	平均值	3.89	2.13	4.04	3.36	3.11	2.30	3.02
		标准偏差	0.589	1.210	0.332	0.587	0.507	0.771	0.259
乡镇	公办园	平均值	3.16	3.14	4.40	3.64	3.45	2.93	3.64
		标准偏差	0.931	1.076	0.816	0.810	1.025	1.156	1.051
	民办园	平均值	3.96	2.99	3.93	2.39	3.11	2.51	3.45
		标准偏差	0.344	0.964	0.381	0.824	0.313	1.101	1.187
农村	公办园	平均值	3.48	2.40	3.99	2.56	3.06	3.06	3.34
		标准偏差	0.528	1.228	0.198	0.525	1.004	0.879	0.954
	民办园	平均值	3.99	2.96	3.22	2.44	2.95	2.83	3.06
		标准偏差	0.618	0.697	0.955	1.019	1.343	0.733	1.427
总计	公办园	平均值	3.14	2.98	4.15	3.74	3.44	2.75	3.23
		标准偏差	0.946	1.100	0.698	0.823	1.000	1.081	0.908
	民办园	平均值	3.94	2.32	3.95	2.06	3.05	2.53	3.48
		标准偏差	0.520	1.071	0.604	0.956	1.004	0.921	1.140

(一)幼儿园教师资源配置的制度

第一,教师交流制度方面。在"县域内城乡教师交流制度不完善"这一问题上,如表3-46所示,选择完全一致的园长/副园长占总人数的16.5%,选择比较一致的占总人数的71.5%,持中立态度的占总人数的5.5%,另有6.6%的园长/副园长对此持反对意见。由表3-45可知,公办园总的平均值为3.14,民办园总的平均值为3.94,这一数据说明了参与调查的大多数幼儿园对这一问题持认同态度。在所处区位上,县城公办园的认同程度高于乡镇和农村公办园,农村民办园在这一问题的认同度上高于乡镇和县城民办园。在幼儿园性质方面,民办园在这一问题上的认同度高于公办园。

第二,资源共享制度方面。在"县域内建立了优质园与薄弱园优质资源共享制度"这一问题上,如表3-46所示,选择完全一致的园长/副园长仅占总人数的2.2%,选择比较一致的占总人数的37.3%,持中立态度的占总人数的14.7%,另有45.8%的园长/副园长对此持反对意见。由表3-45可知,公办园总的平均值为2.98,民办园总的平均值为2.32,这一数据说明了参与调查的大多数幼儿园对这一问题持不认同态度。

第三,合作交流与岗位流动制度方面。在"县域内幼儿园之间教师合作交流与岗位流动制度不完善"这一问题上,如表3-46所示,选择完全一致的园长/副园长仅占总人数的7.6%,选择比较一致的占总人数的82.7%,持中立态度的占总人数的2.9%,另有6.8%的园长/副园长对此持反对意见。由表3-45可知,公办园总的平均值为4.15,民办园总的平均值为3.95,这一数据说明了参与调查的大多数幼儿园对这一问题持认同态度。在所处区位上,县城的幼儿园在这一问题上的平均值均大于4,表明参与调查的县城幼儿园对这一问题的现状较为认同。乡镇和农村的公办园在这一问题上的认同程度高于乡镇和农村民办园。

第四,教师培训制度方面。培训是促进幼儿园教师专业发展的重要途径,高质量的教师培训可有效提升教师的专业素质和幼儿园教育质量。①《中共中央 国务院关于学前教育深化改革规范发展的若干意见》明确提出，要"建设一支高素质善保教的教师队伍"，而建设"高素质善保教"的教师队伍的关键在于有完善的幼儿教师培训制度的支持。在"县域内制定了乡镇中青年骨干教师培训制度"这一问题上，如表3-46所示，选择完全一致的园长/副园长仅占总人数的3.8%，选择比较一致的占总人数的30%，持中立态度的占总人数的44.2%，另有22%的园长/副园长对此持反对意见。由表3-45可知，公办园总的平均值为3.74，民办园总的平均值为2.06，这一数据说明了参与调查的公办园在这一问题的认同度上高于民办园。在所处区位上，县城幼儿园在这一问题的认同度上高于农村幼儿园，乡镇的公办园在这一问题的认同度上高于民办园。其中，位于农村的公办园和民办园在这一问题上的均值均小于3，表明农村幼儿园在县域内制定了乡镇中青年骨干教师培训制度上的认同度较低。

表3-46　县域学前教育资源优化配置制度的基本情况

	N	完全不一致	不太一致	一般	比较一致	完全一致	均值	标准差
县域内城乡教师交流制度不完善	550	2.4	4.2	5.5	71.5	16.5	2.04	0.774
县域内建立了优质园与薄弱园优质资源共享制度	550	10.2	35.6	14.7	37.3	2.2	3.14	1.098
县域内幼儿园之间教师合作交流与岗位流动制度不完善	550	1.3	5.5	2.9	82.7	7.6	2.1	0.655
县域内制定了乡镇中青年骨干教师培训制度	550	5.1	16.9	44.2	30	3.8	2.89	0.903

---

① 葛晓英、王默、杨冬梅：《大数据时代背景下幼儿园教师培训体系的重构》，《学前教育研究》2020年第9期。

为更全面地了解不同区域、不同性质、不同等级幼儿园在此方面的差异，本书进行了差异性分析。从表3-47、表3-48和表3-49中可以看出，幼儿园所处区位、幼儿园等级、幼儿园性质在幼儿园教师资源配置制度上存在显著差异，P值均小于0.05。

表3-47　幼儿园所处区位在幼儿园教师资源配置制度上的差异性分析

	幼儿园所在位置	N	平均值	标准偏差	F	显著性（P）
县域内城乡教师交流制度不完善	县城	209	2.74	0.867	22.375	0.000
	乡镇	187	2.95	0.686		
	农村	154	3.27	0.627		
县域内建立了优质园与薄弱园优质资源共享制度	县城	209	2.18	1.071	31.041	0.000
	乡镇	187	1.94	1.017		
	农村	154	1.32	1.033		
县域内制定了乡镇中青年骨干教师培训制度	县城	209	2.68	0.568	112.539	0.000
	乡镇	187	1.96	0.897		
	农村	154	1.50	0.810		

表3-48　幼儿园等级在幼儿园教师资源配置制度上的差异性分析

	幼儿园等级	N	平均值	标准偏差	F	显著性（P）
县域内城乡教师交流制度不完善	省一级园	97	2.32	1.036	33.599	0.000
	省二级园	234	3.11	0.468		
	省三级园	202	3.15	0.734		
	未定级	15	2.07	0.258		
	其他	2	2.50	0.707		
县域内建立了优质园与薄弱园优质资源共享制度	省一级园	97	2.55	0.829	14.254	0.000
	省二级园	234	1.77	1.074		
	省三级园	202	1.60	1.143		
	未定级	15	2.07	0.258		
	其他	2	2.50	0.707		

续表

	幼儿园等级	N	平均值	标准偏差	F	显著性（P）
县域内幼儿园之间教师合作交流与岗位流动制度不完善	省一级园	97	2.90	0.895	43.173	0.000
	省二级园	234	2.95	0.496		
	省三级园	202	2.99	0.468		
	未定级	15	4.00	0.000		
	其他	2	2.50	0.707		
县域内制定了乡镇中青年骨干教师培训制度	省一级园	97	2.77	0.586	64.825	0.000
	省二级园	234	2.28	0.837		
	省三级园	202	1.74	0.730		
	未定级	15	1.00	0.000		
	其他	2	2.00	0.000		

表3-49　幼儿园性质在幼儿园教师资源配置制度上的差异性分析

	幼儿园性质	N	平均值	标准偏差	F	显著性（P）
县域内城乡教师交流制度不完善	公办园	282	2.86	0.946	8.778	0.003
	民办园	268	3.06	0.520		
县域内建立了优质园与薄弱园优质资源共享制度	公办园	282	2.02	1.100	13.353	0.000
	民办园	268	1.68	1.071		
县域内制定了乡镇中青年骨干教师培训制度	公办园	282	2.26	0.823	17.188	0.000
	民办园	268	1.94	0.956		

（二）学前教育资源配置的督导与评估制度

如图3-7，在"县（区）级政府制定了对幼儿园教育资源配置指标定期评估的督导制度"这一问题上，选择完全一致的园长/副园长仅占总人数的2.18%，选择比较一致的占67.45%，持中立态度的占总人数的8.36%，另有22%的园长/副园长对此持反对意见。由表3-45可知，公办园总的平均值为3.44，民办园总的平均值为3.05，这一数据说明了参与调查的幼儿园对这一问题持认同态度。

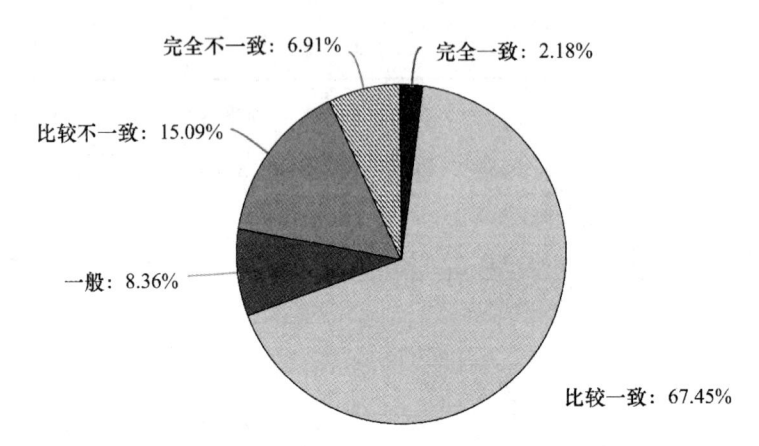

完全不一致：6.91%　完全一致：2.18%
比较不一致：15.09%
一般：8.36%
比较一致：67.45%

图 3-7　学前教育资源配置的督导与评估制度情况

如表 3-50 所示，幼儿园所在位置与县（区）级政府是否制定教育资源配置的评估和督导制度两者之间为正相关，相关系数为 0.03。由此说明，幼儿园所处位置与县级政府是否制定了幼儿园教育资源配置指标的评估和督导制度有很大关系。

表 3-50　幼儿园所在位置与幼儿园教育资源配置督导制度的相关性分析

			所在幼儿园的位置	县级政府制定了对幼儿园教育资源配置指标定期评估的督导制度
斯皮尔曼 Rho	所在幼儿园的位置	相关系数	1.000	0.318**
		Sig.（双尾）	0.000	0.000
		N	550	550
	县级政府制定了对幼儿园教育资源配置指标定期评估的督导制度	相关系数	0.318**	1.000
		Sig.（双尾）	0.000	0.000
		N	550	550

**. 在 0.01 级别（双尾），相关性显著。

在教师资源管理专业人员方面，如表 3-11 所示，在"负责学前教育资源配置的行政管理人员匮乏"这一问题上，公办园总的平均值是 2.90，民办园总的平均值为3.01,这一数据说明公办园和民办园负责学前教育资源配置的行政管理人员均较为匮乏。在地区分布上,位于农村地区的幼儿园负责学前教育资源配置的行政管理人员缺乏程度高于县城和乡镇。

(三)生均经费投入制度

在"县(区)级政府制定了幼儿园生均拨款经费投入制度"这一问题上,如表3-51所示,选择完全一致的园长/副园长仅占总人数的6.7%,选择比较一致的占总人数的26.4%,持中立态度的占总人数的19.6%,另有47.3%的园长/副园长对此持反对意见。由表3-45所示,公办园总的平均值为2.75,民办园总的平均值为2.53,这一数据说明了参与调查的幼儿园对这一问题持不认同态度。

在"县(区)级政府制定了幼儿园生均资助经费投入制度"这一问题上,如表3-51所示,选择完全一致的园长/副园长占总人数的11.1%,选择比较一致的占总人数的65.8%,持中立态度的占总人数的7.8%,另有15.3%的园长/副园长对此持反对意见。由表3-45所示,公办园总的平均值为3.23,民办园总的平均值为3.48,这一数据说明了参与调查的幼儿园对这一问题比较认同。

表3-51　　　　　幼儿园生均经费投入制度的基本情况

	N	完全不一致	不太一致	一般	比较一致	完全一致	均值	标准差
县(区)级政府制定了幼儿园生均拨款经费投入制度	550	5.8	41.5	19.6	26.4	6.7	3.13	1.079
县(区)级政府制定了幼儿园生均资助经费投入制度	550	7.8	7.5	7.8	65.8	11.1	2.35	1.034

为更全面地了解不同区域、不同性质、不同等级幼儿园在此方面的差异,本书进行了差异性分析。如表3-52所示,幼儿园性质在县级政府制定相关生均经费投入制度上存在显著差异,P值均小于0.05,公办园要好于民办园。

表3-52　　幼儿园性质在生均经费投入制度上的差异性分析

	幼儿园性质	个案数	平均值	标准偏差	F	P
县（区）级政府制定了幼儿园生均拨款经费投入制度	公办园	282	2.35	1.081	82.882	0.000
	民办园	268	1.47	0.921		
县（区）级政府制定了幼儿园生均资助经费投入制度	公办园	282	2.77	0.908	8.426	0.004
	民办园	268	2.52	1.140		

如表3-53所示，幼儿园所处区位在生均经费投入制度上存在显著差异，P值均小于0.05。位于县城的幼儿园在生均拨款经费制度方面好于位于乡镇和农村的幼儿园，位于农村的幼儿园在生均资助经费投入制度方面好于位于县城和乡镇幼儿园。

表3-53　　幼儿园所处区位在生均投入制度上的差异性分析

	所在区位	个案数	平均值	标准偏差	F	P
县级政府制定了幼儿园生均拨款经费投入制度	县城	209	2.20	1.041	18.733	0.000
	乡镇	187	1.75	1.161		
	农村	154	1.55	0.893		
县级政府制定了幼儿园生均资助经费投入制度	县城	209	1.93	0.460	32.613	0.004
	乡镇	187	2.53	1.128		
	农村	154	2.70	1.264		

如表3-54中所示，幼儿园等级在生均经费投入制度上存在显著差异，P值均小于0.05。幼儿园生均经费投入制度随着幼儿园等级发生变化，一般而言，幼儿园等级越高，生均经费投入制度越完善。

表3-54 幼儿园等级在生均经费投入制度上的差异性分析

题项	幼儿园等级	N	平均值	标准偏差	F	显著性（P）
县（区）级政府制定了幼儿园生均经费投入制度	省一级园	97	2.47	1.182	23.326	0.000
	省二级园	234	1.88	1.035		
	省三级园	202	1.71	0.897		
	未定级	15	1.00	0.000		
	其他	2	1.50	0.707		
县（区）级政府制定了幼儿园生均资助经费投入制度	省一级园	97	3.19	0.618	40.370	0.000
	省二级园	234	2.66	0.951		
	省三级园	202	2.58	1.010		
	未定级	15	2.00	0.000		
	其他	2	2.50	0.707		

第四节 县域学前教育资源配置的影响因素

一 县域学前教育资源配置影响因素的描述性分析

调研结果显示，在县域学前教育资源配置的影响因素中，如表3-55所示，在"幼儿教师的职业认同感"上，选择完全一致的园长/副园长仅占总人数的4%，选择比较一致的占总人数的1.3%，持中立态度的占总人数的59.1%，另有35.7%的园长/副园长对此持反对意见。

在"地方政府对发展学前教育的重视程度"这一影响因素上，选择完全一致的园长/副园长占总人数的66.7%，选择比较一致的占总人数的26%，持中立态度的占总人数的2.2%，另有5.1%的园长/副园长对此持反对意见。

在"园长在优化学前教育资源配置方面的能力"这一影响因素上，选择完全一致的园长/副园长仅占总人数的6.5%，选择比较一致的占总人数的34.4%，持中立态度的占总人数的50.9%，另有8.2%的园长/副园长对此持反对意见。

在"社会组织的参与度"这一影响因素上，选择完全一致的园长/

副园长仅占总人数的7.3%，选择比较一致的占总人数的7.1%，持中立态度的占总人数的8.4%，另有77.3%的园长/副园长对此持反对意见。

在"县域经济发展水平"这一影响因素上，选择完全一致的园长/副园长占总人数的57.3%，选择比较一致的占总人数的33.3%，持中立态度的占总人数的2.5%，另有6.9%的园长/副园长对此持反对意见。

在"县域教育文化因素"这一影响因素上，选择完全一致的园长/副园长仅占总人数的6.5%，选择比较一致的占总人数的36.4%，持中立态度的占总人数的44.2%，另有12.9%的园长/副园长对此持反对意见。

在"人口政策变动"这一影响因素上，选择完全一致的园长/副园长占总人数的72.2%，选择比较一致的占总人数的20%，持中立态度的占总人数的2.7%，另有5.1%的园长/副园长对此持反对意见。

在"城镇化进程"这一影响因素上，选择完全一致的园长/副园长占总人数的59.8%，选择比较一致的占总人数的34%，持中立态度的占总人数的2.4%，另有3.8%的园长/副园长对此持反对意见。

表3-55　　县域学前教育资源配置影响因素的基本情况

题项	N	完全不一致	不太一致	一般	比较一致	完全一致	均值	标准差
幼儿教师的职业认同感	550	18.2	17.5	59.1	1.3	4	3.45	0.937
地方政府对发展学前教育的重视程度	550	2.7	2.4	2.2	26	66.7	1.48	0.874
园长在优化学前教育资源配置方面的能力	550	2.2	6	50.9	34.4	6.5	2.63	0.785
社会组织的参与度	550	20.4	56.9	8.4	7.1	7.3	3.76	1.082
县域经济发展水平	550	3.3	3.6	2.5	33.3	57.3	1.62	0.948
县域教育文化因素	550	4.0	8.9	44.2	36.4	6.5	2.67	0.878
人口政策变动	550	3.8	1.3	2.7	20	72.2	1.45	0.915
城镇化进程	550	2.7	1.1	2.4	34	59.8	1.53	0.831

二 县域学前教育资源配置影响因素的相关性分析

为了进一步了解幼儿园所处区位、幼儿园性质、幼儿园等级与县域学前教师资源配置影响因素之间是否存在相关性，本书用斯皮尔曼相关进行了检验。如表3-56所示，幼儿园所在位置与幼儿教师的职业认同感、地方政府对发展学前教育的重视程度、社会组织的参与度、县域经济发展水平、城镇化进程在0.01水平上呈现显著正相关；幼儿园所在位置与人口政策变动在0.05水平上呈现显著正相关；而幼儿园所在位置与园长在优化学前教育资源配置方面的能力、县域教育文化因素在0.01水平上呈现负相关。

如表3-57所示，幼儿园性质与幼儿教师的职业认同感、人口政策变动、城镇化进程在0.01水平上呈现显著正相关；幼儿园性质与社会组织的参与度、县域教育文化因素在0.05水平上呈现显著正相关；幼儿园性质与园长在优化学前教育资源配置方面的能力、县域经济发展水平呈负相关。

如表3-58所示，幼儿园等级在地方政府对发展学前教育的重视程度、社会组织的参与度、县域经济发展水平、城镇化进程方面在0.01水平上呈现显著正相关；幼儿园等级与人口政策变动在0.05水平上呈现显著正相关；而幼儿园等级与园长在优化学前教育资源配置方面的能力在0.05水平上呈现显著负相关。

三 县域学前教育资源配置影响因素的线性回归分析

为了深入了解县域内学前教育资源配置的影响因素，本节将问卷中学前教育资源配置各项作为因变量，将学前教育资源配置影响因素作为自变量，通过线性回归的方法分析县域内学前教育资源配置的影响因素。

（一）县域学前专任教师数量不足的影响因素分析

如表3-59所示，R平方为0.314，表明体系具有足够的解释力；调整后R平方为0.303，表明表3-59选出的自变量解释了专任教师数量不足30.3%的变异。Durbin-Watson值越接近2，表示数据独立性成立。

表 3-56 幼儿园所处区位与县域学前教育资源配置影响因素的相关性分析

		幼儿园所在位置	幼儿教师的职业认同感	地方政府对发展学前教育的重视程度	园长在优化学前教育资源配置方面的能力	社会组织的参与度	县域经济发展水平	县域教育文化因素	人口政策变动	城镇化进程
斯皮尔曼 Rho	幼儿园所在的位置	相关系数	1.000	0.133**	0.155**	-0.161**	0.165**	0.223**	-0.239**	0.102*	0.188**
		Sig.(双尾)		0.002	0.000	0.000	0.000	0.000	0.000	0.017	0.000
		N	550	550	550	550	550	550	550	550	550
	幼儿教师的职业认同感	相关系数	0.133**	1.000	-0.109*	-0.264**	0.038	-0.372**	-0.212**	-0.037	-0.152**
		Sig.(双尾)	0.002		0.010	0.000	0.380	0.000	0.000	0.391	0.000
		N	550	550	550	550	550	550	550	550	550
	地方政府对发展学前教育的重视程度	相关系数	0.155**	-0.109*	1.000	0.034	-0.145**	0.399**	0.105*	0.411**	0.346**
		Sig.(双尾)	0.000	0.010		0.426	0.001	0.000	0.013	0.000	0.000
		N	550	550	550	550	550	550	550	550	550
	园长在优化学前教育资源配置方面的能力	相关系数	-0.161**	-0.264**	0.034	1.000	0.258**	-0.092*	0.308**	-0.177**	0.019
		Sig.(双尾)	0.000	0.000	0.426		0.000	0.030	0.000	0.000	0.664
		N	550	550	550	550	550	550	550	550	550
	社会组织的参与度	相关系数	0.165**	0.038	-0.145**	0.258**	1.000	-0.254**	-0.127**	-0.032	0.094*
		Sig.(双尾)	0.000	0.380	0.001	0.000		0.000	0.003	0.448	0.028
		N	550	550	550	550	550	550	550	550	550

续表

		幼儿园所在位置	幼儿教师的职业认同感	地方政府对发展学前教育的重视程度	园长在优化学前教育资源配置方面的能力	社会组织的参与度	县域经济发展水平	县域教育文化因素	人口政策变动	城镇化进程
斯皮尔曼 Rho	县域经济发展水平	相关系数	0.223**	-0.372**	0.399**	-0.092*	-0.254**	1.000	0.137**	0.378**	0.258**
		Sig.（双尾）	0.000	0.000	0.000	0.030	0.000		0.001	0.000	0.000
		N	550	550	550	550	550	550	550	550	550
	县域教育文化因素	相关系数	-0.239**	-0.212**	0.105*	0.308**	-0.127**	0.137**	1.000	0.167**	0.157**
		Sig.（双尾）	0.000	0.000	0.013	0.000	0.003	0.001		0.000	0.000
		N	550	550	550	550	550	550	550	550	550
	人口政策变动	相关系数	0.102*	-0.037	0.411**	-0.177**	-0.032	0.378**	0.167**	1.000	0.537**
		Sig.（双尾）	0.017	0.391	0.000	0.000	0.448	0.000	0.000		0.000
		N	550	550	550	550	550	550	550	550	550
	城镇化进程	相关系数	0.188**	-0.152**	0.346**	0.019	0.094*	0.258**	0.157**	0.537**	1.000
		Sig.（双尾）	0.000	0.000	0.000	0.664	0.028	0.000	0.000	0.000	
		N	550	550	550	550	550	550	550	550	550

** 在 0.01 级别（双尾），相关性显著。

* 在 0.05 级别（双尾），相关性显著。

表3-57 幼儿园性质与县域学前教育资源配置影响因素的相关性分析

			幼儿园性质	幼儿教师的职业认同感	地方政府对发展学前教育的重视程度	园长在优化学前教育资源配置方面的能力	社会组织的参与度	县域经济发展水平	县域教育文化因素	人口政策变动	城镇化进程
斯皮尔曼Rho	幼儿园性质	相关系数	1.000	0.263**	0.043	-0.325**	0.104*	-0.101*	0.092*	0.119**	0.201**
		Sig.（双尾）		0.000	0.315	0.000	0.014	0.018	0.031	0.005	0.000
		N	550	550	550	550	550	550	550	550	550
	幼儿教师的职业认同感	相关系数	0.263**	1.000	-0.109*	-0.264**	0.038	-0.372**	-0.212**	-0.037	-0.152**
		Sig.（双尾）	0.000		0.010	0.000	0.380	0.000	0.000	0.391	0.000
		N	550	550	550	550	550	550	550	550	550
	地方政府对发展学前教育的重视程度	相关系数	0.043	-0.109*	1.000	0.034	-0.145**	0.399**	0.105*	0.411**	0.346**
		Sig.（双尾）	0.315	0.010		0.426	0.001	0.000	0.013	0.000	0.000
		N	550	550	550	550	550	550	550	550	550
	园长在优化学前教育资源配置方面的能力	相关系数	-0.325**	-0.264**	0.034	1.000	0.258**	-0.092*	0.308**	-0.177**	0.019
		Sig.（双尾）	0.000	0.000	0.426		0.000	0.030	0.000	0.000	0.664
		N	550	550	550	550	550	550	550	550	550
	社会组织的参与度	相关系数	0.104*	0.038	-0.145**	0.258**	1.000	-0.254**	-0.127**	-0.032	0.094*
		Sig.（双尾）	0.014	0.380	0.001	0.000		0.000	0.003	0.448	0.028
		N	550	550	550	550	550	550	550	550	550

续表

			幼儿园性质	幼儿教师的职业认同感	地方政府对发展学前教育的重视程度	园长在优化学前教育资源配置方面的能力	社会组织的参与度	县域经济发展水平	县域教育文化因素	人口政策变动	城镇化进程
斯皮尔曼Rho	县域经济发展水平	相关系数	-0.101*	-0.372**	0.399**	-0.092*	-0.254**	1.000	0.137**	0.378**	0.258**
		Sig.（双尾）	0.018	0.000	0.000	0.030	0.000		0.001	0.000	0.000
		N	550	550	550	550	550	550	550	550	550
	县域教育文化因素	相关系数	0.092*	-0.212**	0.105*	0.308**	-0.127**	0.137**	1.000	0.167**	0.157**
		Sig.（双尾）	0.031	0.000	0.013	0.000	0.003	0.001		0.000	0.000
		N	550	550	550	550	550	550	550	550	550
	人口政策变动	相关系数	0.119**	-0.037	0.411**	-0.177**	-0.032	0.378**	0.167**	1.000	0.537**
		Sig.（双尾）	0.005	0.391	0.000	0.000	0.448	0.000	0.000		0.000
		N	550	550	550	550	550	550	550	550	550
	城镇化进程	相关系数	0.201**	-0.152**	0.346**	0.019	0.094*	0.258**	0.157**	0.537**	1.000
		Sig.（双尾）	0.000	0.000	0.000	0.664	0.028	0.000	0.000	0.000	
		N	550	550	550	550	550	550	550	550	550

** 在0.01级别（双尾），相关性显著。

* 在0.05级别（双尾），相关性显著。

表3-58 幼儿园等级与县域学前教育资源配置影响因素的相关性分析

		幼儿园等级	幼儿教师的职业认同感	地方政府对发展学前教育的重视程度	园长在优化学前教育资源配置方面的能力	社会组织的参与度	县域经济发展水平	县域教育文化因素	人口政策变动	城镇化进程
斯皮尔曼Rho	幼儿园等级	相关系数	1.000	0.058	0.127**	-0.093*	0.130**	0.155**	0.002	0.088*	0.301**
		Sig.（双尾）	0.000	0.178	0.003	0.030	0.002	0.000	0.969	0.040	0.000
		N	550	550	550	550	550	550	550	550	550
	幼儿教师的职业认同感	相关系数	0.058	1.000	-0.109*	-0.264**	0.038	-0.372**	-0.212**	-0.037	-0.152**
		Sig.（双尾）	0.178	0.000	0.010	0.000	0.380	0.000	0.000	0.391	0.000
		N	550	550	550	550	550	550	550	550	550
	地方政府对发展学前教育的重视程度	相关系数	0.127**	-0.109*	1.000	0.034	-0.145**	0.399**	0.105*	0.411**	0.346**
		Sig.（双尾）	0.003	0.010	0.000	0.426	0.001	0.000	0.013	0.000	0.000
		N	550	550	550	550	550	550	550	550	550
	园长在优化学前教育资源配置方面的能力	相关系数	-0.093*	-0.264**	0.034	1.000	0.258**	-0.092*	0.308**	-0.177**	0.019
		Sig.（双尾）	0.030	0.000	0.426	0.000	0.000	0.030	0.000	0.000	0.664
		N	550	550	550	550	550	550	550	550	550
	社会组织的参与度	相关系数	0.130**	0.038	-0.145**	0.258**	1.000	-0.254**	-0.127**	-0.032	0.094*
		Sig.（双尾）	0.002	0.380	0.001	0.000	0.000	0.000	0.003	0.448	0.028
		N	550	550	550	550	550	550	550	550	550

第三章 县域学前教育资源配置的实证研究

续表

		幼儿园等级	幼儿教师的职业认同感	地方政府对发展学前教育的重视程度	园长在优化学前教育资源配置方面的能力	社会组织的参与度	县域经济发展水平	县域教育文化因素	人口政策变动	城镇化进程
斯皮尔曼 Rho	县域经济发展水平	相关系数	0.155**	-0.372**	0.399**	-0.092*	-0.254**	1.000	0.137**	0.378**	0.258**
		Sig.（双尾）	0.000	0.000	0.000	0.030	0.000		0.001	0.000	0.000
		N	550	550	550	550	550	550	550	550	550
	县域教育文化因素	相关系数	0.002	-0.212**	0.105*	0.308**	-0.127**	0.137**	1.000	0.167**	0.157**
		Sig.（双尾）	0.969	0.000	0.013	0.000	0.003	0.001		0.000	0.000
		N	550	550	550	550	550	550	550	550	550
	人口政策变动	相关系数	0.088*	-0.037	0.411**	-0.177**	-0.032	0.378**	0.167**	1.000	0.537**
		Sig.（双尾）	0.040	0.391	0.000	0.000	0.448	0.000	0.000		0.000
		N	550	550	550	550	550	550	550	550	550
	城镇化进程	相关系数	0.301**	-0.152**	0.346**	0.019	0.094*	0.258**	0.157**	0.537**	1.000
		Sig.（双尾）	0.000	0.000	0.000	0.664	0.028	0.000	0.000	0.000	
		N	550	550	550	550	550	550	550	550	550

**. 在 0.01 级别（双尾），相关性显著。
*. 在 0.05 级别（双尾），相关性显著。

表3-59　　　　　　　　　　　体系摘要[d]

体系	R	R 平方	调整后的 R 平方	标准估算的错误	Durbin-Watson（U）
1	0.560a	0.314	0.303	0.623	1.718

由表3-60可知，选出的自变量Sig.的值均小于0.05，这一结果说明学前专任教师数量不足受到多重因素的影响。其中，"县域经济发展水平"标准化系数为0.456，说明在诸多影响因素中县域经济发展水平对专任教师数量的影响更为重要。其次为"城镇化进程"，标准化系数为-0.407，表明城镇化进程会对县域学前专任教师数量产生负向影响。第三个主要的影响因素为"人口政策变动"。

表3-60　　　　　　　　　　　回归分析系数[a]

体系		非标准化系数 B	标准误	标准化系数 贝塔	t	显著性（K）
1	（常量）	1.676	0.250		6.698	0.000
	幼儿教师的职业认同感	-0.098	0.035	-0.123	-2.829	0.005
	地方政府对发展学前教育的重视程度	-0.146	0.051	-0.171	-2.851	0.005
	园长在优化学前教育资源配置方面的能力	0.160	0.040	0.168	4.025	0.000
	社会组织的参与度	-0.061	0.030	-0.089	-2.031	0.043
	县域经济发展水平	0.359	0.038	0.456	9.394	0.000
	人口政策变动	0.271	0.056	0.332	4.865	0.000
	城镇化进程	-0.366	0.053	-0.407	-6.855	0.000

a. 因变量：学前专任教师数量

（二）县域学前生均财政投入公用经费不足的影响因素分析

如表3-61所示，R平方为0.348，表明体系具有足够的解释力。调整后R平方为0.338，表明表3-61选出的自变量解释了生均财政投入公用经费不足33.8%的变异。Durbin-Watson值越接近2，表示数据独立性成立。

表 3-61　　　　　　　　　　　　　体系摘要[d]

体系	R	R 平方	调整后的 R 平方	标准估算的错误	Durbin-Watson（U）
1	0.560a	0.348	0.338	0.733	1.794

由表 3-62 可知，选出的自变量 Sig. 的值均小于 0.05，这一结果说明学前生均财政投入公用经费不足受到多重因素的影响。其中，"地方政府对发展学前教育的重视程度"标准化系数为-0.351，说明在诸多影响因素中地方政府对发展学前教育的重视程度对学前生均财政投入公用经费的影响更为重要。其次为"人口政策变动"，标准化系数为 0.348。第三个主要的影响因素为"幼儿教师的职业认同感"，标准化系数为-0.275。

表 3-62　　　　　　　　　　　　　回归分析系数[a]

体系		非标准化系数 B	标准误	标准化系数 贝塔	t	显著性
1	（常量）	1.906	0.294		6.472	0.000
	幼儿教师的职业认同感	-0.265	0.041	-0.275	-6.470	0.000
	地方政府对发展学前教育的重视程度	-0.362	0.060	-0.351	-6.014	0.000
	园长在优化学前教育资源配置方面的能力	0.228	0.047	0.199	4.892	0.000
	县域教育文化因素	0.139	0.043	0.136	3.239	0.001
	人口政策变动	0.342	0.066	0.348	5.223	0.000
	城镇化进程	0.196	0.063	0.180	3.114	0.002

a. 因变量：生均财政投入公用经费

（三）县域幼儿园工作环境满意度的影响因素分析

如表 3-63 所示，R 平方为 0.436，表明体系具有足够的解释力。调整后 R 平方为 0.428，表明表 3-63 选出的自变量解释了幼儿园工作环境满意度 42.8% 的变异。Durbin-Watson 值越接近 2，表示数据独立性成立。

表3-63 体系摘要[d]

体系	R	R平方	调整后的R平方	标准估算的错误	Durbin-Watson（U）
1	0.661a	0.436	0.428	0.862	1.359

由表3-64可知，选出的自变量Sig.的值均小于0.05，这一结果说明幼儿园工作环境满意度受到多重因素的影响。其中，"县域经济发展水平"标准化系数为0.674，说明在诸多影响因素中县域经济发展水平对幼儿园工作环境满意度的影响更为重要。其次为"幼儿教师的职业认同感"，标准化系数为0.588。第三个主要的影响因素为"人口政策变动"，标准化系数为-0.438。

表3-64 回归分析系数[a]

体系		非标准化系数 B	标准错误	标准化系数 贝塔	t	显著性
1	（常量）	-1.806	0.347		-5.212	0.000
	幼儿教师的职业认同感	0.716	0.048	0.588	14.878	0.000
	社会组织的参与度	0.267	0.042	0.253	6.376	0.000
	县域经济发展水平	0.811	0.053	0.674	15.323	0.000
	人口政策变动	-0.546	0.077	-0.438	-7.078	0.000
	城镇化进程	0.175	0.074	0.127	2.367	0.018

a. 因变量：幼儿园工作环境满意度。

（四）县域学前教师交流共享制度的影响因素分析

如表3-65所示，R平方为0.505，表明体系具有足够的解释力；调整后R平方为0.498，表明表3-65选出的自变量解释了学前教师交流共享制度49.8%的变异。Durbin-Watson值越接近2，表示数据独立性成立。

表3-65　　　　　　　　　　体系摘要[d]

体系	R	R平方	调整后的R平方	标准估算的错误	Durbin-Watson（U）
1	0.711a	0.505	0.498	0.464	1.677

由表3-66可知，选出的自变量Sig.的值均小于0.05，这一结果说明学前教师交流共享制度受到多重因素的影响。其中，"人口政策变动"标准化系数为0.485，说明在诸多影响因素中人口政策变动对学前教师交流共享制度的影响更为重要。其次为"社会组织的参与度"，标准化系数为-0.263。第三个主要的影响因素为"幼儿教师的职业认同感"，标准化系数为-0.221。

表3-66　　　　　　　　　　回归分析系数[a]

	体系	非标准化系数 B	标准错误	标准化系数 贝塔	t	显著性
	（常量）	2.372	0.187		12.715	0.000
	幼儿教师的职业认同感	-0.155	0.026	-0.221	-5.968	0.000
	园长在优化学前教育资源配置方面的能力	0.168	0.030	0.201	5.681	0.000
1	社会组织的参与度	-0.159	0.023	-0.263	-7.057	0.000
	县域经济发展水平	-0.104	0.028	-0.151	-3.660	0.000
	人口政策变动	0.347	0.041	0.485	8.365	0.000
	城镇化进程	0.135	0.040	0.172	3.401	0.001

a. 因变量：学前教师交流共享制度。

第五节　结果与讨论

在上述调查研究的基础上，本书结合问卷设计的维度和内容，对与县域学前教育资源配置密切相关的核心利益群体，即幼儿园园长/副园长和县（区）教育局行政管理人员进行了访谈。最后，根据问卷调查结果和对访谈资料的整理，主要得出以下几方面的结论。

一 幼儿园教师资源数量短缺，有职称和编制的教师比例低，教师整体质量不高

从调研结果看，无论是公办幼儿园还是民办幼儿园，都面临幼儿教师短缺这一现实问题。幼儿园所处区位、幼儿园等级在幼儿园教师资源数量上存在显著差异，相对农村幼儿园而言，县城和乡镇的幼儿园对幼儿教师数量的需求更大，从性质上看，不同地区的公办园相对民办园对幼儿教师的需求更大。

总体上看，幼儿园有职称和编制的教师比例都较低，且县城、乡镇和农村有职称的公办幼儿园教师的比例均要高于民办幼儿园。所有幼儿园有编制教师比例低的现象非常普遍。学历方面，在"大专及以上学历教师比例低"这一问题上，选择同意的园长/副园长占总人数的71.9%，说明县域幼儿园教师的学历普遍不高。从幼儿园性质上看，公办园教师大专及以上学历的比例要高于民办园教师；从地域上看，县城、乡镇的公办园具有大专及以上学历教师的比例要高于民办园。另外，本书还发现，农村地区的民办园有大专及以上学历教师的比例要略高于公办园，这可能与农村公办幼儿园少，办园条件与环境简陋有关。

在"贵园学前教育专业毕业的教师比例低"这一问题上，选择同意的园长/副园长占总人数的73.8%。可见，学前教育专业毕业的教师所占的比例少，这在不同性质的幼儿园之间存在一定差异性。其中，民办园学前教育专业毕业的教师比例要低于公办园。从地区分布看，县城、乡镇、农村的公办园学前教育专业毕业的教师，要略高于民办园，且民办园专任教师流失情况比公办园更严重。从地区的具体分布看，县城的民办园专任教师流失情况比公办园更严重，乡镇公办园专任教师流失情况重于民办园，农村地区的民办园和公办园平均值均在4以上，表明农村地区幼儿园专任教师流失情况更为普遍。

二 幼儿园的财政投入以乡镇和县（区）级政府为主，对幼儿教师的投入不足

调查结果显示，在财政投入主体上，乡镇政府和县（区）级政府的投入比例为76.54%；其次为园所自筹，占比为69.82%；最后为家长缴费，占比为58.73%。需要说明的是，这里的园所自筹和家长缴费占比较高的一个重要因素是与本书在选取研究对象时民办幼儿园占了一部分比例的因素有关，公办幼儿园还是以乡镇政府和县（区）级政府的财政投入为主。

从县级政府财政投入的内容上看，财政投入占比最高的为专项投入，占县级政府财政支持的94.73%；第二为人员经费拨款，占县级政府财政支持的57.27%。

而在专项投入上，参与调查的幼儿园中有87.45%的园长/副园长认为县（区）级政府的财政投入主要用于家庭不利儿童的补助；第二是幼儿园基建设施，占55.64%；第三是教师工资福利，占43.09%。在生均财政投入上，县级政府对幼儿园生均财政投入公用经费明显不足，且民办园生均财政投入公用经费不足的比例要明显高于公办园。从区域上看，无论是县城、乡镇还是农村，都体现出民办园生均财政投入不足的比例要高于公办园的情况。从区域上看，县城公办园（平均值2.99）生均财政投入不足的情况要略好于乡镇公办园（平均值3.14）与农村的公办园（平均值3.71）。在幼儿园性质方面，农村的民办园（平均值4.05）生均财政投入不足情况最为严峻。并且，在全面三孩政策下，县级政府并没有增加对乡镇和农村的财政投入。乡镇和农村公办园普遍不认同全面三孩政策后县（区）级政府对幼儿园生均教育投入经费在逐步提高这一问题。

在幼儿园财政自主权上，无论是县城、乡镇与农村的公办幼儿园还是民办幼儿园，在灵活支配地方政府投入的财政经费的自主权上都十分有限。在"您对县（区）级政府的财政投入政策持满意态度"这一问题上，选择同意的园长/副园长仅占总人数的32.73%，持中立态度的占总

人数的24%，另有43.27%的园长/副园长对此持反对意见。从幼儿园性质上看，公办园的满意度略要高于民办园。

三 幼儿园物质环境基本能满足在园幼儿的教育需求，但幼儿园活动区中的游戏材料在财政投入上依然不足，幼儿园基础设施建设标准有待完善

活动区是一个空间规划概念，其主要目的是让幼儿有更多的机会作用于环境，通过游戏进行自主学习，从而获得有意义的经验。[①] 通过对活动区幼儿的观察，教师可根据不同幼儿年龄特点组织活动，提高幼儿的经验水平。不同活动区的设置种类不同，且作用各异。[②] 从本书的调查结果看，幼儿园的生均建筑面积、生均户外活动面积、人均活动室面积、生均图书册数等物质环境基本能满足幼儿在园的教育需求。无论是公办幼儿园还是民办幼儿园，在幼儿园物质环境条件上都比较好，园长/副园长对此方面的认同度也相对较高。例如，在"贵园生均建筑面积低于5平方米"这一问题上，选择同意的园长/副园长仅占总人数的10.2%；另有71.8%的园长/副园长对此持反对意见。在"贵园生均户外活动面积低于2平方米"这一问题上，选择同意的园长/副园长仅占总人数的13.3%，另有82.4%的对此持反对意见。在所处区位上，位于乡镇的民办园、农村的公办园对这一问题均持不认同的态度。在"贵园人均活动室面积低于2平方米"这一问题上，选择同意的园长/副园长仅占总人数的8.4%，另有73.6%的园长/副园长对此持反对意见。在"贵园生均图书册数在10册以上（不含教材）"这一问题上，选择同意的园长/副园长占总人数的90.7%，仅有5.1%的园长/副园长对此持反对意见。从所处区位看，县城幼儿园在生均图书册数上要高于乡镇和农村幼儿园。

[①] 李季湄、冯晓霞：《〈3—6岁儿童学习与发展指南〉解读》，人民教育出版社2013年版，第252页。

[②] 游兆菁、陈婷：《基于观察的幼儿园活动区游戏推进策略》，《教育评论》2017年第9期。

但是，本书在调查中也发现，当前，县域幼儿园物质环境资源在配置上也存在县（区）级政府对活动区游戏材料的财政投入不足，材料投入种类单一，利用率不高，幼儿园基础设施建设标准不完善等问题。例如，在"贵园生均图书册数在10册以上（不含教材）"这一问题上，有5.1%的园长/副园长对此持反对意见，县城的公办园和民办园在此方面均高于位于乡镇和农村的民办幼儿园。在"全面三孩政策后贵园生均玩教具数量能满足幼儿活动需要"这一问题上，有高达24%的园长/副园长对此持反对意见。在"县域内制定了统一的幼儿园基础设施建设标准"这一问题上，有10.6%的园长/副园长对此持反对意见，位于县城的幼儿园在制定统一的基础设施建设标准方面优于乡镇和农村的幼儿园。

四 学前教育资源配置制度不完善，专业管理人员缺乏

第一，幼儿教师交流与优质资源共享制度不完善。本书调查结果显示，在"县域内城乡教师交流制度不完善"这一问题上，不同区域和性质的幼儿园尽管在此方面存在一定程度的差异性，但总体上看，公办幼儿园和民办幼儿园的园长/副园长在此方面的认同度都比较高。具体而言，从幼儿园所处的区位看，县城公办园的认同程度要高于乡镇和农村公办园，而农村民办园在此方面的认同度又要高于乡镇和县城民办园。另外，在"县域内幼儿园之间教师合作交流与岗位流动制度不完善"这一问题上，有90.3%的园长/副园长对此表示认同。并且，乡镇和农村的公办园在这一问题上的认同程度高于乡镇和农村民办园。这一方面说明县域内不同地区的公办幼儿园之间没有建立起教师交流合作制度；另一方面也反映了民办幼儿园比公办幼儿园在教师交流与合作制度上的需求更为迫切，希望在公办幼儿园与民办幼儿园之间建立起良好的教师合作交流制度，实现优质教师资源的共享。可见，当前浙江省县域内并没有构建起优质园与薄弱园之间的资源共享制度。在"县域内建立了优质园与薄弱园优质资源共享制度"这一选项上，仅不到四成，即39.5%的园长/副园长持同意的态度，而有高达45.8%的园长/副园长对此持反对意见。

第二，幼儿教师培训制度很不健全。在"县域内制定了乡镇中青年骨干教师培训制度"这一问题上，选择同意的园长/副园长仅占总人数的33.8%，另有22%的园长/副园长对此持反对意见。在所处区位上，县城幼儿园在这一问题的认同度上要高于农村幼儿园，乡镇的公办园在这一问题的认同度上要高于民办园。其中，位于农村的公办园和民办园在这一问题上的均值均小于3，表明农村幼儿园在县域内制定了乡镇中青年骨干教师培训制度上的认同度较低。

第三，县级政府尽管制定了相对完善的幼儿园督导评估制度，但在学前教育专业人员的设置上很不健全。

调查结果显示，在"县（区）级政府制定了对幼儿园教育资源配置指标定期评估的督导制度"这一问题上，选择同意的园长/副园长占总人数的69.63%，另有22%的园长/副园长对此持反对意见。但在"负责学前教育资源配置的行政管理人员匮乏"这一问题上，公办园总的平均值是2.90，民办园总的平均值为3.01，说明无论是公办园还是民办园，对这一问题的认同度都较低。

第四，幼儿园生均拨款经费投入制度不合理。调查结果显示，在"县级政府制定了幼儿园生均资助经费投入制度"这一问题上，选择完全一致的园长/副园长占总人数的11.1%，选择比较一致的占总人数的65.8%，另有15.3%的园长/副园长对此持反对意见，说明参与调查的幼儿园对这一问题的认同度较高。但在"县级政府制定了幼儿园生均拨款经费投入制度"这一问题上，选择同意的园长/副园长仅占总人数的33.1%，另有47.3%的园长/副园长对此持反对意见。公办园总的平均值为2.75，民办园总的平均值为2.53，可见，参与调查的幼儿园对这一问题持不认同态度。

五 地方政府对发展学前教育的重视程度是影响学前教育资源配置的主要因素

调查结果显示，影响县域学前教育资源配置的因素是多方面、多层次的，既有县域经济的发展水平、人口政策变动、城镇化进程，同时也有幼儿教师的职业认同感、园长在优化学前教育资源配置方面的能力，以及社会组织的参与度和县域教育文化因素。但本书发现，在这些影响因素中，地方政府对发展学前教育的重视程度是影响县域学前教育资源配置的主要因素，其对学前生均财政投入公用经费的影响更为显著。县域经济发展水平尽管对学前教育资源配置也有很大程度的影响，例如，对幼儿园工作环境满意度和专任教师数量的需求均有重要影响。但其相对地方政府对发展学前教育的重视程度的影响要弱。

第四章

县域学前教育资源配置的问题探源

通过实地考察与问卷调查发现，目前，浙江省县域学前教育资源配置还存在诸多问题。下面主要从幼儿园的教师资源、财力资源、物力资源和制度资源四个方面对学前教育资源配置存在的主要问题及原因进行剖析。

第一节 幼儿教师资源配置的问题与原因

教师不仅是教育改革和发展的保障，也是教育改革和发展的根本动力，是提升质量最核心的因素。[1] 充足的幼儿园教师数量，稳定的幼儿教师队伍是保障学前教育高质量发展的关键。高质量的教师队伍是高质量学前教育的核心。[2] 随着教师专业性的不断提高和教师规模的扩大，广大民众对学前教育的需求得到了更好满足。但本书在调研中也反映出当前浙江省县域内幼儿园普遍面临幼儿教师数量供给不足，幼儿教师编制和职称比例低，学前教育专业毕业的老师少，以及幼儿教师队伍不稳定等困境。从幼儿园性质上看，无论是公办幼儿园还是民办幼儿园均面临着教师数量供给难以满足现实需求的问题与挑战。面对全面三孩生育政策下学前适龄幼儿人口的增长和公众对学前教育高质量发展的美好期盼，幼儿教师的数量、结构、质量是制约县域学前教育资源配置的瓶颈。

---

[1] 顾明远：《中国教育路在何方》，人民教育出版社2016年版，第98页。
[2] 方建华、马芮、蔡文伯：《基于泰尔指数的县域内幼儿园教师资源配置分析》，《学前教育研究》2021年第2期。

结合问卷调查及对部分园长/副园长、县（区）教育局行政管理人员的访谈，本书认为，县域内幼儿园教师资源供给不足、职称和编制比例低、教师整体质量不高，以及幼儿教师队伍不稳定的原因主要有以下几个方面。

一 幼儿园数量和规模的扩张对幼儿教师的需求日益增加

从对县域幼儿园的实地考察和访谈发现，公办幼儿园数量少，优质学前教育资源短缺是各县（区）学前教育发展过程中普遍存在的共性。Ta地区教育局一位负责学前教育管理的行政人员向本课题组提供的数据显示：该县的公办幼儿园数量严重不足。全县共有幼儿园68所，在园幼儿11453人。公办幼儿园19所，在园幼儿共3838人，公办园在园幼儿占比仅33.51%。这与教育部规定的县域学前教育普及普惠水平中公办园在园幼儿占比要达到50%的指标相差近17个百分点。从市域范围看，该县相比其他县的公办率也相对较低。相比农村地区而言，城区公办幼儿园资源短缺的问题更为凸显。城区土地资源紧张，公办幼儿园布局规划滞后，政策落实不到位，新建公办幼儿园项目少。该县城区现仅有公办园3所，在园幼儿共1512名，占城区总入园数的23.8%。幼儿"入公办园难"问题较为严重，公办学前教育资源供需矛盾随城镇化的加速、新生育政策调整后县城学前适龄人口的增加，以及农村人口向县城的聚集而日益加剧。从园所等级看，该县一级园仅2所，占比为2.94%；二级园共17所，占比为25%，全县优质园占比仅27.94%，优质学前教育资源明显不足。

随着新的生育政策的调整，家长对学前教育重视程度的不断提升，广大民众对高质量学前教育的需求日益强烈。县级政府为解决公办幼儿园教育资源短缺，扩大优质学前教育资源的范围和覆盖面，满足广大民众对普惠、高质量的学前教育资源需求的问题，县级政府主要通过改建、扩建、新建、向民办园购买学前教育公共服务等不同形式，增加公办园数量，扩大公办园规模，提高县域学前教育普及普惠水平。但是，在公办幼儿园数量和规模扩张的同时，幼儿园教师资源并没有与之同步建设与配置，进而导致幼儿园数量、规模的扩张与幼儿园教师资源供给之间的严重失衡，幼儿教师资源供需矛盾日益加剧。访谈中，一位负责学前教育管理的县教育局行政人员就谈道：

> 以前的老牌园区师资较充沛，因为那时候幼儿园少，没有几所幼儿园，公办园就这么几所，所以师资力量就全部都集中在那边了。但是，现在的公办园覆盖面要求达到50%，公办园覆盖面的意思是说在公办园读书的小孩要占全部的50%以上，这是国家层面提出来的。那么就要新建很多幼儿园，但新建幼儿园后幼儿教师从哪里来呢，这是一个大问题。（XM1，2021/11/08）

另一位区教育局专门负责学前教育管理的行政人员对此持相似观点，在访谈中也谈道：

> 现在学前教育的重点其实是老师，像我们教师资格证考试，现在只有920个名额，分到各县市去，一年这样分下去。那么幼儿园建了这么多，老师的人数也不够，矛盾一个是师荒，一个是编制少，好老师进不来，这个是最大的问题。（XM2，2021/12/09）

二 地方高校学前教育专业招生规模有限，人才培养供给不足

地方高校，主要包括本科院校和高职高专两类，是培养学前教育人才的"重镇"，是服务于地方学前教育事业发展的重要力量。充分发挥地方高校在学前教育发展中的作用，是保证学前教育教师资源数量供给的关键。《浙江省学前教育条例》第二十九条明确指出："县级以上人民政府应当制定幼儿园教师、保育员培养计划，支持和指导有条件的高等学校和职业技术学校开设学前教育、保育相关专业或者课程，制定促进学前教育专业发展的相关政策，完善幼儿园师资培养体系。"《中共浙江省委　浙江省人民政府关于学前教育深化改革规范发展的实施意见》也强调："要完善幼儿园教师培养体系，支持师范院校设立并办好学前教育专业，鼓励应用型本科院校、高职院校建立学前教育学院，加强学前教育研究。引导和鼓励中

等职业学校重点培养保育员。根据学前教育事业发展需求，扩大本专科层次培养规模，大力培养初中起点5年一贯制、3+4本科和高中起点本科学历的幼儿园教师，保障有质量教师供给。"《浙江省学前教育发展第四轮行动计划（2021—2025年）》明确提出："进一步推进学前教育专业5年一体化人才培养改革，支持本科院校办好一批国家级和省级学前教育一流本科专业并逐步增加招生数量，鼓励中职学校开设保育专业，增加幼儿园高素质保育员的供给。各地立足实际，鼓励大专学历教师在职进修本科及以上学历，到2025年，本科及以上学历教师比例65%以上。"

但从本书的调研结果看，很多地方高校由于学前教育专业招生数量有限，培养的学前教育专业学生难以满足当地学前教育发展对幼儿教师数量的需求。这在访谈中很多幼儿园园长对此都有论及：

> 幼儿园的数量上升了，但教师的数量跟不上，教师培养跟不上。学前教育专业学校招收的人不多，供不应求，应该要达到供需平衡。根据我们摸底的这样一个情况，接下来三年全市十多所幼儿园，需要大量的幼儿老师。幼儿园都是几十个班地扩展，每年需要的老师都是五六十个七八十个的，招不到优秀的老师。（XK1，2021/12/08）

> 高校方面对这个学前教育师资的供给还不足，对学前教育这个专业的培养的力度不够。（XK2，2021/12/15）

针对地方高校在学前教育人才培养数量不足的问题上，访谈中有园长对此也提出了一些比较好的建议：

> 我们要通过高校培养的高质量的学前教育人才，然后再淘汰这些民办园里面不符合要求的不好的老师。原来的职高毕业，让他们带孩子很有可能出问题。因为素质不高，那我们就要通过高校培养这些优质的学生来把他们自然淘汰掉，把底部的那些淘汰掉。他们有的只是高中毕业，有的就是职业高中毕业，有的教师的素质技能

等都不达标，只不过后来就要求我们持证率要提高，所以要让他们去考，然后政策又放开了。刚开始几年比较严，后面的话各区域为了持证率能够提升，那就给过。其实他们还不具备我们现在幼儿教师的能力。同时，有些民办幼儿园的特点就是低、小、散，提升不了教学质量。（XK3，2022/03/26）

三 地方政府制定的有关幼儿园教师发展的相关政策不完善

完善的学前教育教师政策是提高幼儿教师职业吸引力，稳定幼儿教师队伍的关键。浙江省委省政府从宏观层面也颁布了一些促进幼儿园教师发展的政策文件。

《浙江省学前教育条例》第二十七条明确规定："幼儿园应当依法与其工作人员签订聘用合同或者劳动合同，保障其工资福利、社会保险、休息休假和培训等权益。""县级以上人民政府应当采取措施，逐步改善和提高幼儿园劳动合同制教师、保育员的工资待遇。幼儿园劳动合同制教师人均年收入，不低于上一年度所在地全社会单位在岗职工年平均工资。"但从本书的调研结果看，很多县（区）制定的有关幼儿园教师发展的相关政策很不完善。其主要根源在于县（区）不完善的财政投入体制和较低的学前教育财政投入总量，直接影响和制约了幼儿园教师资源的供给。加之幼儿教师编制缺乏、工资待遇低，社会保障难以落实等因素的影响，导致幼儿园教师数量不足，职业吸引力不强。由此成为制约幼儿园教师数量供给不足，造成幼儿教师队伍不稳定的重要原因。例如，有部分县（区）实行幼儿园教师考编户籍限制政策，即必须是当地户籍的人员才能参加幼儿园教师考编，这种制度表面上看是对地方幼儿教师的保护，但实质上是一种封闭的、狭隘的、短视的地方保护主义政策，不利于吸引其他地区或省份的优秀幼儿教师来本地从事学前教育教师工作，更无益于幼儿教师资源的多元化供给和补充。并且，这种考编户籍限制政策是一种滞后于时代发展的不合理的制度设计，不利于地方学前教育事业的整体可持续发展，难以吸引到外省或其他地区的优秀幼儿教师来服务于地方学前教育的发展。

第四章 县域学前教育资源配置的问题探源

访谈中，很多幼儿园园长对考编户籍限制政策均持强烈的批判态度，并期望地方教育局能打破这种"地方保护主义"政策，以吸引更多地区的优秀幼儿园教师加入到当地的幼儿教师队伍中来。正如有位幼儿园园长在访谈中所言：

> 我们临海现在的政策是招本区域的，就是临海户籍，才能够报考。但园聘的教师除外，就是说临海之外户籍的教师只能是临时工，合同工，没有资格考正式编制。我们觉得这个可能真的要建议教育部门去改，人才当然需要引进的，我们应该给他们敞开大门了。比如说我们了解到像台州学院，现在是每一年招四个班。四个班里面100多个人，100多个人里面台州籍贯最多十几个到几十个，而真正是临海户籍的学生寥寥无几。然后还有一个今年比较好的是我们临海职业中学在办这个学前教育，他们的学前教育和台州学院合作，本科到台州学院，这样一个"3+4"的模式。但是也只有一个班，一个班内只有30个学生，30个学生也不是全部都是临海户籍的。还有一个就是专升本，也是同样的。（XK4，2022/04/06）

另外，在调研中，课题组还对新的生育政策调整后学前适龄人口的变动对幼儿教师数量的影响进行了访谈。结果显示，人口政策调整后并没有对学前教育的发展产生重大的、长期的冲击，而这种影响只是短暂的。全面二孩或全面三孩政策对学前教育的影响并没有呈现出线性式的爆炸式增长。因此，从长远发展看，人口政策的调整对学前教育的影响并不显著，且这种影响在很大程度上是暂时的、短期的。这在访谈中有园长对此也有论及：

> 实施全面二孩政策之后，对学前教育的冲击并不大，总的人数差不多。没有出现爆发式的增长，其中有一年确实增加了很多，现在相对平稳。（XK5，2022/04/21）

我们看到的是二孩政策放开,好像人口会增长。其实,我们的人口在下降,未来的状况可能没办法估计。全国14亿人口在适婚年龄2.4亿多还单身。然后这一批人估计就不想要孩子的。比如说本来鼓励支持二胎,但是她又不生育,人口在下降,预计我们接下来30年幼儿园可能要面临关闭的情况。所以这个二孩政策说带来多大的这种压力,只是一个短时间的,不是一个持续的,我们现在要的是公进民退,就是普及普惠。这是我们政策的一个导向,好的公办开分园,教育质量差的民办幼儿园要退出,留下优质的民办园。(XK1,2021/12/08)

新的生育政策调整后,学前适龄人口虽然不会出现"爆发式"增长的现象,但毋庸置疑的是,三孩生育政策后县域学前适龄人口的总数可能还是会面临新的生育高峰。[①] 随着"全面二孩"政策、"全面三孩"政策的出台,学前适龄人数也在不断增加,幼儿教师的补充速度远远低于幼儿增长速度。新的生育政策的调整对幼儿园教师资源的需求会产生一定程度的影响,幼儿教师数量在现有存量的基础上的缺口将更大,需求会更多。

四 地方政府对学前教育重视不够,幼儿园教师编制严重缺乏

幼儿园教师编制是长期以来制约中国学前教育事业发展的突出问题之一。编制直接关系到幼儿教师的切身利益,影响幼儿教师的福利待遇、职称评审、社会地位和职业认同感。2012年12月,浙江省编委办、省教育厅、省财政厅在联合制定的《浙江省公办幼儿园教职工编制标准指导

---

① 有研究者对未来中国学前教育适龄人口和在园幼儿数量进行了预测,以平均每班30人的标准计算,"全面二孩"政策下,近年内中国学前教育班级数量需求快速增长,峰值出现在2022年,达到205.08万个。据教育部发展规划司公布的2016年教育统计数据显示,2016年全国幼儿园有班级152.74万个。相比2016年,中国学前教育班级数量需求于2022年达到峰值时,大约缺少52.34万个。此后学前教育班级数量需求逐渐减少,到2033年只需要151.42万个,较2016年还少1.32万个。(参见李玲、黄宸、李汉东《"全面二孩"政策下城乡学前教育资源需求分析》,《教育研究》2018年第4期。)

意见》中规定:① 公办幼儿园教职工核编人员主要包括园长、专任教师、部分医务保健人员和财会人员。标准是：6个班以下的幼儿园可配园长1名，6—10个班的幼儿园配园长1—2名，10个班以上的幼儿园配2—3名。专任教师按照班师比1∶1.5—1∶2的比例核定，具体比例由各地结合实际确定，寄宿制幼儿园专任教师编制可适当增加。对于生源较少的偏远地区、海岛、山区，应保证每班至少有1名专任教师。为加强学前教育管理工作，每园可酌情配医务保健人员、财会人员1—2名。辅助岗位的保育员、炊事员、保安及其他工勤人员采用劳务招聘等方式解决，不纳入编内管理。为发挥公办乡镇中心幼儿园对非公办幼儿园的指导帮扶作用，促进农村学前教育发展，在按照上述标准核定专任教师编制的基础上，各地可以根据实际为公办乡镇中心幼儿园核定最多不超过教职工编制总数10%的附加编制，专项用于对非公办幼儿园的指导帮扶工作。文件要求幼儿园教职工编制实行县（市、区）域内统筹管理，在核定的编制总额内，适当向农村、山区、海岛及偏远地区倾斜。幼儿园教职工编制实行动态管理，原则上每2—3年核定一次，根据本区域适龄儿童分布及变化情况和公办幼儿园布局结构变化情况进行动态调整，并努力配齐公办幼儿园教职工，确保幼儿园教职工队伍素质和教学水平不断提高。《中共浙江省委　浙江省人民政府关于学前教育深化改革规范发展的实施意见》提出："机构编制部门要加强对各类事业编制的统筹，盘活事业编制存量，优先保障学前教育发展需要，要按照标准逐一对公办园的师资配备进行核编，及时补充公办园教职工，严禁'有编不补'。要积极创新思路，结合实际实施幼儿园教师补充机制。探索将实施报备员额管理后冻结的编制用于公办幼儿园核编工作。"然而，从本书的调查结果看，浙江省的大部分地区至今仍没有达到文件中所规定的编制标准。

目前，中国幼儿园教师没有独立的编制标准和体系，编制权集中于省级政府层面，幼儿园教师主要混编于中小学教师队伍，地方政府在编

---

① 《浙江省出台公办幼儿园教职工编制标准》，http://jyt.zj.gov.cn/art/2012/12/4/art_1543974_21577943.html［EB/OL］［2012-12-04］（2022-11-17）。

制配置时主要参照的是中小学教师的配备标准。① 尽管中国《教师法》第四十条明确规定:"中小学教师,是指幼儿园、特殊教育机构、普通中小学、成人初等中等教育机构、职业中学以及其他教育机构的教师。"但由于地方政府对学前教育的性质和地位认识不足,导致在制定教师编制和工资待遇时,仅限定在"中小学教师",造成幼儿教师缺编、无编等问题。② 在编与非编制幼儿教师的工资待遇差别非常明显,有编制的幼儿教师工资显著高于没有编制的幼儿教师。③ 缺编导致幼儿园教师出现了无序流动的现象,即部分幼儿教师会先选择进入幼儿园,之后为考取教师编制和追求更高的工资收入、福利保障,又会相继进入其他条件更好的幼儿园。缺编"使得绝大部分民办幼儿教师离职后倾向于通过考试或者其他方式进入公办幼儿园,或者自己开办幼儿园,约有33.7%的幼儿教师选择转行,从事其他职业。"④

在地方财力投入不足、编制总量控制等背景下,不少地方未能按实际需要核定幼儿园教师编制,公办幼儿园教职工编制数严重不足。由于编制、待遇问题长期得不到解决,社会保障水平低,致使幼儿园教师队伍流动性大,稳定性低,难以吸引优秀人才从事幼教事业。⑤ 本书的调查结果显示:无论是县城、乡镇,还是农村的公办园教师,其编制比例都较低,难以满足教师的内在诉求和需要。例如,调研中的Ta地区现共有教师1478名,其中,在编幼儿园专任教师153位,员额制教师40位,合同制教师40位,临时工教师27位,在编率仅为15.76%。从调研的总体情况看,各县区对幼儿教师编制比较缺乏的问题都比较关注,且反映强烈。园长们在访谈中均一致认为,幼儿教师编制缺乏是制约幼儿教师

---

① 洪秀敏:《确实保障幼儿教师权益》,《中国教育报》2010年7月23日第4版。
② 曾越、秦金亮:《幼儿教师心理契约的结构及影响因素——以浙江省为例》,《教育学术月刊》2018年第1期。
③ 杜屏、朱菲菲、杜育红、钱丽阳:《幼儿教师劳动力市场制度分割实证探析——基于云南省调查数据》,《教师教育研究》2015年第1期。
④ 滑红霞:《山西省幼儿教师编制现状与改革路径探析》,《教育理论与实践》2017年第16期。
⑤ 李芳、祝贺、姜勇:《我国学前教育财政投入的特征与对策研究:基于国际比较的视角》,《教育学报》2020年第1期。

队伍质量提升的关键，是影响县域学前教育整体、可持续发展的核心。当笔者问及"贵园的幼儿园师资配置怎样？"这一问题时，园长或教育行政管理部门负责人谈及最多的就是幼儿教师编制缺乏。

> 目前我们街道中心幼儿园有编制的教师的配置还较低，一个班一个编制的配备也还没有全面覆盖。像我们幼儿园有23个班级，编制只有17个，还有三到四个员额制。（SK1，2022/05/09）
>
> 总园+分园共27个班，专任教师60人，其中在编教师17人，员额制教师3人，其余均为编外教师，严重缺编。（SK1，2022/05/09）
>
> 现在编制取消了，比如说我们幼儿园17个编制，新的编制不许进来，你总共就这么多了，你岗位设置就一潭死水在那里。这样对于已经考进来的人其实是很不利的，他就没有奋斗目标。我努力也就这个岗位，比如说他可能就是一级上面的人，大家年龄都差不多，前任不退你后任就上不来了。以前是靠后面挤上来，然后你这个岗位设置又重新三年一轮调整，新的人进来了，才能给他重新盘活。现在这样的话你17个，比如说你最近这五六年、七八年都17个编制的话，大家都待在自己的岗位上，你也别想跳。所以，这种制度实行了以后，对教师的积极性的发挥是很不利的。（SK1，2022/05/09）
>
> 我觉得编制可以增加一些，这样的话团队建设可以好一些，因为相对来说非编的老师在综合素质上会有一些差距。（SK2，2022/05/12）

一位负责区教育局的行政管理人员也谈道：

> 街道幼儿园现在面临的最大困难就是师资，原来老的那个幼儿园，就是说像老城区的这些公办幼儿园，椒江有三所直属园，现在也扩大到五所了。原来的三所它们师资是够的，老牌的幼儿园（教师的编制）都是够了的，现在像街道幼儿园师资的话，正式编制很少。（XM3，2021/11/10）
>
> 员额制的编制是本土用的，也就是临海适用的一个编制。这个员

额制，就是把你当成正式编制，也是公开招聘正式进来，也享受我们正式编制的待遇，但是你要调动到外地区等等就不行，这个编制是不认可的。现在上面说要取消员额制，据说我们台州市明年幼儿园就不给正式编制了，也没有员额制。可能会采取合同制，待遇享受跟我们这边在编是同工同酬。这也是社会的趋向。现阶段学前教育，还有高中大学职教这几类的话，都不可能是作为义务教育，政府就不可能打包。所以它才走这样的一个比较灵活的形式。(XM3，2021/11/10)

今年（2021年）是没有编制，没有编制教育局组织的就是合同制，就由教育局统一招30个合同制的老师。椒江今年就是这样子。(XM4，2021/11/16)

编制这个问题确实对幼儿教师的这个质量冲击特别大，很多老师因为没有编制了，可能就不愿意来做这一行了。(XM5，2021/11/20)

我刚才说了就是能不能再多给我们一些编制名额，这样我团队建设包括整个框架的建设都可以。(XM3，2021/11/10)

尽管园长们在访谈中对幼儿园教师的缺编问题进行了批判，但由于幼儿教师编制是一个自上而下的制度化问题，即是从省政府到县级政府逐级落实和执行的过程。因此，对于幼儿园教师缺编以及由于缺编引发的教师职称评审难、教师工资待遇低、教师同工不同酬等现实问题，县（区）教育局行政管理人员及园长们对此也感到很无奈。以下是对部分园长访谈资料的整理。

编制权主要由省编办统一管理，然后根据不同地区的情况每年进行核编，然后将编制下放到地方教育局。再一级一级地去分配。这个控制权现在我们都去向编办拿，但是编办这里没有编制了。我们是向椒江的编办拿，椒江的编办由它们的主管管理，又是一级一级地向上报。(SK2，2022/05/13)

并且，每个县（区）的教师编制总数是有比例限制的，不同职称级别的教师在编制数上的比例又有明确规定。一位幼儿园园长在访谈中就谈道：

> 幼儿园编制数是固定的，是人劳局那边核给你（幼儿园）的。比如说你总数20个，它是有比例的，六七八级的有几个，八九十级的有几个，十一级到十三级的有几个，它已经给你固定了。这样子的话你前面的人上不去，你后面的人就上不来。（SK3，2022/05/15）

幼儿教师编制的缺乏，不仅是幼儿教师身份缺失的表现，同时对幼儿教师的工资福利待遇也带来了很多的负面影响。其中，最为突出的就是公办幼儿园中在编与非在编教师同工不同酬的不公平问题。《浙江省学前教育发展第四轮行动计划（2021—2025年）》提出："各地要严格落实国家和省有关规定，保障农村幼儿园和劳动合同制教师工资待遇，建立劳动合同制教师岗位薪酬体系和薪酬稳步增长机制，采取有力措施，切实保障公办幼儿园劳动合同制教师与在编教师逐步实现同工同酬，确保所有幼儿园教职工享受'五险一金'。并将劳动合同制教师收入保障水平作为等级幼儿园认定和复核的前置条件。"

本书的调查结果显示，Ta城区公办幼儿园在编教师的年收入为141501元/年，而合同制教师的收入仅为82210元/年。城区在编教师的年收入比员额制教师多21525元/年，比合同制教师和幼儿园自聘教师的收入分别多出59291元/年、86001元/年。并且，教师的年收入中均包含了"五险一金"，这在一定程度上又"挤占"了教师工资，城区公办幼儿园教师的平均工资水平总体好于农村。同时，公办幼儿园教师同工不同酬的问题在访谈中也得到了充分的证实。当笔者问及"没有编制的教师和有编制的教师实行的同工同酬吗"这一问题时，有园长就直接坦言：

> 做不到同工同酬，完全不一致的。我现在报给你的这么可观的数据，是基于我们台州市教育局要求整个天台一定要上全国学前教育普及普惠县，才要求达到这几个数据的。跟老师们报喜报从之前53893元

到69104元，现在提升到85440元，69104元以及85000元都不包括保险，社保已经不能算了。但要做到完全同工同酬是很有难度的。（XK5，2022/04/21）

幼儿教师编制数量的多少，实质上反映了地方政府对学前教育的重视程度，体现了对幼儿教师社会地位和身份的尊重与维护。但从当前浙江省的学前教育发展实际情况看，全省从2021年开始实行统一取消幼儿教师编制的制度，全面实行合同制。这种制度将对全省学前教育的发展产生极其不利的影响，不利于学前教育的可持续、高质量发展。正如有园长在访谈中所言：

学前教育本来就严重缺编，很多公办园每班1个编制都还没配足，今年（2021年）起，政府还取消了幼儿园教师编制，也就是接下来进幼儿园队伍的教师都是企业合同制，严重影响了学前教育整体质量的提升。主要原因是政府对学前教育不够重视，认识不到位，认为学前教育不是义务教育，没有升学压力，把有限的编制全都给了中小学。（SK3，2021/12/03）

另一位园长对此也持相似观点，在访谈中谈道：

教师编制取消将带来很多的反作用，我认为主要有以下几个方面：第一，公办幼儿园编外教师居多，严重影响幼儿园教学整体质量的提升，且不利于幼儿教师队伍的稳定。第二，新的编制没有了，原有编制的教师在幼儿园的岗位设置基本不动，不利于教师积极性的发挥。第三，校际之间的教师调动范围更窄。第四，优秀的高中毕业生不会选择就读学前教育专业。（SK3，2022/04/08）

目前，全国各地编制都抓得比较紧，那教育部门首先要考虑的就是整个教师队伍吧。比如说整个教师队伍有多少编制。但是，教育部门首先考虑的是义务教育阶段的教师，所以首先要取消的是这

个幼儿教师的编制。（SK4，2022/04/10）

学前教育作为基础教育的基础，人的终身教育的开端和起点，无论对个体的发展还是社会的发展都有着十分重要的意义和价值。全面取消幼儿教师编制意味着将学前教育"排除"在基础教育之外，无视学前教育对整个基础教育发展的奠基性作用，且有悖于国家及世界各国发展学前教育的价值导向、改革趋势。实行合同制尽管在部分地区实现了与在编教师同工同酬，但由于区域制度的制约和限制，合同制教师与在编教师真正同工同酬在多数地区实际上是难以实现的。因此，笔者以为，如果浙江省全面取消幼教编制的做法在全国各省"蔓延"，且被其他地区"效仿"的话，可能对中国当前及未来学前教育的整体发展产生极其不利的影响，更无益于学前教育高质量发展格局的形成。

另有部分县（区）为了稳定幼儿教师队伍，结合县（区）学前教育发展特点，对幼儿教师的聘用采取"雇员制"的形式，一定程度上缓解了幼儿教师数量不足及教师流失率大的问题，有一定借鉴意义。正如一位幼儿园园长在访谈中所言：

> 天台有全省唯一的雇员制，从2009年开始实施。至今以来的十多年，那些因年龄超的不能考编的教师可以参与雇员制的考试。只要你有资格并且一直在幼儿园在职工作，不管是在公办园还是民办园，都可以参加。雇员制分为两档，一档是拥有初级职称以上的教师，享受每月800元补贴，且不占财政比例，另外单独发给教师，已实施12年之久，是天台唯一的为了保住教师队伍稳定的措施。因为天台在职和非编教师的比例差距较大，其中政府在编的仅为10%。总共2400余人，只有230余人是政府在编，其他都为非编。第二档是在这些非编人群中，没有定级要求，只要拥有初级以上职称并考进即可有500元奖励。总共有120个名额，幼教集团就占了35个名额。非编人数的5%是享受雇员制的。（XK5，2022/04/21）

造成当前幼儿教师编制缺乏的另一个重要原因是与县级政府对发展学前教育的整体规划滞后有关。幼儿教师编制的落实离不开县级政府的大力支持和规划。因为，幼儿教师编制实行的是县级政府向省级政府进行申报，再由省级政府向县级政府分配编制名额。县级政府必须对县域内公办幼儿园教师的存量及未来的教师需求进行调研和预测，结合县域学前教育的整体发展情况，对学前教育事业的发展进行前瞻性设计。但由于部分县（区）没有对县域内幼儿教师的需求量进行总体分析，以及缺乏对未来县域幼儿教师编制数的整体把握，导致最后上报到省里面的编制数少于县域内幼儿园教师的数量，出现幼儿教师编制严重缺乏的窘境。这在调研中有园长也直接坦言：

十七大、十八大那个时候，省里要求我们各个县区根据你这个地区学前的发展情况、人员的架构、师资的配备要求重新申报。你这个县市区中学、小学、幼儿园师资在原有基础上是否需要增容。如果要增容，要写原因、打报告。结果我们原来那个分管教育的县委书记他就按原有的5000个人报上去，三门都8000多个人。所以我们县依然按照那个老数据报，现在就批不下来了。（XK5，2022/04/21）

编制权是省里在管，它总量控在那里。十几年前调研的时候，你报上去就是这个数字，当时不负责任，在原有清单上就是5032个教师就报上去了。这5032个教师是15年前就这样报了。其实学校要发展，一个有责任心的人一定会结合社会的发展还有城镇化的变迁及出生率的变化，就不可能不负责任地报原来的数据，肯定要增容，要在报告里写出来。（XK5，2022/04/21）

现在编制饱和了，只能退休5个，考编5个等，这是我们浙江的弊端，增容的时候它只让你们地区自己报，他们不去实地调研，领导也换了好多代。相比较来说，我们还是比较好的，其他的县市区更尴尬，导致了温岭、玉环这些地方的民办幼儿园占比很大。全国的学前教育普及的评比，它一票否决，就是公办园率要达到50%。其他县市区都达不到，所以这个担子就压到了天台，天台都

达到60%了。(XK5，2022/04/21)

同时，由于不同县（区）的规划能力和管理水平的差异，幼儿教师的编制在不同地区也呈现出一定差异性。例如，在访谈中，当问及"每个县的幼儿园教师编制都不一样吗？"这一问题时，有园长就谈道：

> 对，刚刚听说天台的园长说今年的幼儿教师编制名额增加五个，但是我们区好像基本都没有。而其他区进来的，也可能近几年都变成了劳动合同制。但好像又说现在这一批人跟我们平时招的、普通幼儿园自己招的劳动合同制可能又有点区别，他们也是通过教育局招考，跟考事业编一样考进来的，但好像没身份，也没有这种同工同酬的待遇。(XK3，2022/03/26)

五 幼儿教师培训制度不完善，农村幼儿教师专业能力欠缺

培训是促进幼儿教师专业能力提升的重要途径，培训机会影响着县域幼儿教师的均衡配置。如果要想教师能够提供高质量的教育服务，教育系统就要给教师提供密集的培训。而且，国外很多学者的研究均一致认为，对教师提供充分的培训和支持同教育质量密切相关（CQCO研究组，1995；NICHD，1997；Phillipsen等，1997；EPPE，2004）。[1] OECD国家综合运用命令性和激励性政策工具调动学前教师参与在职培训、寻求专业发展的积极性。[2]《浙江省学前教育条例》第二十九条指

---

[1] 姜勇：《国际学前教师教育政策研究》，华东师范大学出版社2012年版，第21页。
[2] 命令性政策工具即强制要求学前教师参加在职培训，如斯洛文尼亚要求学前教师每年必须参加至少5天在职培训，或三年内参加为期15天培训；卢森堡要求学前教师每两年必须参加32个小时专业发展活动，且每年不得少于8个小时。激励性政策工具则是为学前教师参加在职培训和专业发展活动提供资金支持，包括支付培训费用、补贴培训期间工资、批准学习假等。如瑞典在2009—2011年实施"提升学前教育"（Boost for Preschool）培训计划，参加继续教育的学前教师均可获得由政府和培训机构共同分担的80%工资。在法国，公立学前班教师任期满三年可有权享有一年培训假，在此期间仍可获得85%工资，同时也向积极追求专业发展的学前教师提供加薪或职业发展的新机会。（参见蔡迎旗、胡马琳《OECD国家高质量学前教师队伍建设的行动与启示》，《全球教育展望》2022年第9期。）

出:"教育行政部门应当会同有关部门制定并实施幼儿园教师、保育员培训计划,组织开展多种形式的免费培训,对农村和偏远山区、海岛地区幼儿园教师、保育员增加培训的频次。""幼儿园应当鼓励、支持教师、保育员、卫生保健人员参加在职培训,保障其培训期间的工资福利待遇。"但通过调研和访谈发现,县域幼儿园教师在培训方面还存在不同方面的问题。地方政府主要是对幼儿园的硬件设施设备、基础建设等的投入,对幼儿园教师职后培训的经费投入较少,且重视不够;幼儿教师职后培训机制不健全,政策制度难以得到有效保证;教师参与培训的级别低、参与机会少、培训内容与幼儿园实践脱离、缺乏有力的内外部监督等致使幼儿园教师的在职培训基本处于"无规划、无经费、无机会"的三无状态,直接造成了幼儿园教师整体素质不高、提升缓慢。[①]

本书在调研中发现,在"县域内制定了乡镇中青年骨干教师培训制度"这一问题上,选择完全一致的园长/副园长仅占总人数的3.8%,选择比较一致的占总人数的30%,持中立态度的占总人数的44.2%,另有22%的园长/副园长对此持反对意见。可见,在所选择的样本县(区)中,乡镇幼儿教师培训制度是很不完善的。从所处区位看,县城幼儿园在这一问题的认同度上要高于农村,农村幼儿园在教师培训制度上相比县城更为滞后。同时,课题组在访谈中还发现,城镇幼儿园中的骨干教师参与培训的机会相比其他教师更多,普通教师大多只能参与园本培训,且培训机会更少。这种培训机制无形中会形成普通教师的专业能力提升渠道更窄,与骨干教师之间的差距更大,不利于幼儿园教师整体质量的提升的弊端。[②]

同时,本书的调查结果还显示,县域幼儿教师的专业能力总体偏低,部分教师仍然没有教师资格证,且学前教育专业毕业的教师所占比例较

[①] 庞丽娟、张丽敏、肖英娥:《促进我国城乡幼儿教师均衡配置的政策建议》,《教师教育研究》2013年第3期。

[②] 王声平、杨友朝:《三孩生育政策下我国城镇幼儿园教师资源配置的现状及优化》,《北京教育学院学报》2022年第3期。

低。与县镇相比，农村幼儿教师的专业素质相对更低，学前教育专业毕业的教师所占的比例也更低，学历以专科及以下的教师为主。这与农村地区经济条件落后，地方政府对农村学前教育不够重视有很大关系。在现有的城乡发展体制中，公共资源偏城镇的现象依然存在，政府对农村地区学前教育的责任不到位，拉大了城乡发展差距，制约着城乡学前教育的一体化发展。从地域上看，县级政府主要投向的是乡镇中心园，而偏远村落难以享受到公共学前教育资源的实惠。从投入内容看，县级政府对乡镇中心园的支持主要局限在硬件设施方面，缺少对幼儿教师专业发展能力方面的投入，导致农村地区保教人员素质差、保教质量低、运行低效、内生力不足等弊端。

六 城乡幼儿教师交流制度尚未建立，城乡学前教育质量差距明显

从调研结果看，县域内城乡学前教育发展呈现出典型的不平衡状态，城乡学前教育质量差距日益明显。很多县（区）的城乡之间尚没有建立起完善的幼儿教师交流制度，县（区）教育局也没有实施与中小学类似的教师支教制度。例如，在访谈中，当笔者问及"县域内建立了城乡幼儿教师交流制度吗？"这一问题时，一位偏远山区的农村幼儿园园长就坦言：

> 现在县城与农村幼儿园之间还没有建立教师交流制度，支教老师目前也没有，马老师（一位公办幼儿园里面的老师）会来指导，是新老师，要来调研。另外还有沈老师（一位高校中的专任教师）每年送教的时候偶尔可能会来下，所以我希望专家们多来我们山区看看、走走……（ZK1，2021/11/15）

同时，在访谈中，部分园长还谈道，尽管有些县（区）也建立了城乡教师交流和资源共享制度，但这种所谓的交流与共享的范围、内容是相对比较狭窄的，主要局限在幼儿园之间的教研活动上，而在其他方面基本没有所谓真正的共享。这与不同县（区）的幼儿园教学模式、课程

类型等有很大关系。例如，访谈中，有园长在论及幼儿园教师交流制度这一问题时就谈道：

教师交流是有的，我们的资源共享，就是师资共享，但是其他的我感觉共享不了，例如，幼儿园之间的备课。因为我们现在有混龄特色，就是教育局学前科建议我们做混龄，我们现在从上学期开始都在做适合混龄儿童上的课程，就是怎么样把它改编，把主题审议那些都做在一起。所以，除了教学资源可以共享，其他我觉得难以实现。（SK4，2021/04/20）

第二节 学前教育财政资源配置的问题与原因

一 财政投入的主体单一，经费投入不足

（一）财政投入主体重心偏低

幼儿园财政投入比例结构反映出不同层级政府在学前教育财政投入中的分担比例。《"十四五"学前教育发展提升行动计划》明确提出，要"切实落实各级政府发展学前教育责任，优化完善学前教育管理体制、办园体制，落实政府投入为主、家庭合理分担、其他多渠道筹措经费的机制。"浙江省教育厅等十一部门在印发的《浙江省学前教育发展第四轮行动计划（2021—2025年）》通知中也明确指出："县级财政性学前教育经费占同级财政性教育经费比例不低于5%（不举办高中的地区适当提高），并争取逐年提高。加大省、市学前教育资金投入，统筹用于各类学前教育改革发展项目和工程。""公办幼儿园保教费占保教成本的比例不高于40%。各地可结合实际，按照质价结合、优质优价的原则，分步、稳妥调整公办幼儿园保教费标准，调整时限原则上不得超过5年，间隔前一次调整时间不少于2年。"在中国"地方负责，分级管理"的教育政策体制背景下，县域学前教育财政投入主体的重心过低，主要以县级政府为主，中央、省级政府对县级政府的财政投入和转移支付严重不足。"以县为主"的投入体制重心过低，县级政府权力等级过低，县级财政

第四章　县域学前教育资源配置的问题探源

自给能力不足，难以维持学前教育可持续发展的长期投入，不利于学前教育公共服务均等化的实现，① 制约了学前教育的发展，难以保障县域学前教育公共服务质量。

财政投入作为幼儿园办园的物质基础，如果没有充裕的财政经费保障，幼儿园就难以对硬件设施设备、幼儿教师人力资本等进行大力投入，进而影响幼儿园教育质量。县级政府虽然是中国学前教育财政投入的主体，但由于长期以来财权和事权的不统一，以及对经济效益收效快领域投入的偏好导致部分地方政府在财力上无力扶持、在思想上甚至不重视学前教育发展。②

从本书的调研结果来看，县级政府和乡镇政府仍然是县域学前教育财政投入的主体，承担着发展学前教育财政投入的主要责任，且县级政府的财政投入水平与地方的经济发展水平直接相关。这在访谈中有园长就谈道：

> 我的园聘的这些教师的工资待遇，财政扶持力度还不够大。但是这个财政的支持力度和本地的经济发展水平是直接挂钩的，你要能承担得起。如果财政经费不足，在学前教育方面投入的话也就比较艰难了，那不可能给你发那么多的。所以，我们美好的期望就是经济发达，经济发达是首要的。（SK5，2022/06/12）

学前教育的财政投入与地方经济发展状况密切相关。地方经济不同，财政投入也不一样，有的区域的财政收入好，可能投入得多一点，有的收入不好，就会少一点。像椒江其实是很特殊的，它很多区块都被划走了，划到了湾区、开发区等。就是台州市进驻了之后很多地块都划走了，像那个台州湾又划走了很多的土地，那么椒江的土地就不多了，土地不多了导致收入就不多了。划出去就不归椒江管，划出去就归那个区管。所以问题就比较多，财

---

① OECD Indicators. Education at a Glance 2010，http：//www.oecd.org/edu/eag2010.
② 李芳、祝贺、姜勇：《我国学前教育财政投入的特征与对策研究：基于国际比较的视角》，《教育学报》2020年第1期。

政收入也不好。学前教育的财政投入跟地方的经济发展水平是紧密挂钩的。（SK1，2022/05/09）

另外，中央、省、县等各级政府在发展学前教育过程中的职责不明确，责任边界界定较模糊，在财政投入分担比例上缺乏刚性的制度规定。政府在颁布的相关政策法规文件中对学前教育事权与支出责任划分仅有"地方为主，中央奖补""省级（市）统筹、以县为主"等原则性规定，并未具体划分各级政府的分担比重。① 这在很大程度上造成了各级政府在对学前教育财政投入上的相互推责的现象十分普遍，不利于保证县域普惠性学前教育公共服务的财政投入力度。

本书发现，部分县（区）的乡镇政府在县域学前教育财政投入中与县政府之间也并未建立起共同承担学前教育财政投入的成本分担机制。由于财政投入主体以县级及乡镇政府为主，而其他主体参与的积极性并不高，导致幼儿园在发展过程中普遍面临财政经费紧张的局面。例如，在访谈中，有园长对此就说道：

如何让幼儿园的老师心稳，能够坚守岗位，能够无私奉献，我们都是有所期望的。所以，它们（县级政府）在教师师资经费这一块如果不跟进的话，我们幼儿园建再多，也没用。（SK2，2022/05/13）

但是需要注意的是，本书的调查结果发现，地方的经济发展水平尽管对学前教育的发展有一定影响，但两者间并不是呈典型的线性关系。换言之，经济条件好的地区，虽然在经费上比较充裕，但如果地方政府对学前教育不重视，没有充分意识到学前教育在整个基础教育中的地位和作用，仍然不会对学前教育进行大力投入。因此，县级政府对幼儿园的财政投入跟地方政府对学前教育的重视程度更相关。当问及"地方政

---

① 洪秀敏、马群、陈敏睿：《新世纪我国学前教育财政投入的特点与展望——基于2000—2015年学前教育财政统计数据的分析》，《教育经济评论》2019年第4期。

府对学前教育的重视程度如何？"这一问题时，有园长在访谈中就谈道：

> 幼儿园经费是由县财政投入的，新来的书记特别重视教育，要求"十四五"五年期间，所有学前教育的投入超过"十三五"三番。（XK3，2022/03/26）
>
> 县政府是很重视的，造了很多幼儿园，造幼儿园其实就是重视，要不然就不投入了。造幼儿园就是投入，把钱投进去。近几年椒江都在造新的幼儿园。但造幼儿园可能面临师资匮乏的问题。（XK3，2022/03/26）

并且，地方政府对学前教育的重视程度呈现出典型的地域性特征。但从城乡发展水平看，总体上，农村幼儿园的经费都相对比较紧张。访谈中，一位农村幼儿园园长就谈道：

> 我们幼儿园的财政主要是黄岩区政府拨的，财政会按照人数统一拨下来，按照流程走下来。但是我们的经费是挺紧张的，我反正每年都要写报告，像我们这边伙食费一个月才140元，是不够开支的，所以我每年都让政府补给我一点。因为教育局拨款是按照生均来的，我们只有28个人，所以生均经费是很少的，不够开支。因为我们是独门独园的，老师、保安和食堂都需要开支，所以经费是很紧张的。（ZK2，2021/11/21）

（二）省级政府对县级财政支持不足

《中共浙江省委 浙江省人民政府关于学前教育深化改革规范发展的实施意见》提出："各级政府是发展学前教育的责任主体，要认真落实'省市统筹，以县为主，乡镇参与'的学前教育管理体制。省市政府加强统筹，加大对学前教育薄弱县（市、区）的支持力度，推进区域内学前教育优质均衡发展。"从对园长们的访谈中可知，省政府对义务教育与学前教育在发展取向上是有很大差异性的。省政府主要资助的是义务教育阶段的中小学，而对处于农村地区的幼儿园的投入普遍都非常少。在问及："省里面会不会资助幼儿园？"这一问题时，有园长坦言：

> 省里不会资助，必须评上了等级园才能资助。平时也不资助，因为我们现在都脱贫了，原来贫困的话还会考虑一下。我们天台乡村名校，每年都有专项资金几千万元给这所学校，但不会给我们其他的学校。（XK5，2022/04/21）

（三）乡镇政府财政支持乏力

《中共浙江省委 浙江省人民政府关于学前教育深化改革规范发展的实施意见》提出：要"落实县（市、区）政府主体责任，负责制定学前教育专项布局规划、资源供给、教师配备补充、保障幼儿园运转、质量提升及监督管理。充分发挥乡镇政府（街道办事处）、城市社区居委会和农村村民自治组织的作用，在原有基础上积极参与、支持办好本区域各类幼儿园。"《浙江省学前教育发展第四轮行动计划（2021—2025 年）》提出："全面落实省市统筹、以县为主、乡镇（街道）参与的学前教育管理体制。""县（市、区）人民政府落实主体责任，科学规划学前教育发展，建立健全学前教育可持续发展的体制机制，提高综合治理能力，健全并落实学前教育财政经费保障机制和成本分担机制。充分发挥乡镇（街道）、村（社区）的作用，积极参与、支持办好本区域各类幼儿园。"

但从本书的调研结果看，除县级政府的财政投入外，部分县（区）的乡镇政府虽然也可能会在县财政投入的基础上，给当地幼儿园一些经费上的支持或补助。但从访谈结果看，乡镇政府对幼儿园的财政投入与其对学前教育发展的重视程度直接相关。例如，当笔者问及"除县级政府外，乡镇政府会给你们财政支持吗？"这一问题时，有园长在访谈中就谈道：

> 有的，那么今年，她（另一个幼儿园的园长）现在所在的是赤城街道，我呢有一部分园区是在赤城，有一部分在始丰街道。始丰街道就做得很好，那个街道每年会有固定的钱投给它辖区范围内的

第四章 县域学前教育资源配置的问题探源

所有学校，包括幼儿园、始丰小学、始丰中学和天台中学都投的。这次就因为人大调研搞一下，答应给天台中学一千万元，始丰给了它一部分大概几十万元，县财政一定要拿出一千万元，结果财政只给五百万元。上个星期××亲自打电话给局长，一定要一千万。所有的实验器材都要更新。（XK5，2022/04/21）

街道、乡镇它会负责一部分的建设，比如说今年我们的老园改造了，扩建了，然后我们的经费就不行了。我们向街道部门提出申请，在它们资金可安排的情况下会给你扶持。但街道与街道也有差别，比如说我们大洋街道，经济比较宽裕的，那么它可能扶持力度会大一些。有的乡镇它经济效益本身就很少了，财政收入很低的山区的这些乡镇。它就给不了这样的扶持力度，这个是根据区域来的。（XK4，2022/04/06）

从访谈结果看，当前很多县（区）的乡镇政府对学前教育的重视力度还亟待加强。由于县级政府没有将学前教育的发展纳入对乡镇政府绩效的考核与评估之中，导致乡镇政府在学前教育的财政投入上呈现出随意化的现象。并且，乡镇政府的资金一般不会主动投给幼儿园，主要是靠园长通过申请或写报告的形式主动向乡镇政府要资金，乡镇政府发展学前教育的积极性和主动性明显不足。访谈中，当问及"乡政府会主动给幼儿园一些财政补助吗？"这一问题时，部分幼儿园园长就谈道：

乡政府基本不管幼儿园，不怎么管，因为我们不是义务教育。财政主要是来自黄岩区政府。（SK1，2022/05/09）

乡政府有时会给一些补助，因为我是去年刚上任的，所以我去年就开始向它们请求补助。最后的结果是它们给我们补助了15000元一年。然后我写了四条原因，它们说乡政府因为也是资金比较紧张，太多的钱无法补助，只能补助这么多。我省现代化初评抽到了我们学校，因此我向政府说明需要资金。（ZK3，2022/06/19）

环境创设我们现在基本上都是可以的。因为我们每年教育局不是都有专项经费，比如说暑期维修什么，都在搞建设的，这个教育局都会给我们补助的。然后我们最主要就是乡里面能再弄出一部分经费就更好了。因为教育局也是针对你的生源。如果大园的话，肯定是相对来说它的金额会稍微大一点。小的幼儿园肯定跟评审有关的，最主要的是乡政府那块能够出点力那就更好了。(ZK1，2021/11/15)

财政投入主要是黄岩区政府给的，乡里面给得很少。乡里就是我需要报告弄上去。之前我不当园长不知道，就好像去年给了我们一万五。我上次提了一个建议，我说本来六一儿童节就是孩子的节日，这个我觉得你每年的就是专项的经费肯定是要给我们的，不需要我每年去打报告问你们要。这样孩子也能感受到社会的关爱。但它们（乡政府）根本都没感觉。因为包括它们六一儿童节这种对小朋友们的慰问都没有的……它们去小学，它们和小学联系得比较多，因为是义务教育嘛。(ZK2，2021/11/21)

（四）社会参与的积极性不高

关于社会对幼儿园的财政投入，本书发现，整体上，在所调研的样本地区，社会组织包括企业、公司、个人等对学前教育的财政投入力度都是比较低的。例如，在访谈中，当笔者问及"社会企业等组织是否会对幼儿园进行财政投入？"这一问题时，有园长就谈道：

社会企业对幼儿园的资助都比较少，基本没有涉及，但始丰街道对它们还蛮重视的，这个跟街道经济实力是有关系的。目前，天台县在进行教育资助上有些项目，即民营企业，乡镇企业上市公司等的老总提供赞助费奖励先进教师和先进学子，但他们更多奖励的是中小学的教师和学生，幼儿园获得的赞助较少。其中，银轮集团每年会出资三十万元，设立银轮奖来奖励老师，只要评上银轮奖的优秀教师，就会有一万元的基金奖励。(SK3，2022/04/08)

另一位幼儿园园长对此也持相似观点：

> 我本来很希望就是比如说这种企业，小型企业如果能够投资那也挺好的。
>
> 现在就是说财政来源比较单一。因为现在主要渠道就是来源于（县）财政这一块。其他的补助我们都很少。社会上也没有捐赠这类的。（SK4，2021/04/20）

二　财政投入结构不合理

首先，对幼儿教师的投入关注不够。合理的财政投入结构是提高财政投入使用效能的关键，有利于促进学前教育资源配置的均衡性。《浙江省教育事业发展"十四五"规划》提出："调整支出结构，聚焦内涵提升，将教师队伍建设作为重点予以优先保障。"但从本书的调研结果看，当前县域学前教育财政投入的结构不甚合理，主要集中在对幼儿园教师基本工资和幼儿园的硬件建设上，而对教师专业发展方面的投入较少。然而，幼儿园最期望的是地方政府对幼儿教师工资福利进行投入，提高幼儿教师待遇。这与地方政府财政投入的方向并不完全吻合，而这种差距将直接或间接地影响政府财政投入的效率。[1] 当笔者在访谈中问及"幼儿园财政投入经费是按照怎样的比例进行分配的？"这一问题时，有园长就谈道：

> 人员应该占大部分。它根据幼儿园的具体情况决定，基建的费用不多，主要是平时的日常的零星维修。如果说有大件的要修缮，

---

[1] 结果显示，地方政府对幼儿园的财政投入由高到低依次是幼儿园基础建设经费占86.7%；教师工资福利占78.9%；幼儿园设施设备经费占61.8%；幼儿保育费占31.2%。政府对幼儿园的财政投入主要集中在幼儿园基础建设和教师工资福利待遇两方面。但是，幼儿园期望政府对幼儿教师工资福利进行投入的占比最高，达98.7%；期望对幼儿教师培训进行财政投入的占96.8%；期望对幼儿园设施设备进行投入的占81.5%；期望对幼儿园基础建设经费进行财政投入的占70.6%；期望对幼儿生均保育费进行投入的占48.4%；期望对其他方面进行投入的占11.5%。（参见王声平、杨友朝《高质量发展背景下我国县域内学前教育财政投入的问题及改进建议——基于浙江省的实证调研》，《教育与教学研究》2022年第7期。）

像我们幼儿园这些外墙粉刷涉及的工程是蛮大的，要六七十万元，这个又是要另外审批的，要审批立项，投标。那么，它平时给你一些零星的维修费用，就按你校园的建筑面积来算，然后有小朋友的活动费用，还有我们教师的教学经费，日常工作经费，我觉得主要的就是人员工资占了百分之八九十，占大部分。（XK3，2022/03/26）

访谈中，一位农村幼儿园园长在谈及"政府的投入主要用在哪些方面？"这一问题时也谈道：

主要是用于教师工资和环创方面。除教师基本工资外，幼儿园园舍创建、环创这一块用得比较多，虽然是低结构的，但现在这些废旧纸板都需要花钱，因为我们的纸箱拿来都是比较软的，不好制作。而且我们小朋友的活动也比较多，像母亲节、园本创设那些，都需要钱。（ZK3，2022/06/19）

部分农村幼儿园由于缺少资金支持，园长自己不得不利用周边的各种资源来创设幼儿园环境。有的幼儿园园长甚至将家人都纳入幼儿园环境创设建设中来。例如，有位山区的农村幼儿园园长在访谈中就谈道：

我就是通过自己把周边的朋友和家属都发动起来。为了节约大量的资金，比如说维修这一块我都是把我老公带上去做的。环创，弄好了废旧轮胎。用废旧轮胎做环创，他就到处去修理店去要，然后再帮我送上去。（ZK2，2021/11/21）

我老公弄的，都是义务劳动，双休日去弄。没办法。因为山区里面都是留守儿童，家长资源这一块基本上是零，远不够的，而且他们不配合的。他们没有那个微信群，家长都在外面嘛。他们老年机不知道，然后跟他们讲了他们也不懂，我开家长会都会把他们开睡着的。能利用的就是当地的资源，比如我现在的田园课程，上面有个大型的铁皮枫斗种植基地，这个我自己去联系了，它们都会帮助我的。我要开设课程，然后我就充分挖掘周边的资源。然后猕猴桃种植基地，我把他们带出去，就是最主要是自己弄。包括这次我七一不是庆祝建党一百周年嘛，然后上面是红色革命根据地的我就设想了要弄这种亲子活动，然后我又联系了宣传办来帮我们拍摄，这样又节约了拍摄经费。（ZK2，2021/11/21）

为更好地促进幼儿园教师的专业发展和能力提升，部分幼儿园园长还充分利用自己的各种资源，为幼儿教师争取更多的利益。正如有位园长在访谈中所言：

我们给他的硬件环境能够达到了，然后你软件的支持又能跟进，那么老师也就留下来了。对于我们的合同制老师，每年我都会向街道争取那个园丁奖，这个奖金就额外地奖励给她们。对老师来说，就是对她们的一个认可。这样的话，精神上的支持和物质上的鼓励，双管齐下。教育很大程度取决我们老师，老师是不是喜欢这个环境，就涉及她们能不能为我们的学前教育做出自己的贡献。（XK1，2021/12/08）

其次，县级政府对幼儿园生均财政投入公用经费不足，且在不同性质、不同地区的幼儿园之间存在明显的不公平现象。生均财政性教育经费"有利于计算出政府在每个受教育主体身上所投入的资金，它是衡量政府对受教育个体投入多少的重要指标，能够较为准确地反映出财政性教育经费落实到每个个体的程度。"[1]《浙江省学前教育条例》第三十九条明确指出："县（市、区）人民政府应当制定幼儿园生均经

---

[1] 虞永平、王海英、张斌：《儿童·国家·未来：学前教育体制机制改革研究》，南京师范大学出版社2020年版，第93页。

费标准、生均公用经费标准、公办幼儿园生均财政拨款标准。残疾学龄前儿童生均经费标准应当高于幼儿园生均经费标准。幼儿园生均经费、生均公用经费和公办幼儿园生均财政拨款的最低标准，由省财政部门会同省教育行政部门制定。"从本书的调查结果来看，无论是民办幼儿园还是公办幼儿园在生均财政投入上都明显不足，公办幼儿园相对民办幼儿园在生均经费投入上要好，县城地区的公办园在生均财政投入上要好于乡镇和农村的公办园，农村幼儿园在生均财政投入上最低。在长期的城乡二元社会结构影响下，政府财政经费主要投向了县城公办园，尤其是少数教办园或示范园，其他民办园获得的政府财政支持相对较少。而"财政性资金是公共资源，每一位适龄儿童都有同样的权利享受——甚至农村儿童、特殊需求儿童等由于其不利处境而应优先获得并加以补偿；而现有的财政投入体制无形中制造并拉大了不同社会群体间的不公平。"[①]

县级政府对不同性质幼儿园财政投入的差异，可能出现财政投入的"马太效应"，导致农村园、民办园因经费投入不足而影响教育质量。从本书的调查结果看，县域内农村学前教育发展的整体情况很不乐观，政府对学前教育的财政投入主要偏重的是县城，而对农村学前教育的财政投入明显不足。近年来，地方政府对农村幼儿园的人力、财力、物力等资源的投入虽在不断增加，但城乡幼儿园财政投入的差距依然显著。尤其在经济落后的乡镇，财政支出只能满足当地中心幼儿园对幼儿的部分补助。在获得较少政府财政资助的情况下，很多农村幼儿园和民办园的财政经费入不敷出。政府在城乡幼儿园间的财政投入存在明显的不合理、不公平现象。

同时，县级政府对幼儿教师的财政投入呈现出明显的地域性差异。例如，本书在调研中发现，部分县（区）的领导对学前教育比较重视，对幼儿教师的财政投入也相应地呈现出逐年增长的趋势。正如有园长在

---

① 李克建、潘懿、陈庆香：《幼儿园教育质量与生均投入、生均成本的关系研究》，《教育与经济》2015年第2期。

第四章 县域学前教育资源配置的问题探源

访谈中所言：

> 从2017年开始，天台采用2017年当年的社均百分之七十，收入是达到我们公办老师在编公务员平均工资的那个社均百分之七十。我们拥有教师资格证的老师平均年收入能够达到53893元，我们天台所有公办园都一样的，2018年、2019年都是按照这个标准。那么今年，天台所有公办园已经把2019年的社均工资从53893元提升到69104元。这个53893元包括社保的，就是工资。2019年将达到69104元，这是我们上个星期刚刚开的会议，这个数据已经达到我们社均工资的总平。那么我们在编的工作人员、教师，就是严格地按照职称，我们的考核奖达到了当地公务员的平均水平。（XK5，2022/04/21）

而且，政府的补助费都是专款专用。例如，专门用于人员方面的经费，不能用于维修、添加设备方面。但是，县级政府的财政投入没有制定相应的标准，对不同等级的幼儿园应该如何投入，很多县（区）政府并没有制定明确的财政投入制度。在访谈中，有园长就谈道：

> 一级幼儿园的标准的弹性很大。财政投入如果按最高的标准跟最低的标准，同样是一级，同样是二级，弹性太大后，政府没有太多的钱来满足最高的需求。一般都是按基本达到这个标准去算。比如现在的扩建新建，制度方面能带给我们的财政预算是与实际的教育教学，幼儿园的需求相冲突的。这是一个方面的矛盾。第二个方面的矛盾是同样是一级幼儿园在现有的条件下资金不可能最大限度上满足最高标准。肯定是能达到这个一级标准的，而且是逐年投入，不会是一下子把顶端配置配好。财政投入肯定也是要考虑到各个部门的。（XK2，2021/12/15）

除教师的基本工资外，县政府的财政投入主要是用于幼儿园的设施设备等硬件建设,对幼儿的生均拨款比较少。这与世界发达国家和地区的财政投入结构存在很大差异性。① 例如,有园长在访谈中对幼儿园平时的公用经费的开支情况进行了介绍:

> 幼儿园正常的运行、办公、水电等等,这些就从办公经费中支出。办公经费根据学生人数拨款,比如以前我们是1000(元)一个孩子,如果有700个孩子,一年财政拨款70万(元)。如果现在是1200(元)每个孩子,那拨款将近80万(元),这个经费拨给你,就是幼儿园日常运营所需。(XK4,2022/04/06)

> 幼儿园的这些玩具、教具等配置,如果需要更换的话,也是在这里面支出。比如说维修,打个比方我们今年有80万元可用的这样的一个办公经费,那么我们日常的像水电,可能就要20万元了。然后培训经费它是根据你的老师的人数,将办公经费的10%抽出,作为培训经费,这个额度大概是十二三万元,也从这个教育经费里支出,不能挪用。那么它对维修经费也是有要求达到最低标准,比如说你每年用在维修上需要多少,比如说像我们图书购置的教育经费政府会补给幼儿园,大概是一年一万的图书补助。比如说你的教具配备,教育装备它通过一个扶持的方式给你。比如你申报,你这个园区,明年我想大概要更换触摸屏等,那么它会通过核算然后给你,那我们更新的教学设备的这里可以解决一部分。今年我们分园的体育器械更换,花了大概三万元。(XK3,2022/03/26)

---

① 有研究显示,2015年,OECD国家公立机构教职工薪资支出比重平均水平为71.17%,其中有8个国家超出OECD平均水平,最高的是挪威(81.26%),而薪资支出水平最低的是芬兰(53.11%)。2006—2016年,中国学前教育阶段教职工工资福利支出比重经历了下降再回升的过程,年均增长率为-2.64%。从2006年的67.28%骤降到56.63%,到2012年下降到谷底44.26%,近几年才缓慢上升,2016年幼儿园教职工工资福利支出占学前教育经费总支出的52.52%,相比2006年,减少了14.76%,与2015年OECD平均水平相差18.65%。(参见李芳、祝贺、姜勇《我国学前教育财政投入的特征与对策研究:基于国际比较的视角》,《教育学报》2020年第1期。)

但是，县级政府对幼儿教师专业发展如专业培训、学历提升、进修等方面的财政投入甚少，并表现出明显的地域性差异。而幼儿教师是影响学前教育质量最重要的人力资源，与幼儿园教育质量相关系数最高的，关系到学前教育的整体可持续发展。从调查结果看，地方政府尽管对幼儿教师工资进行了财政投入，但经费投入比例明显不足，幼儿教师薪酬待遇有待进一步提高。教职工的工资福利待遇是各国学前教育机构经费支出中的主要组成部分，具体包括教职工的工资、福利和养老金三个方面。2012—2015年，OECD国家公立机构的教职工薪资待遇支出比重的平均水平始终在70%以上，并呈现稳步上升的发展趋势，年均增长率为0.18%。[①] 政府是学前教育事业发展的主体，在幼儿园财政投入上理应承担主要责任。因此，增加对幼儿教师的财政投入是各县（区）园长们共同的心声。园长们在访谈中对此问题均有提及：

> 现在幼儿园投入的话还是以区政府为主，这样财政托底以后，其他的经费我觉得还是蛮好的。比如说教师的培训经费，然后你的基建维修这些经费就跟我们义务教育一样的，就是按义务教育的标准配给你，包括生均经费。我目前粗略地算了一下，其他的经费倒还是可以。但这个人员经费稍微有点紧张了。我想接下去一两年以后，应该会慢慢有所改善。另外，教师的工资待遇问题，政府也很重视，每次考核这个东西现在都成为必达指标，但是很少有幼儿园能达到。（SK1，2022/05/09）
>
> 所以现在财政这样改革以后，带给我们最大的烦恼就是我们编外教师的工资达不到，那么现在就是有很多的考核，对于编外教师工资这个是一票否决的。所以编外教师不说同工同酬，百分之七八十，首先你社平工资要达到，达到社平工资的话，按照目前的待遇的话，可能加五险一金，差不多要几万。这一块压力还是蛮大的。

[①] 李芳、祝贺、姜勇：《我国学前教育财政投入的特征与对策研究：基于国际比较的视角》，《教育学报》2020年第1期。

既然托底，那么我觉得要按照我们最低的要求，以这个最低保障性要配合我们，让我们自己去赚钱。哈哈哈，去哪里赚钱。（XK3，2022/03/26）

它现在相当于是给你拨一部分，然后如果说缺的话，你们幼儿园自己去想办法了。它说是说这样，其实一个班级包给你，两个老师21万元给你。那21万元，比如说我们两个搭班，一个编外，一个编内，你编外就只有6万元。如果我们两个都是编外，这个班给你21万元，现在就导致什么呢？我们现在为了生存，编内老师我也不要了，我拿21万元给这两个人，一人还可以发到10万元。但我如果一个是编内，另外一个是编外，我只能拿到6万元，拿到6万元的话就意味着我还要亏个三四万元，所以现在就是要质量没钱，要钱没质量，弄得政策很尴尬。（XK2，2021/12/15）

那么县政府财政纳入管理以后本来挺好的，财政托底了，我们园长不用再操心钱了，但实际上又不是这么一回事。比如说现在编外教师，我们台州的社平工资五险一金扣除以后，像今年的话人均要发到7万元，加上五险一金的话可能要8.5万—9万元，但是它（政府）给我们的是6万元，就是说合同人员工资非常紧张。那么不够部分要求我们自己通过办托班，办暑假班去把它补齐，所以这个还是有问题的。给的人员工资，我现在说的还仅仅是社平工资，按照我们一级幼儿园标准的话，你编外老师工资要达到编内的80%，这个离我们省内的标准差距还是特别的大。（XK5，2022/04/21）

现在最担心的还有一个是二孩政策放开以后软件的资源。硬件资源根据各方面的结合，还基本上能够往越来越好的方向去。但是人的这一块资源配置绝对需要关注的。我们也希望各级代表能够看到我们的实际问题。只有真正让人知道学前教育的师资确实不够，需要加大力量培养，政府等相关部门才会考虑我要给你编制啊，我要给你工资保障，在未来更希望在人方面加大投入。（SK1，2022/05/09）

当然，随着社会经济水平的不断提高，部分县（区）对幼儿教师也日益重视，并对幼儿教师进行了财政投入，但这种投入在不同县（区）表现出很大差异性。例如，访谈中，一位幼儿园园长在谈及"县政府对幼儿教师的财政投入和支持如何？"这一问题时就谈道：

（县政府）每年学历提升都会有专项资金，比如两百万。考上教师资格证奖两千元，学历提升，学费都会给你报。非编也有奖励，现在我们又提出在编人员读研究生，所有的都报销。县里文件已经出来了。（XK5，2022/04/21）

在教师专业发展上有适当的补助，但是不多，像去年给我们的就没用。因为只有几万元，幼儿园能够负担。还有一个原因，就是拨款晚了，当时到11月份要进行财政预算了，却还没有拨款下来，因此幼儿园就先负担了。后来由于没有用到教育方面了，又把钱拿回去了。（SK2，2022/05/13）

三 幼儿园经费使用权较小

经费使用权是幼儿园财政管理制度中的重要内容，关系到幼儿园对政府财政投入的使用效率。本书发现，幼儿园对政府财政投入经费的使用权较小，公办幼儿园所收保教费全部上交县（乡镇）学前教育部门，实行全县（乡镇）统筹管理的比例最高。由于幼儿园在政府财政投入经费的使用权上较小，政府每年在财政预算内虽为幼儿园的财政支出进行了预算，但预算内经费必须是以项目制形式进行支出，并规定了不同经费的使用额度，且不同项目之间的经费不能随意调整。这种看似合理的经费预算制度，实质忽视了幼儿园自身的发展特点和需求，且没有充分考虑到幼儿园在实际运行中可能遇到的财务支出、经费调整等问题，一定程度上缺乏弹性和灵活性。因为幼儿园在发展过程中不可避免地会受到其他各种内外部因素的影响，导致经费使用的调整。但因幼儿园无权使用政府预算中剩余的经费，或尽管幼儿园进行了财务预算，由于财务支出项目的临时调整而与之前预算不符无法使用政府所投经费的情况，出现部分项目资金闲置，部分急需开支的项目经费短缺的现象，影响学前教育财政经费的使用效率。政府经费预算方式和财务管理制度的优化会促进幼儿园资源配置结构的优化，经费的低使用率会直接影响学前教育质量。并且，随着新的生育政策的调整，越来越多的幼儿对入园有新的需求，建立新的资源配置治理结构，提高财政经费配置效率尤为关键。[①]

当前，很多县（区）的幼儿园实行的都是财政预算制度，幼儿园首先根据本园年度资金预算情况，向县政府通过预算制的方式提出申请，然后再由县财政相关管理人员对幼儿园进行审核或实地考察后再对幼儿园进行拨款。另外在调研中还发现，由于部分公办幼儿园的财务不独立，最后导致幼儿园的内生发展动力较低的问题。例如，Tb 地区全县实行的是总园分管其他下属公办园的财务管理制度。"以园管园"的财务管理制度，不符合事权和财权相分离的原则，是县财政对学前教育财务管理责任缺位的表现。这种管理模式既加大了总园分管其他幼儿园财务的压力和难度，又制约了各分园根据幼儿园发展的实际情况灵活支配财务的自主性，不利于激发幼儿园办园的内驱力。同时，公办幼儿园财务管理制度的非独立性，将成为当下及未来实现普及普惠县目标的障碍，是制约全县学前教育健康、和谐、可持续发展的"瓶颈"。现实实践中，幼儿园对政府财政投入的使用权较小，公办幼儿园的财政收入来源又比较单一，财政投入的使用率整体不高。

> 幼儿园经费来源主要就是保教费。比如大洋街道中心幼儿园每个年度收费是 7000 元/人，一学期是 3500 元/人，也就 700 元一个月。这保育费是一级标准。临海市财政、物价、教育部门三方联合给我们全市定的标准。一级园是可以收到 600 元到 700 元每人，二级园是 450 元到 600 元。三级园是 350 元到 450 元。准办园是 300 元以下。根据你的级别来确定你的收费。然后每个幼儿园都要向教育

[①] 王声平、杨友朝：《高质量发展背景下我国县域内学前教育财政投入的问题及改进建议——基于浙江省的实证调研》，《教育与教学研究》2022 年第 7 期。

第四章　县域学前教育资源配置的问题探源

局申请收费报备。(XK4，2022/04/06)

很多县（区）的幼儿园收取的保教费都要全部用于上交县财政，然后根据幼儿园支出的实际情况进行申报和预算。关于幼儿园经费使用权较小的问题，很多园长在访谈中都有论及。例如，一位幼儿园园长在访谈中就谈道：

就比如我们幼儿园保教费交财政，假如我有700个学生，7000元一人，可算出保教费总数。那么政府根据我幼儿园的学生的总数，给我们配备人员经费。比如说你两个园区，你有多少个班级、配备教师、保育人员、后勤等。它制定好你能够有几个人员，那么根据制定的人员数核给你人员工资。(SK4，2021/04/20)

并且，幼儿园的财政预算制度有相对严格的审批程序，是由相关行政管理人员在对幼儿园所作调查的基础上进行预算的，对幼儿园的预算要进行严格评估。访谈中，当问及"幼儿园财政预算申请上去后每年的审批率怎么样？"这一问题时，有园长就谈道：

这个还是比较正常的。当我们打上去之后，上面会组织人员过来考察，实地巡查。比如操场要进行修建了，上面会组织纪检科纪查科包括财政部门的人下来看，确认是否需要修建。如果需要修建，他们也会帮助幼儿园调整方案，如果钱报少了，他们会帮你多报一点。如果钱报多了，他们会砍下来一点，然后让幼儿园重新调整方案，这样科学性就大点。把方案打上去之后，相关部门会进行前期调研，之后调整方案，再重新报一遍，这样的话，相对来说准确性大一点。(SK2，2022/05/13)

比如说今年就要打预算报告，肯定要先申请，否则不会盲目给你投钱的，然后再根据全园的配置情况或者说全系统的配置情况来决定这个项目是否合理，是否可以给你投钱。还要考虑到原先的设备设施是否能连续使用，是否能满足现有的教育教学的需求。如果没有，像一些山区幼儿园或者是一些急需要创建的幼儿园会优先考虑。这些上级都会进行统筹安排，不是你想怎么样就怎么样。（SK5，2022/06/12）

财政投入是区财政，是钱，就是钱交收上来了之后全部都到财政部门，然后收支两条线。（SK2，2022/05/13）

随着县域学前教育发展规模的扩大和管理难度的增加，部分县（区）也在探索如何更高效地利用公共财政资源，以更好地服务于学前教育事业的发展，并针对幼儿园财政投入的问题进行了改革。例如，一位幼儿园园长在访谈中就谈道：

除了教师编制外，其他方面的话，目前我们这个地区还进行了改革，就从今年开始，之前街道中心幼儿园都是，其实意思就是自收自支的这种形式的了。编内老师财政负担，编外的老师你自己保育费负担，不够部分由我们支持你，街道政府去补贴。那么今年1月份开始，政策的出发点是好的，就是我们跟它们资助幼儿园一样的，全部纳入财政一体化管理。（SK4，2021/04/20）

四 学前教育专项经费少

专项经费补助，主要是国家针对一些经济落后地区、欠发达地区、山区等学前教育落后的地方的财政补助。从调研结果来看，县级政府对国家的专项经费补助的执行力都比较强，基本都将国家的专项经费分拨给了相应幼儿园。访谈中，一位区教育局的行政负责人就谈道：

国家拨下来给区财政，区财政再拨下来，每个人会有补多少之类等的规定。还有专项资金，国家说有的都是到位的，还有像困难补助、普惠性补助等等。（XM6，2022/05/28）

第四章 县域学前教育资源配置的问题探源

除此之外，在省政府或县政府财政能力有限的现实背景下，对学前教育的经费补助相对都是比较少的，很难满足部分山区或经济条件落后地区学前教育发展的财政需求。并且，这些幼儿园如果确实有需求，每年必须向政府申报。例如，当问到"省政府或县政府对你们偏远山区的幼儿园有专项经费补助吗？"这一问题时，一位山区的幼儿园园长就谈道：

> 偏远地区的补助是很少的，计财科科长说每年在有多余经费的情况下会多给我们一些补助，但是因为我们有很多公办学校，所以它们肯定还是要先统筹安排的。（ZK3，2022/06/19）
>
> 专项补助主要都是国家国务院拨下来的。省里面的补助都比较少。（ZK2，2021/11/21）
>
> 我们山区的话，基本没有什么特别的补助，山区的补助一个月在235元左右，很少的。（ZK1，2021/11/15）
>
> 然后那个政府就是每年相对那个数量，不需要我每天去打报告。比如说专用的经费给我们幼儿园用于建设。因为现在不是检查的也比较多咯，还有包括我们现在都是一园一评，相对来说就是要搞特色，都需要政府每年有定额地给我们一笔钱，专项资金。（ZK2，2021/11/21）

但是，在学前教育专项经费补助或奖励上，不同地区之间存在很大的差异性。例如，部分县（区）为稳定幼儿园教师队伍，专门建立了针对幼儿教师专业发展的专项经费。正如一位幼儿园园长在访谈中所言：

> 我们县从2020年开始享受的专项奖励基金，是结合《浙江省学前教育管理条例》以及《学前教育管理办法》设立的。凡是在职在岗，不管是公办还是民办幼儿园，只要拥有教师资格证，不看教师职称，每年都有5000元的补贴，但这与雇员制是无法同时享受的。（XK5，2022/04/21）

除此之外，这位园长还提到，该县还设立了学前教育专项资金：

>每年有200万元补贴，是给刚拿到教师资格证的新老师，在拿到证的当年就给予2000元奖励。还有用于学历提升、培训经费的支出，学历提升后的3000元奖励等，这些都是为了幼儿教师队伍稳定的措施。有了这些经费的支出，城区的公办幼儿园教师都是相对稳定的。这些被称作学前教育专项奖励资金。前面的资金在专项设立后都是人员经费，其他的则被称为维修、改造、修缮的专项补助资金。没有确切的资金金额，每年财政会给教育局3000万元资金，首先会给较为破旧，迫在眉睫需要低级危房改造，C级改造的幼儿园资金较多一些。（XK5，2022/04/21）

>在幼儿园都相对平稳的情况下，例如陆园长和许园长所在的幼儿园，作为安吉游戏的实践基地园，会有安吉游戏相对资金的投入，就可以利用审批下来的资金去购买相关设施。另外若要求评选现代化学校的幼儿园，要求融合教室的建设，也可以申请相关资金来进行幼儿园的建设。资金的分配不能固定。我们天台公办率高，再加上山区两所幼儿园，包括评等级等。评等级的时候，我也会去为我这所幼儿园申请多一点的经费。因为是公办，所以我们享受到了雨露均沾。（XK2，2021/12/15）

第三节 学前教育物质环境资源配置的问题与原因[①]

一 幼儿园人均活动面积较小

从不同县（区）的调研结果来看，整体上，幼儿园物质环境资源配置完备，基本能满足幼儿学习与发展需要。多数幼儿园的建设是符合国

[①] 此部分内容参见王声平、杨友朝《高质量视角下我国城镇幼儿园物质环境资源配置的现状调查及改进建议》，《内蒙古师范大学学报》（教育科学版）2022年第5期。

家及省级要求的。例如，当笔者问及"贵园物质环境方面配置如何?"这一问题时，有园长就谈道：

> 我们幼儿园是2014年开园的，是一个新园，第7年了，各种硬指标是达标的，建筑面积、占地面积、绿化面积都是超了的。因为我们有14亩地，只有12个班，整个业绩都是达标的，硬指标达标的。但是当时因为我们刚好处于这种尴尬期，当时就是幼儿园建好以后装修的费用是没有的，所以装修得比较简陋，不像后来的，像现在幼儿园都是精装修交付的，然后开班经费又很充足。(XK3, 2022/03/26)

从总体上看，调研的大部分幼儿园在硬件环境建设上是比较好的。并且，随着区域经济的不断发展，县（区）财政给幼儿园硬件建设的经费在不断提高，幼儿园用于环境创设的经费相对之前更加充裕。访谈中，有幼儿园园长就谈道：

> 我们那个时候开园没有开班经费，其实就是白墙黑瓦，那么后期的像我们4400平方米的建筑面积搬进去以后，其实就一块白墙，然后常用的这种小朋友的日常的比如说桌子、椅子、床这些配备起来，没有像现在搞得那么正规。现在开班经费一个班差不多有30万元左右，就是给你教室里的配置，全部给你配好还是比较宽裕的，像我们今年一个分园开园的话，这开班经费拿过来就绰绰有余。除了装修以外的，活动的东西配上去之后一个班还有二三十万元。开班经费除了给你精装修以后，然后活动的话你自己买的东西要二三十万元的一个班级，就相当于玩教具配备。6个班开班经费合下来有一百五十几万元，这个钱还是比较宽裕的，我们那个时候没有这种开班经费这种说法，反正钱比较紧张。(XK3, 2022/03/26)
> 我觉得我们山区还是可以的，主要还是资金问题，因为我们幼儿园是由老的中学改建的，场地是很大的，包括绿化、活动场地都

很大，就是经费的问题。（ZK1，2021/11/15）

但是，由于县（区）内公办幼儿园数量少，尤其是公办幼儿园数量难以满足学前教育发展的需求，优质学前教育资源难以满足幼儿的人口数量的增长，导致部分公办幼儿园为满足更多幼儿的需求，不断扩建，占用幼儿园的公用活动面积，导致幼儿园活动面积减少。当笔者在调研中问及"贵园现在的办园条件如何，比如说室外建筑面积，办公条件，你觉得还存在什么问题吗？"这一问题时，有园长就谈道：

因为优质资源的不足，二胎政策放开后人数的增加，现在属于供不应求的状态。办学条件、硬件设施方面，都是按照标准建设的。（SK5，2022/06/12）

幼儿园不够多（尤其是公办幼儿园供不应求），优质资源不足，幼儿数量上升，也因此导致师生比失调，幼儿各活动（绿化、运动）面积均缩小。只能在原有幼稚园上增班，如机关幼儿园用于分班。（SK3，2022/04/08）

二 幼儿园活动区的布局不均衡，材料投放忽视幼儿需求

幼儿园活动区主要划分为室内和室外两部分，且主要由公共活动场所构成。户外基本为大型玩具区，而其他活动区如种植区、沙区、水区、饲养区所占比例较低，甚至少数幼儿园没有室外活动区角。正常情况下，幼儿户外活动时间（包括户外体育活动时间）每天不得少于 2 小时。在保证户外活动时间充足的情况下如果缺少相应的活动区，不利于幼儿的身心健康成长。除户外活动区外，教室内活动区同样存在形式单一的问题。多数幼儿园的班级活动区主要由图书区、美工区、益智区、建构区、自然角构成，而科学区、角色扮演区、表演区均只占到五成左右。幼儿园活动区布局不均衡，与幼儿园办园理念有关。活动区占比高的一般都是幼儿园一日生活中使用频率较高，并且是幼儿园教学内容的重要组成部分，这些活动区每天与幼儿的学习内容密切相关。例如，图书区是幼

儿园为激发幼儿阅读兴趣、培养幼儿阅读习惯而专门为幼儿设置的活动区，幼儿早上入园，或午餐后都在图书区选择自己喜爱的图书阅读。占比较低的活动区由于需要的材料种类多，或管理成本高，或财政投入大等因素的影响，导致部分幼儿园没有对其进行单独设置。与农村幼儿园相比，县城幼儿园面临的最大问题是土地资源有限，导致室内外活动区的设置较单一或区域空间划分不合理、区域间相互干扰等问题。

由于幼儿园管理理念滞后，幼儿园活动区的材料投放主要是基于管理者而非幼儿身心发展的需求。教师往往站在成人立场，不能设身处地考虑儿童的需要。这在国内部分研究中也得到了有力证实，有研究显示：52.7%的班级角色区材料投放不适宜，包括材料数量少、基本都是成品玩具、区域主题不适合幼儿年龄特点；51.5%的积木区材料投放不适宜，主要的问题是积木数量不足、摆放不适宜、使用纸砖和泡沫塑料等材质较差的"积木"；25.6%的班级绘本阅读区除了人手一册的儿童用书，几乎没有或很少有适合幼儿的图书；24.0%的班级益智玩具数量不足、类型单一，主要提供雪花片等游戏材料，趣味性与挑战性不足。[1] 另有研究者对幼儿体育器材的安全性满意度进行了调查，结果显示：大部分教师认为大型器材材料过硬，器材难度设计不合理，安全保障措施考虑不足，不利于幼儿使用；部分小型器材选材不环保，耐用性差是主要问题；有的器材过于强调趣味性而锻炼功能不足，出现了本末倒置的现象。[2] 幼儿不是材料的被动适应者，而是在与材料互动过程中的主动建构者、学习者和思考者。幼儿园要挖掘和利用材料对幼儿发展所具有的可能价值，促进幼儿通过与材料的充分互动，丰富自身的动作技能，提高自己的身体素质，养成良好的学习品质。

三 幼儿园活动区中的材料种类单一，利用率较低

幼儿园班级环境的价值往往通过儿童对材料的利用来实现，材料的

---

[1] 刘焱、武欣、郑孝玲、宋丽芹：《我国城镇幼儿园教育质量：基于4省6区县433个幼儿园班级的微观透视》，《学前教育研究》2021年第9期。

[2] 王凯珍、谢晨燕：《城市幼儿园体育器材现状、问题与对策：以北京市朝阳区为例》，《首都体育学院学报》2014年第4期。

可利用程度是评价环境的重要指标。① 从调查结果看，虽然大部分幼儿园都设置了活动区，并投入了一定数量的游戏材料，但总体上，县域幼儿园活动区中的材料投放在种类上还相对比较单一。不同的材料能发展幼儿的不同能力，单一的材料类型不能支持幼儿多种活动的需要，种类和数量不足会严重影响幼儿动作、认知的全面均衡发展，难以满足幼儿全面参与到各种活动区中的需要和激发幼儿的主动性，导致活动区对幼儿缺乏吸引力。例如，课题组在调研中发现，部分幼儿园沙水区的材料仅限于铲子、棍子、车子等几种常见的材料，难以满足幼儿的操作需要，减少了沙水区的趣味性。幼儿园角色表演区的材料投放以各种小玩具和"娃娃"为主，而小家具、木偶等设施设备所占比较低。幼儿园科学区材料投放以放大镜、磁铁块和巧板为主，而其他科学探究类的启蒙玩具的数量明显不足。幼儿园建构游戏区中拥有的构造类材料以小型积木为主。由于材料投入的种类单一、数量不足等因素的影响，幼儿参与的机会较少，活动区的整体利用率低。部分幼儿园为凸显其特色，尽管对某些活动区进行了重点投入，但忽视了对其他活动区的投入与开发，对幼儿个体的情感、兴趣、需要关注不够，这有悖于幼儿身心全面和谐发展的理念。有研究者对幼儿园信息化硬件建设的现状进行了分析，结果发现，拥有电子备课室的幼儿园占比分别为公办园80%、民办园37%，都基本处于闲置状态。多媒体计算机的日常使用频率在公办园为16%，在民办园为13%；偶尔使用的频率最高，公办园53%，民办园78%。幼儿园电子备课室及教学用计算机存在着极大的设备浪费，需要提高对这些硬件设施的使用率。②

部分幼儿园园长或教师对活动区的认识尚存在一定误解，将幼儿园活动区的设置等同于幼儿园办园特色，而忽视了幼儿与材料互动的质量和学习过程，材料的整体利用率不高。正如调研中一位教师所言："我们

---

① 于冬青、管钰嫦：《以儿童发展为中心的班级物质环境创设探析》，《教育理论与实践》2016年第8期。

② 柳阳辉：《郑州市幼儿园信息化硬件建设现状与发展对策》，《学前教育研究》2013年第10期。

幼儿园是以早期阅读为特色的幼儿园，重点是培养幼儿的早期阅读能力和习惯。所以我们幼儿园语言阅读区的图书是比较丰富的，生均图书量至少在20本以上，园长对这方面很重视，投入也比较多。但其他活动区的话就很一般了，材料有些还比较陈旧，数量上还不是很多。"虽然该幼儿园拥有图书相对比较丰富的语言阅读活动区，但从实地观察中了解到，其他活动区的材料投放的数量相对单一。例如，幼儿园大多的体育设施设备都属于公共运动器械，在促进幼儿发展的理念上偏向传统的、单一的身体锻炼，未能充分发挥活动区中材料的潜在教育功能，幼儿园的合理投入变成无效投入。

四 幼儿园游戏材料经费投入少，缺乏财政支持

充足的财政投入是幼儿园设施设备配置的物质基础，但从调查结果看，地方政府对幼儿园游戏材料的经费投入相当有限。在"您所在幼儿园最缺乏的教育资源"的选项中，研究结果显示，教育经费所占比例最高，为66.34%；其次是玩具设备，占32.28%；师资、教学设备这两类的比例持平，均占27.92%；图书资料占17.62%。可见，幼儿园最缺乏的资源是教育经费，三成以上的幼儿园在玩教具的经费配置上明显不足，教学设备和师资的经费相对较低、图书资料所占比例最低。有研究者对幼儿园体育器材经费保障问题进行了调查，结果显示，目前，幼儿园都没有设立体育器材专项经费，不利于体育器材特别是大型器材的购置、更新和维修。部分幼儿园更呈现出"重智轻体"的现象，在体育器材配置和日常教学中没有给予足够的投入和关注，影响园内体育器材建设。62.5%的教师认为资金对于园内体育器材发展有直接影响。[1]

与农村地区相比，政府对县镇幼儿园在经费投入上的比例相对更高。但从内容看，政府财政投入的主要是幼儿园硬件建设，如改建、扩建等修缮幼儿园基础设施的相关费用，而对幼儿园不同活动区玩教具的经费

---

[1] 王凯珍、谢晨燕：《城市幼儿园体育器材现状、问题与对策：以北京市朝阳区为例》，《首都体育学院学报》2014年第4期。

投入明显不足，关注不够。正如在调研中的一位幼儿园副园长所言："我们幼儿园属于公办性质的幼儿园，财政投入主要依靠地方政府的支持，但这些财政投入都是有明确规定的，不能乱用。财政支持力度比较大的是幼儿园中大的设施设备的购买或修缮。对于幼儿园玩教具这一块的财政投入其实是比较少的。有时候我们想购置一些玩教具之类的，但由于政府的预算中没有这个项目，最后导致无法购买，但是这些设备的费用是幼儿园自身又难以承受的。所以有时候我们也很为难。"在地方政府颁布的有关政策法规文件中，很难查到关于幼儿园玩教具经费投入的官方、正式的政策文件。政府缺乏统一规划与指导，幼儿园在材料投入上也可谓各自为政，依据自身的人力、财力、物力等状况自主发展，材料投放的种类、数量、质量水平也呈现出参差不齐的状态。[1]

五 幼儿园教师专业能力不足，挖掘材料教育价值的能力欠缺

幼儿园活动区的材料要发挥出真正的价值和功能，其核心在于教师对材料的开发和挖掘的专业能力。教师对活动区材料运用、指导、观察、引导幼儿的能力很大程度上决定了材料的开发价值。但从调查结果看，尽管部分幼儿园设置了丰富的活动区，并配置了种类多样的游戏材料，但遗憾的是，很多教师对活动区材料的指导能力欠缺，对幼儿的游戏发展阶段认识不足，不知道如何指导以进一步支持幼儿经验的获得。师幼的交流和分享仅仅停留在"在哪里玩？""跟谁玩？""玩了什么？"的水平上，幼儿的游戏水平得不到教师的实效性支持，经验在原有水平上徘徊和低水平重复。"幼儿在游戏中出现某些行为和认知需要时，教师不能将恰当的资源纳入幼儿游戏中，支持幼儿对游戏行为的高水平拓展。资源，仅仅是幼儿游戏之外的、无关紧要的、束之高阁的观赏事物，教师缺乏挖掘、利用和整合的意识和能力。"[2]

由于教师专业能力不足，幼儿园现有的人、物资源，教师视而不见，

---

[1] 柳阳辉：《郑州市幼儿园信息化硬件建设现状与发展对策》，《学前教育研究》2013年第10期。

[2] 王海英：《儿童视野的幼儿园环境创设》，人民教育出版社2020年版，第117页。

不能因地制宜、因资源制宜地挖掘活动材料的教育意蕴，不能科学合理地指导幼儿与材料进行有效的互动。例如，部分幼儿园由于教师硬件应用能力欠缺，教师在教学中很难发挥信息化资源直观、生动的特点，使得教学信息呈现方式单一、教学策略呆板，难以为幼儿提供如临其境的教学情境，不利于调动幼儿学习的积极性，阻碍了幼儿思维、创新能力的发展。[1]访谈中，很多园长谈到材料利用问题是幼儿园区域活动开展的一大难题，主要原因是幼儿园教师的专业能力不足所致。正如一位园长所言，"幼儿园公共区域的利用率低，它的一个使用率包括使用的质量，与我们预期的还相差很远。如果说我们有足够的师资力量，就可以在每个专用室再配上一个专门老师，那我肯定会把这个专用室，把我的各个区域功能开发得相当好。"幼儿在活动区中的认知能力和探索事物的经验不足，加之教师的指导能力欠缺，导致幼儿与材料的互动性不强，难以发挥出活动区中材料的教育价值。

第四节 学前教育制度资源配置的问题与原因

一 县域城乡幼儿园教师合作交流制度不完善

健全的城乡幼儿园教师合作交流制度是促进县域内学前教育教师资源优化合理均衡配置的基础，有利于实现城乡幼儿园教师资源之间的交流共享。但从本书的调查结果来看，当前很多县（区）并没有建立起完善的城乡幼儿教师合作交流制度。访谈中，当笔者问及"幼儿园教师合作交流制度建立得如何？"这一问题时，有园长谈道：

互相交流的话，目前我们区域还没执行，它们义务教育已经执行了。比如说城区老师要评职称，必须要去农村交流多少时间，但是幼儿园还没执行。幼儿园跟义务教育可能也是有很大差别的。幼

---

[1] 柳阳辉：《郑州市幼儿园信息化硬件建设现状与发展对策》，《学前教育研究》2013年第10期。

儿园因为编制少，公办园数量也少，这种交流的范围也窄，大家都一个萝卜一个坑。（XK1，2021/12/08）

小学有，幼儿园不强化，没有说必须，所以基本上不执行。中小学是规定教师评职称要有一年的乡下学校任教经验，城区的教师要评职称就会联系乡下学校，乡下学校也会派一人去接城区老师的岗位。也就是所谓的支教。（SK2，2022/05/13）

从制度建设看，不同区域的幼儿园之间主要建立的是教研交流制度。并且，很多县域在这方面做得相对比较完善。当问及"贵园有教研交流制度吗"这一问题时，有园长在访谈中就谈道：

那这个还是做得比较好的，我们整个教研的话，像我们区全区范围内的教研活动，每个学期都有教研。发展中心管教员那边都有一个计划出来，那么每年就是确保从一级园到二级园到三级园，就是确保通过几次教研大家都有机会参与。然后还有我们街道中心幼儿园也有义务的，每学期至少对街道内的民办园开放两次。（XK2，2021/12/15）

通过区域教研活动，民办幼儿园能无条件地分享，相当于享受我们的优质资源。每学期至少开放两次，这对我们有考核的。然后它们的知识教育是与我们一起的，我们请了专家，它们都过来免费听了，钱么我们掏。知识教育全部纳入我们的范畴。（SK3，2022/04/08）

另外，由于部分县（区）实行的是集团化办园的管理机制，因此尽管县（区）教育局对城乡幼儿园之间的交流制度没有作明确规定，但集团化幼儿园内部之间也都有相互之间的交流。在访谈中有园长就提到：

县里没有统一做法，但是幼儿园自己有这种行为，这是我们集团园单独研究决定的。幼儿园自己在做。像那年***（人名）她要上中层，我就把她下派到山村幼儿园一年，回来再当年级组长。

那么山区园新考编的老师就留在城区，这是我们的个人行为。要去中层就要有为下层服务的理念，主要也让下面的老师来城区充充电。不是一天两天的交换而是一整个学期。（XK5，2022/04/21）

但是，集团化办园在城乡幼儿园交流制度的管理上是存在一定差异性的，有园长在访谈中就谈道：

我们是一个龙头学校帮扶两个校区，比较偏远的由城区来管理业务。法人是独立的。（SK3，2022/04/08）

我们的管法又不一样，我的幼教集团有四所园区，像恩美幼儿园城区就一所。然后它一所又要管两个山区。就一个学期去一两次就好了。但是我们是每个月雷打不动去的，风雨无阻。我们从来不会有打折什么的，都是实打实的，都是助力到位的。这么多年，我是到机关幼儿园十五年了，从来没有变化过。然后集团化是从2014年开始的。我2006年到2014年的那九年依然是这个样子的。（XK5，2022/04/21）

调研还发现，城乡幼儿园教师在进行交流的过程中，在工资待遇方面也存在一定差异性。有园长在访谈中就谈道：

工资方面，分为平原和山区的，越偏远的农村津贴会更高。交换到乡下的老师享受农村津贴，交换到城区的老师不享受津贴。两位都是正式在编老师，农村津贴800元到1000元左右。（XK1，2021/12/08）

二 学前教育管理体制不完善，专业管理人员缺乏

学前教育管理体制在中国学前教育事业发展中起着领导、组织、协调、保障、监控等重要作用，是保障政府切实履行发展学前教育职责的重要条件和促进学前教育事业健康、有序、可持续发展的关键。完善的县域学前教育管理体制，是学前教育公共服务体系有序运行和高质量发展的重要保障条件，是实现城乡学前教育资源统筹的基础。《中共浙江省委 浙江省人民政府关于学前教育深化改革规范发展的实施意见》提出："健全各级教育部门学前教育管理机构，充实管理力量。县（市、区）要建立健全学前教育指导机制，配足配强学前教育专职教研员，建立覆盖城乡的教研指导网络。"为促进县域学前教育高质量发展，有必要建立健全完善的学前教育管理体制。但在"地方负责，分级管理"的体制背景下，中国县域学前教育管理体制很不完善，尚存在学前教育行政管理理念滞后、管理责任主体重心过低、权责配置不合理、各级政府职责划分不明确、县级政府的统筹协调和财政保障能力严重不足，[1] 县域学前教育管理办法缺乏，学前教育行政管理方式落后，[2] 县域政府对学前教育的管理和监督不到位，[3] 幼儿园管理者职业道德感缺失，学前教育行政管理方式落后等问题。[4] 县域普惠性学前教育管理机制存在的主要问题有城乡生源严重失衡、教师流动比较频繁、园所发展高度一致。[5]

从本书的调查结果看，目前，浙江省很多区县（区）在幼儿园管理制度上主要采取的是"以园管园"的模式，即由当地的公办幼儿园（包括乡镇中心园）负责对本区域内所有的民办幼儿园进行管理。这种管理体制的设计很大程度上加大了公办幼儿园的工作量和责任压力，同时也难以对其他民办幼儿园进行有效监管。

"以园管园"的制度实际上是县教育局管理职责缺位的表现，但部分县镇中心幼儿园在管理过程中也探索出了一些有益的，值得推广和借

---

[1] 杨莉君、胡洁琼：《农村儿童家庭对学前教育公共服务的基本需求及对策研究——以湖南省为例》，《湖南师范大学教育科学学报》2013年第2期。
[2] 庞丽娟、范明丽：《"省级统筹 以县为主"完善我国学前教育管理体制》，《教育研究》2013年第10期。
[3] 车欢欢：《县域普惠性学前教育管理机制研究——以山西省芮城县为例》，硕士学位论文，山西师范大学，2020年。
[4] 刘锦阳：《县域学前教育政府行政管理问题研究——基于对D市三个县级市的调查》，硕士学位论文，辽宁师范大学，2018年。
[5] 刘锦阳：《县域学前教育政府行政管理问题研究——基于对D市三个县级市的调查》，硕士学位论文，辽宁师范大学，2018年。

鉴的经验。例如，有的园长在访谈中就谈到，为了规范民办幼儿园的办园行为，在幼儿园的伙食管理上实行乡镇中心幼儿园与民办幼儿园相同的食谱管理方法。有位园长在访谈中就谈道：

> 我们管理的内容比较全面，比如很多都反映民办园吃饭吃得不好，然后我们就全县统一食谱，今年上半年食谱都是我机关幼儿园排出来的，收费都是一模一样。米饭、配餐、克数、营养餐点全部要按照我这个来，就要统一。标准参考，全县都可以用。（XK5，2022/04/21）

并且，很多县（区）实行的"以园管园"的制度，具有一定强制性，即县教育局委托街道或乡镇的公办幼儿园对其所在区域的所有民办幼儿园实行管理。当笔者在访谈中问及："乡镇中心幼儿园对所在区域民办幼儿园的管理是强制性的吗？"这一问题时，有园长直接坦言：

> 是啊，强制的。我们这个区域你是街道中心幼儿园，那么你所在街道的所有的民办园的所有的东西都是你管，我们已经说不清什么东西不管了。当时我记得学前教育合格乡镇考核的时候，我说除了它赚的钱不归我管，其他的我们都管，管的东西比较广泛。（XK2，2021/12/15）

并且，这种管理制度，县教育局也没有给幼儿园额外的经费补助或津贴，仅仅是作为乡镇中心幼儿园的一种义务。例如，有园长在访谈中就谈道：

> 管理是街道中心幼儿园的义务，没有额外的工资和补助（SK2，2022/05/13）
>
> 这个就是作为街道中心幼儿园的义务。（SK3，2022/04/08）

"以园管园"的制度，在一定程度上缓解了县教育行政管理部门的压力，但由于乡镇幼儿园自身的管理能力和水平有限，幼儿园管理队伍比较紧张，加之县域幼儿园管理制度整体比较滞后，专门负责学前教育管理的专业人员缺乏等因素的影响，这种管理制度直接加重了乡镇中心幼儿园的管理责任和压力。正如一位园长在访谈中所言：

这种管理模式确实给我们园带来了很多的压力。我们不说多少，起码有1/4的精力在它们那里，给它们辅导协助。（SK5，2022/06/12）

因为我们没有幼教专办，然后全部都是交给街道中心幼儿园管，所以街道中心幼儿园压力很大的。本来单单业务上的引领还好一点，现在它们的行政，它们的各种统计，它们的各种评比，还有杂七杂八的事情。然后它们局里面也好，各层领导要去它们那里检查也好，要问它们什么东西也好，督导也好，反正都是通过我们，就像中介一样，都是通过我们给他传达。（XK4，2022/04/06）

安全是必须管，业务你要领着做，然后所有的比赛、上报都要中心园管理。今天比如说上面要到民办园检查了，你作为中心园你要去通知，然后你还要陪着。如果民办园出事了，上面有投诉，有信访。信访从上面到教育局，然后教育局第一时间就找我们说："你们下面的谁谁民办园怎么了。"然后我们就要去了解情况，了解之后答复。我们就像中间人一样的。（XK2，2021/12/15）

我们中心幼儿园就是处于监督者的地位，并且需要承担一定的管理责任。处于我们街道的民办园我们都要管，出事了，首先我们要被责罚，因为我们管理不利。（XK1，2021/12/08）

访谈中，当问及"民办园如果不听怎么办？"这一问题时，有园长对此回应道：

民办幼儿园在管理上还是相对来说比较配合的。因为我们其实也是人也都是有感情的，我们也是无条件地给它们协助，又没收它们的什么费用，然后开会场地也借我们的，还要配电话费，还要配乱七八糟的复印费。有时候资料什么的，你碰到一个检查的话，把它资料摆好都弄好，这个配合还是配合的。只是街道中心的压力太大了，建议还是专门要设个幼教专办。（XK5，2022/04/21）

那没办法的，我们去了之后考核，如果考核不合格，它生均费就少了或者没了，所以中心园说什么，它们就必须做什么。我们在钱方面是有话语权的。如果你做得不好的话，财政就不会奖给你。然后检查了，我们都会在群里报一下，留个档案。中心园是有指导力的，然后业务也要指导，所以业务上面我们要教一下，例如安全培训，防疫等。很多我们都共享的，幼儿园普惠。（XK4，2022/04/06）

但是，课题组在调研中也发现，也有少数几个县因为有县教育局的专业领导和顶层设计，由于领导对学前教育比较重视，对整个县域的学前教育发展起到了重要的引领性作用，进而也促进了县域学前教育有质量的发展。例如，在访谈中，有园长就谈道：

我们天台县的前景还是不错的，我们现在有一个天台模式，是基于我的前一任（领导），她也是学前教育专业的，现在是专门分管学前教育的。这也是浙江省唯一的分管学前教育的一个幼儿园园长上去的，所以她是做专业的事情的。天台有个专职的局长在管理学前教育，是浙江省唯一的，其他区县都没有的。我们有困难向分管的局长反映，她都能理解。我们还得益于分管科教文卫的人大副主席，也是学前专业的，这也是我们天台特有的。就是这样一个情况助推了天台有一个学前教育的模式。专业的人做专业的事，她特别能理解，所以她的引领是不会有偏差的。她是特别有幼教情怀的人。要做文化，要做课程，要做天台特色的模式，是要多付出一点的。（XK5，2022/04/21）

另外，县域学前教育管理机构及专职行政管理人员配备不健全也是制约学前教育高质量发展的重要根源。县域学前教育管理机构存在不健全，管理体系不完善，管理执行力不彻底，以及存在监督体系的缺失和运行资金不足等问题。[①] 总体上，中国县域内专门设置的学前教育管理机构及管理人员配备明显不足，学前教育行政人员的专业化程度不高。[②] 总体来看，中央以下各级政府教育行政部门专设学前教育管理机构和人员的情况并不乐观，导致学前教育管理能力严重不足。[③] 有研究对县域农村学前教育管理体制进行了调研，结果显示：试点县（区）学前教育大多实行县乡两级管理体制。在12个试点县（区）中，只有1个县基础教育股下专设"学前教育管理服务中心"负责对全县学前教育的管理工作，其余均是在基教股内设兼管人员。因此，普遍存在管理人员不足、专干不专的现象，部分农村地区的学前教育甚至处于无人管理的边缘状态。[④]

从本书的调查结果来看，浙江省县域内很少有单独设置的学前教育管理机构，学前教育行政管理工作主要由县教育局学前教育科的兼职人员（专职人员很少）负责。专职管理人员和督导评估人员的缺乏，导致难以对幼儿园的教育质量起到重要的引领性作用。访谈中，当笔者问及"贵县是否成立有专门的学前教育管理部门？"这一问题时，有园长就谈道：

---

① 车欢欢：《县域普惠性学前教育管理机制研究——以山西省芮城县为例》，硕士学位论文，山西师范大学，2020年。

② 赵跟喜：《促进教育公平，发展西部少数民族地区农村学前教育——以广西扶绥县为例》，《湖北民族学院学报》（哲学社会科学版）2013年第6期。

③ 据中国教育科学研究院的调查显示：在省（市、自治区）层面，目前只有北京、天津、辽宁等极少数省（市、自治区）专门设有学前教育管理机构。各地级市、区（县）的情况则比较随意，领导重视的会设专门的幼教管理机构，领导不重视的则不设，甚至未设专职人员。有一半以上的教育部门没有专门设立学前教育管理机构；有1/4的教育部门不仅未专设机构，甚至没有专职的学前教育管理人员。（参见中国学前教育发展战略研究课题组《中国学前教育发展战略研究》，教育科学出版社2010年版，第18页。）

④ 徐冬梅：《县域学前教育行政管理体制问题研究——基于对重庆市三个区县的调查》，硕士学位论文，西南大学，2013年。

不像小学，根据学校规模大小配置管理层，各个科室给你配齐，但是在幼儿园不会给你这么多管理层。管理层都是从教师队伍中提取出来，人员就是比较紧张。（SK2，2022/05/13）

有的，有幼教科，幼教办。但是，它们是不下幼儿园的，它们一般一个人来的，它们的力量一般都分散开的。更多的就是小学自己管，幼儿园自己管。（XK2，2021/12/15）

台州很多民办幼儿园都是街道中心幼儿园在管的。以前有部分的县市区有幼教专办，后来好像慢慢也被我们给同化了。我们一直想模仿有幼教专干的，然后结果它们觉得幼教专干，也没什么用，街道中心幼儿园管得蛮好的，幼教专办也就不要了。（SK1，2022/05/09）

像街道中心的连锁办园，这个连锁办园的意思是城区都是相对独立，比如说街道中心本部，紫荆花园区以及还有其他园区都是相对独立的，都是强强联手，都有各自的文化。它的连锁是这个街道辖区内所有的民办园它都管，安全、教师资格培训、食堂配餐等等，啥都要管。（SK2，2022/05/13）

从职责上看，县（区）的学前教育管理科的主要责任是负责县域的学前教育整体规划和布局的一些问题，协助乡镇中心幼儿园实施对民办幼儿园的督导与评估。正如一位负责学前教育专业的行政人员所言：

我们主要负责整体的，就是一些架构，比如说目前的课程改革。省里的是行政这条线，到我们这里也是按照这条线的，还有就是协助各个科室。比如说等级评估，我们都是协助督导，因为我们毕竟是专业的科室。（XM6，2022/05/28）

县（区）教育局的行政管理机构由于管理人员有限，所以在管理内容上实质上并没有明确的分工，导致其所管理的内容比较广、比较杂，涉及幼儿园的所有的管理事务都需要教育行政管理部门的参与。

当问及"在学前教育管理上,你觉得主要有哪些困难?"这一问题时,一位负责区教育局的行政管理人员就谈道:

> 我们管理的事情就是很杂的,什么都要去,都要参与管理,还有像现在的幼儿园建设。我们专门有一个科室叫重点办,重点办是管建设的,但是建设的时候需要我们去协助的。比如说整个环境的创设、整个方案的设计,我们都需要去参与。(XM3,2021/11/10)

不同县域在学前教育管理机构和制度设计上也存在一定差异性,但各个管理部门之间呈现相互分离状态的现象也十分普遍。例如,一位负责县学前教育管理的负责人在访谈中就谈道:

> 我们区县是有的,像我们这个学前教育科。但不是我们一个科室说了算,财务还是财务方面管的,安全还是安全方面管的,是分科室在管的。(XM2,2021/12/09)

由于县域学前教育管理机构和制度不健全,专业人员不足,由此导致县域学前教育发展中监督和评估制度的缺位。很多幼儿园,尤其是民办幼儿园在管理中处于比较被动的状态。这在访谈中有园长也有论及:

> 我们要精准地去检查,我们也经常突击到民办幼儿园去看,然后一看有的园就开始偷工。有一次去突击,就发现偷工比如说鱿鱼,就很奇怪,鱿鱼都三四十块一斤,然后发现它少斤两。它解释道:小朋友都不喜欢吃鱿鱼的,浪费太多了。规定要四十斤的,它就给你八斤五斤。拍照就拍这一锅。(SK3,2022/04/08)

> 红烧肉换成肉烧油泡,然后油泡整锅。然后这种情况就要我们监督。(SK3,2022/04/08)

> 收费都一样的,像供应商什么的,街道也没有说规定,没有模式。就只有我们自己去摸索,去看去突击,一看缺斤少两,这个问

题发现了，就告诉它们每天在群里发照片，发在锅里的一锅菜，拍小孩子碗里的。后来发现虽然拍得很好，但是它是局部的照片，实际上斤两不足。后来改变策略，现在拍早上送菜来园称菜的照片，我要看到东西也要看到斤两。然后群里每天报，我们抽看，偶然突击去园内看。我们抓住了会狠批，再苦再没钱你也不能缺孩子的吃食。(SK2，2022/05/13)

三 幼儿园财政投入制度不健全

充裕的财政经费投入是保障县域学前教育高质量发展的关键，对促进学前教育的整体可持续发展都具有重要的作用。《浙江省学前教育条例》第三十九条指出："县级以上人民政府应当保障学前教育经费，将学前教育经费纳入财政预算，新增教育经费应当向学前教育倾斜。县级财政性学前教育经费占同级财政性教育经费的比例不低于百分之五。"《浙江省学前教育发展第四轮行动计划（2021—2025年)》提出："落实政府投入为主、家庭合理分担、多渠道筹措经费的机制。各县（市、区）要完善幼儿园生均公用经费标准，制定并实施生均经费标准和公办幼儿园生均财政拨款标准。应当保障学前教育经费，新增教育经费向学前教育倾斜。逐步提高财政投入和支持水平，主要用于扩大普惠性资源、补充配备教师、提高教师待遇、改善办园条件、提升保教质量。县级财政性学前教育经费占同级财政性教育经费比例不低于5%（不举办高中的地区适当提高），并争取逐年提高。"

但从调查结果看，很多县（区）的学前教育财政投入制度都很不健全，且财政投入经费严重不足。在访谈中，当问及"县（区）政府对学前教育的财政投入如何？"这一问题时，有园长就谈道：

天台是真的没钱，财政真的没钱。财政可能省里也不拨款，这也是很现实的问题，跟当地的政府直接挂钩。就是看重不重视（学前教育）。拿的钱再少，拨一点给你吃吃还是好的。其实你重视了，我们只是要求分一杯羹。以前，只有我们机关幼儿园是独立的，是县直属的，另外还有恩美幼儿园两所。其他乡镇中心幼儿园都是在乡镇学校里的，都是独立法人。从2014年开始，有了集团化和连锁化办园，这个就在天台成为特有的名片。我们现在是第四个三年行动计划，天台的这个模式就一直被看好。（XK5，2022/04/21）

当然，县级政府对幼儿园的财政投入与地方经济的发展水平，幼儿园所处的地理位置，以及当地政府对学前教育的重视程度也有着十分密切的关系。正如一位幼儿园园长在访谈中所言：

我们幼儿园所处区域较好。我们是临海市发展区域，现在也是我们城市的中心区，我们幼儿园刚好处在中心区。所以我们比较好的一个是资源配置，比如说公办推进上，我们推进的力度大。还有一个像我们刚才说到的，需要搞建设，那么相对来说像街道给我们的支持就很大。比如老园的班级人数太多，班级很小都容纳不下啊，我说我只能马上要扩建，要把这个游戏区扩建，这时候就向领导提出，然后政府就会拨款。领导的支持度很高。所以这也是我们幼儿园能留下人的原因，我们的老师能够稳定工作的原因。（XK4，2022/04/06）

第五章

县域学前教育资源配置的优化路径

第一节 加强学前教育教师队伍建设

"十四五"时期,在中国学前教育高质量发展背景下,幼儿教师队伍建设对县域学前教育质量的提升意义重大。随着全面三孩政策实施后学前适龄人口的增加、人们对学前教育的日益重视,以及社会对幼儿园教师社会地位和权益的关切,如何更好地促进县域内幼儿园教师资源的合理优化配置,满足广大民众对优质安全普惠的学前教育资源的美好期盼,保证适龄幼儿接受基本的、有质量的学前教育的机会和权利,就需对县域幼儿教师资源配置及供给能力予以足够重视。[①]

一 拓宽幼儿教师资源供给方式,增加幼儿教师总量

从本书的调查结果看,无论是县城、乡镇,还是农村地区的民办园或公办园,对幼儿教师数量的需求都将不断扩大,高质量、快速扩充幼儿教师队伍迫在眉睫。因此,地方政府要拓宽幼儿教师资源供给方式,多渠道增加幼儿教师数量,提高县域幼儿园教师资源承载力。

第一,建立县域幼儿教师资源信息数据库。《浙江省教育事业发展"十四五"规划》提出:"坚持数字赋能、创新驱动,以促进信息技术与

[①] 此部分参见王声平、杨友朝《三孩生育政策下我国城镇幼儿园教师资源配置的现状及优化》,《北京教育学院学报》2022年第3期。

教育教学融合创新为主线，构建高质量数字化教育公共服务体系，充分发挥新技术在教育系统性变革中的内生变量作用。"《浙江教育现代化2035行动纲要》提出：到2035年，"所有市、县（市、区）教育现代化发展指数达到80以上"，"构建完善的智慧教育环境，实现优质教育资源的精准化、个性化供给。"以县为单位对不同类型和性质的幼儿教师的基本信息进行登记与备案，分析幼儿教师的整体分布形态。以此为基础，建立县域幼儿教师资源信息数据库，全面把握教师队伍的储备结构、流动状况，并将其作为城乡幼儿园教师补充、编制配给等的重要依据和参考。①

第二，加强校地合作，扩大幼儿教师培养规模。一是，地方政府可根据县域幼儿教师的缺口情况，通过设立学前教育专项经费，有步骤地在所辖区域内规划、恢复和建设一批中等幼儿师范学校，以满足区域内幼儿园教师培养需求，增加县域幼儿教师资源供给力度。二是，地方政府要充分利用当地的师范类院校资源，并与之建立起长期的合作伙伴关系。通过"定向招生""委托培养"等方式，由教育行政部门通过学费补偿或减免、助学贷款补充等方式，在高中毕业生中选拔优秀学生，鼓励他们报考学前教育专业。地方政府可与学生签订就业协议，要求毕业后留在当地服务学前教育事业的发展。三是，扩大高等院校学前教育招生规模，提高人才培养质量。根据区域学前适龄人口的增长速度与规模，高等院校包括师范院校、高职高专以及其他有条件的综合类院校可在学科发展的基础上，单设或增设学前教育专业，扩大学前教育招生规模，依据《幼儿园教师专业标准》，完善专业质量认证和保障体系，提升培养质量，加大对卓越幼儿园教师的培养力度和体制创新，培养一批具有示范引领作用的优秀幼儿园教师。② 高等院校要创新学前教育专业培养模式，如前移培养起点，通过专项计划精准培养初中优秀毕业生学习学

---

① 康永祥、庞丽娟：《解决幼儿教师待遇问题——基于行业准入与人力资本收益的制度设计》，《教育科学》2014年第1期。

② 黄瑾、熊灿灿：《我国"有质量"的学前教育发展内涵与实现进路》，《华东师范大学学报》（教育科学版）2021年第3期。

前教育,通过"3+2""3+4"等模式扩大学前教育专业招生规模,大力培养专业性人才,加快幼教师资的培养。高校招收幼师时,在兼顾公平与合理的价值理念基础上,名额可适当向男性倾斜,提高男性比例,鼓励更多男性从事学前教育事业。①

第三,根据不同县域学前适龄人口变动情况,研制班级规模标准。从调查的结果来看,浙江省不同县(区)幼儿园教师数量很难在短时间内满足生育政策调整后学前适龄人口的增长速度。在此背景下,教育行政部门可根据地方学前教育实际发展情况,适当降低幼儿园,尤其是县城和乡镇公办幼儿园的师生比,适当扩大班级规模,缓解学前适龄幼儿入学压力,扩大优质公办幼儿园资源的覆盖面。但需要注意的是,班级规模调控的目标应是在不降低现有教育质量的前提下,尽可能多地容纳适龄幼儿,满足其接受基本的学前教育公共服务的需求。根据国际经验,只有当班级规模小于15人时,其与教育质量和幼儿发展之间才存在显著相关。② 地方行政部门可通过组织专家,在大规模范围调查的基础上,探寻适宜于浙江省县域幼儿园班级规模对教育过程性质量和幼儿发展影响的临界值。以此为参照,根据学前适龄人口变动的实际情况和相关政策要求,着眼于过程性质量提升和幼儿发展,针对学前教育适龄人口快速增长、达到高峰和逐渐减少等不同阶段,调整修订班级规模基本标准。③

二 制定幼儿园教师编制与职称评审制度,增强幼儿教师专业认同感

编制和职称是幼儿教师身份的象征,对增强幼儿教师专业认同

---

① 肖兴政、刘燕、王露梅:《改善幼教师资性别配置研究》,《山西财经大学学报》2011年第S2期。

② Bowne J. B., Magnuson K. A., Schindler H. S., et al., "Ameta-analysis of Class Sizes and Ratios in Early Childhood Education Programs: Are Thresholds of Quality Associated with Greater Impacts on Cognitive, Achievement, and Socioemotional Outcomes?", *Educational Evaluation and Policy Analysis*, No. 3, 2017.

③ 黄宸、李玲、钟秉林:《"全面二孩"政策下要不要扩大幼儿园班级规模?——我国幼儿园班级结构性质量与过程性质量关系的元分析》,《中国教育学刊》2018年第9期。

感,提高幼儿教师职业吸引力意义重大。第一,为合理规划城镇幼儿园教师编制,省级行政部门应将编制权下移到县(区)。县(区)各级行政部门之间相互协调,在充分调研和论证的基础上,共同研制适宜于县域学前教育可持续发展的幼儿教师编制方案。例如,由核编到园改为核编到区(市)县,动态调配系统内教职工编制,在总编制范围内调剂余缺,尝试在区(市)县内实行幼儿教师无园籍管理制度。①

第二,研究幼儿园教师编制单列政策。当前很多地方政府主要依据的是中小学教师的编制标准来核定幼儿教师编制数,而幼儿园教师与中小学教师的职业要求有很大差异性,完全参照中小学教师的编制标准显然是不科学、不合理的。县级政府应根据幼儿教师的职业特征,研究并制定适宜于学前教育发展特点的幼儿教师编制单列政策与管理办法,结合县域内幼儿园教师编制的实际分布形态,提高公办幼儿园教师编制数的比例。② 为促进男女幼儿教师数量的均衡发展,要适当提高幼儿园中男教师的编制比例,科学设定男幼儿教师的招聘办法,吸引更多优秀男教师从事幼教工作。但需注意的是,要对性别的平等性和政策的公平性及合理性进行认真研究,否则"盲目的倡导通过增加男性教师数量来实现学前教育教师的性别平衡,只会无形中加剧社会性别二元化和潜在的性别歧视现象。"③

第三,探索实施幼儿教师人事代理制度。面向所有不同类型和性质的无编制幼儿园教师,尤其是县域内的公办幼儿园在岗非编教师和普惠性民办幼儿园的教师可实施人事代理制度。实行人事代理制度的教师与有编制的教师在工资待遇、社会保障上同工同酬,且人事代理制度的教师在参与职称评定、评优评先上有一定优先权。人事代理制度能使县域

---

① 邓泽军、李敏、刘先强:《论城乡幼儿教师均衡配置体制机制创新》,《基础教育》2015年第6期。

② 庞丽娟、张丽敏、肖英娥:《促进我国城乡幼儿园教师均衡配置的政策建议》,《教师教育研究》2013年第3期。

③ 曾健坤、罗璇:《学前教育教师的性别失衡与平衡研究——基于性别表演论的视角》,《教育研究与实验》2020年第2期。

内不同类型的幼儿园，尤其是使民办园教师的工资、福利待遇、社会保障等得到基本保证，这对稳定幼儿教师队伍、提高社会对幼儿教师职业的认同和支持具有重要的促进作用。

第四，完善幼儿园教师职称评审制度。《浙江省学前教育条例》第二十八条指出："幼儿园教师技术职称评定、技术职务聘任政策单列实施，医师、护士执行医疗机构专业技术人员技术职称评定、技术职务聘任政策。""对长期在偏远地区、条件艰苦地区工作的幼儿园教师，在技术职称评定、福利待遇等方面应当予以照顾。"省级政府部门可在省域内制定针对所有类型和县域的统一、独立的幼儿园教师职称评审体系与制度，对幼儿教师的任职资格和职称评定条件予以明确规定。各县（区）根据区域发展实际，在参考省级幼儿教师职称评审条件的基础上，结合幼儿教师的学历、从教年限、教学经验、专业能力，等等，制定幼儿教师职称评定的具体程序、标准和等级，对幼儿教师的专业水平给予科学认定，保障幼儿教师切身利益。

三 健全幼儿教师薪酬体系，改善幼儿教师工资待遇

幼儿教师的工资待遇对教师的工作动机、专业认同感和满意度有直接影响，从而间接影响到幼儿园的教育教学质量。"在成人工作环境变量当中，对学前教育质量最具预测作用的就是教师的工资，高质量的学前教育需要营造一种既重视儿童也重视教师的环境。"[1] 较低的工资成为优秀人才流入学前教育行业的障碍，由此引发的高离职率还会对儿童发展产生负面影响。[2] 教师的薪酬满意度越低，其离职的倾向性就越高。因此，提高幼儿教师的工资收入水平和薪酬满意度是稳定幼儿教师队伍的首要保障。有研究发现，学前教师每小时工资每增加一美元，教师辞职

---

[1] Whitebook M., Phillips D., Howes C., "Worthy work, STILL Unlivable Wages: The Early Childhood Workforce 25 Years after the National Child Care Staffing Study", Berkeley, CA: Center for the Study of Child Care Employment, 2014.

[2] OECD, "Starting Strong Ⅲ: Early Childhood Education and Care", *OECD Publishing 2012*, p.158.

的可能性就会降低6%。① 良好的经济激励保障是吸引优秀人才和建设高质量学前教师队伍的关键，2015年PISA评估发现，教师工资待遇与学生从教的期望和意愿呈正相关。②

但由于受传统偏见、市场化倾向等因素的影响，中国幼儿园教师的专业性受到严重忽视，幼儿教师的资格与职称评定制度不健全、国家未从制度层面对幼儿园教师的编制、职称等给予明确规定，幼儿教师编制管理的随意性大，与此相应的是其社会认同度不高，工资福利保障不规范、经济待遇低。③目前，中国学前教育尚未纳入义务教育体系，各地政府对幼儿教师的福利待遇没被有效落实。幼儿教师工资标准没有统一规定，民办幼儿园和公办幼儿园教师工资普遍不高。通过访谈发现，大部分县镇幼儿教师对自己的工资和福利待遇的满意度都较低。一般而言，地方经济发展水平高，政府对学前教育越重视，幼儿教师的工资薪酬也越高，反之亦然。另外，幼儿教师缺编，职称评定的比例低也是导致幼儿教师工资低的重要影响因素。由于幼儿教师没有正式的事业编制，意味着幼儿教师没有正式的教师身份，工资收入一般由所在幼儿园以合同工或临时工的形式发放，难以享受到编制内幼儿教师理应享有的权益。

对幼儿园教育质量而言，指向于提升教师薪酬待遇与师资队伍素质的投入是最有效的投入。④世界各国自20世纪80年代以后开始重视对基础教育教师的财政投入，其中，基础教育教师的工资历来是教育公共经费的最主要支出，一般达到政府教育公共投资的80%左右。例如，日本为吸引优秀人才，大幅度提高幼儿教师的工资待遇，对志愿任教的学生实行奖励制度，其工资比一般的国家公务员高出20%左右。韩国国务会

---

① Totenhagen, C. J., Hawkins, S. A., Casper, D. M., Bosch, L. A., Hawkey, K. R., & Borden, L. M. "Retaining Early Childhood Education Workers: A Review of the Empirical Literature", *Journal of Research in Childhood Education*, No. 4, 2016, pp. 585–599.

② OECD. "Effective Teacher Policies: Insights from PISA", *OECD Publishing* 2018, p. 142.

③ 王海英：《"嵌入性秩序"——幼儿教师劳动价值的经济社会学分析》，《学前教育研究》2011年第1期。

④ 李克建、潘懿、陈庆香：《幼儿园教育质量与生均投入、生均成本的关系研究》，《教育与经济》2015年第2期。

议于 2006 年将幼儿教师的工资提高 2%。四年制幼教专业大学毕业生如果去幼儿园工作，月工资一般在 120 多万韩元（约合人民币 1 万元），之后每年都在提高。① 中国在部分政策法规中对幼儿园教师的待遇也有论及，但由于法律法规间的相互冲突、政策模糊和执行效力等问题，使得在编的公办教师很难与中小学教师处于同等地位，实现工资水平不低于或者高于国家公务员平均工资水平。② 中国政府对幼儿园教师的财政投入较低，幼儿教师的工资水平普遍低于世界其他国家。③ 在促进学前教育高质量发展背景下，各级政府间要相互协作，加大财政投入，对幼儿教师的工资福利待遇予以高度重视。邀请并组织各领域的专家学者，结合幼儿教师的工龄、学历、专业背景、教学能力等，在充分考虑幼儿教师职业特点基础上，根据地方的经济发展水平和差异，共同研制幼儿园教师最低工资待遇标准，出台绩效工资发放的要求、程序，建立具体、可操作的幼儿教师薪酬体系，确保幼儿园教师的基本待遇，逐步建立起保障幼儿园教师工资的长效机制。"系统多元的经济激励特别是工资待遇方面的经济激励为提高学前教师职业吸引力，支持学前教师安心从教并不断追求专业发展提供了良好的保障力和推动力。"④

四 完善幼儿教师培训制度，提高幼儿教师专业能力

幼儿教师专业能力是学前教育改革与发展的关键，完善的幼儿教师培训制度对教师个体的专业成长及学前教育事业的整体质量提升意义重

---

① 姜勇：《国际学前教师教育政策研究》，华东师范大学出版社 2012 年版，第 21 页。
② 时莉、姜勇、洪秀敏：《我国幼儿园教师地位政策的可行性、执行情况及效用度分析》，《学前教育研究》2013 年第 5 期。
③ 《国家中长期教育改革和发展规划纲要（2010—2020）》颁布以后，中国学前教育财政投入规模增长明显，财政性学前教育经费占比从 2010 年的 1.7% 提高到 2013 年的 3.5%。但从预算内学前教育经费的支出结构的变化来看，人员经费占比从 79.59% 下降到 50.66%，资本性支出却从 6.90% 增长到 31.09%。可见，学前教育财政投入的增量并未向教师待遇倾斜，还未建立起保障教师工资待遇的投入机制。（参见刘颖、乐晓云《美国提高学前教师工资水平的政策进展及启示》，《教师教育研究》2017 年第 3 期。）
④ 蔡迎旗、胡马琳：《OECD 国家高质量学前教师队伍建设的行动与启示》，《全球教育展望》2022 年第 9 期。

大。全美幼教协会（National Association for the Education of Young Children，NAEYC）高质量幼儿教育机构评价标准在"人员资格及其发展"部分明确提出，托幼机构要为工作人员提供定期培训的机会，提高工作人员与儿童及其家庭共同工作的能力，或让工作人员做好承担责任更大的岗位的工作的准备。① 在职培训能为学前教师专业成长提供重要条件，有利于提高学前教育过程性质量。②

  首先，地方政府要认识到培训对幼儿教师专业发展的意义，加大对幼儿园教师培训的财政支持力度，将其纳入地方教育财政投入预算和基础教育事业发展规划之中，建立起省级统筹、市县政府为主的财政投入分担机制。政府要以政策法规的形式维护幼儿教师的培训进修权，完善幼儿教师职后培训体系，明确幼儿教师每年的培训时长、次数，多渠道扩展幼儿教师培训内容，满足不同教龄幼儿教师的职业发展需求。根据幼儿园教师所处的发展阶段，提供个性化培训，建立满足不同层次和需求的培训体系，精准制订"高素质善保教"的幼儿教师培训计划与方案，③ 为幼儿教师提供良好的专业支持空间和环境。以制度化形式将幼儿教师的培训与职称晋升、评奖评优、社会福利结合起来，充分调动幼儿教师个体参与培训的积极性和内在动力。"运用强制性要求与多种奖励并举的方式，支持、引导和激励学前教师的自主学习和毕生发展，爱岗敬业，矢志不渝地从事学前教育事业。"④ 通过设立专门的幼儿教师培训与发展中心，利用现代信息技术网络资源，开展在线教研、在线讨论等活动，建设县域幼儿教师培训资源共享平台，鼓励幼儿教师利用网络在线学习。利用大数据支持准确了解幼儿园教师的培训需求，使培训更为

---

  ① 刘霞：《幼儿园教育质量评价的理论与实践》，人民教育出版社2017年版，第14页。
  ② Egert F., Fukking R. G., Eckhardt A. G., "Impact of In-Service Professional Development Programs for Early Childhood Teachers on Quality Ratings and Child Outcomes: A Meta-Analysis", *Review of Educational Research*, No. 3, 2018, pp. 401–433.
  ③ 李欢欢、黄瑾：《"高素质善保教"幼儿教师培训模型之构建》，《中国教育学刊》2019年第2期。
  ④ 蔡迎旗、胡马琳：《OECD国家高质量学前教师队伍建设的行动与启示》，《全球教育展望》2022年第9期。

精准化，构建幼儿园教师培训资源库；建立一个动态的、即时的教师专业发展网络平台，实现资源、信息和经验超时空共享，最大化满足个体专业发展和学习的多样化需求，提高培训的适切性和有效性。①

其次，建立县域幼儿园教师培训质量监测制度。随着社会广大民众对优质学前教育资源需求的不断增加，提高在职幼儿教师质量迫在眉睫。地方政府可成立专门的第三方评估机构，赋予其相应的权利和义务，加强对县域内幼儿园教师培训过程与质量的管理。"关注培训广度，使教师培训内容全面反映教师的专业发展需求和复杂的专业实践情境。提升培训一致性，使在职培训与职前培训在主题、设计上保持贯通性和一致性，帮助教师随时间的推移重新审视培训内容，不断加深理解、更新认识并调整做法。"② 根据地方区域特色制定明确的评估标准和动态监控体系，对培训机构的资格、培训内容、培训效果进行有效评估。尤其要加强对幼儿教师培训经费的监督，建立培训经费的监督审查、公示和问责制度，切实保障幼儿园教师培训经费的投入和规范使用，提高幼儿教师培训质量。

最后，幼儿园要积极与地方高校建立深度的园—校合作关系，发挥高校在幼儿园教师培训培养中的专业优势。幼儿园与高校合作是一个双赢过程，对提高幼儿园教师专业能力至关重要。通过幼儿园的参与，高校能更准确把握幼儿园教师在实践中存在的核心问题，完善学前教育人才培养方案，改进教育教学模式，调整课程结构，完善教学大纲，鼓励学生深入学习理论知识。幼儿园通过参与高校人才培养方案的修订，能更全面了解高校学前教育人才培养的理念、目标、教学方式与内容，积极吸取当前学前教育研究的最新理论成果，并可邀请高校专业教师为幼儿园一线教师担任学习导师，促使幼儿园教师不断提高自身的专业水平。

---

① 葛晓英、王默、杨冬梅：《幼儿园教师培训内容需求的调查分析》，《天津师范大学学报》（基础教育版）2021年第4期。

② 钟秋菊、张一春、兰国帅：《国际学前教师队伍建设：样态透视与经验启示——基于OECD〈建设高素质幼儿教育和保育队伍报告〉的解读》，《现代教育管理》2022年第1期。

第二节　建立县域学前教育财政投入机制

党的二十大明确提出了"以推动高质量发展为主题"的命题，要求把发展质量问题摆在更为突出的位置上，着力提高发展质量和效益。为深入贯彻落实党的十九届五中全会"完善普惠性学前教育保障机制""建设高质量教育体系"的部署要求，《"十四五"学前教育发展提升行动计划》明确指出，各省（区、市）要"以提供普惠性服务为衡量标准，科学核定普惠性幼儿园办园成本，明确分担比例，统筹制定财政补助和收费政策，合理确定家庭支出水平。优化完善财政补助政策，逐步提高学前教育财政投入水平，保障普惠性学前教育有质量可持续发展。"合理的学前教育成本分担机制，充裕的学前教育经费投入，完善的学前教育财政补助政策是保障学前教育高质量发展的重要条件。建设高质量教育体系，需要充足的教育经费的财力资源。[①] 高质量的学前教育需要高成本的财政投入，高质量的学前教育将会给社会和教育界带来双重益处。[②] 学前教育的高质量发展离不开稳定充足的财政经费投入，政府对学前教育的财政投入是促进学前教育健康、和谐、可持续发展的关键。

在"省级统筹，以县为主"的教育管理体制背景下，中国学前教育发展的重点在县域。实现学前教育高质量发展首先需要实现县域内学前教育的高质量发展。为促进县域学前教育跨越式高质量发展，地方政府需明确发展学前教育的主体责任，构建合理的财政投入分担机制；优化经费配置结构，加大幼儿教师财政投入力度；建立财政投入监督制度，提高幼儿园经费使用效能；完善弱势群体家庭资助政策，发挥学前教育财政投入的补偿功能；构建以需求为导向的财政投入体制，加强普惠性

[①] 孙绵涛、李莎：《提升教育改革效能，完成建设高质量教育体系的重大历史任务》，《教育与教学研究》2021年第1期。

[②] 庞丽娟、范明丽：《当前我国学前教育管理体制面临的主要问题与挑战》，《教育发展研究》2012年第4期。

民办园扶持力度。①

一 明确地方政府财政投入主体责任，构建合理的财政投入分担机制

学前教育的公益性、普惠性、公共性，决定了政府在学前教育财政投入中的主体地位。为促进学前教育高质量发展，保障幼儿园有稳定充足的经费来源，世界主要国家和地区均以立法形式对政府财政投入比例进行了明确规定。在OECD国家中，政府财政投入占学前教育总投入的比例都较高。其中，智利、德国、美国超过70%，英国、墨西哥、新西兰超过80%，法国、比利时、瑞士等国超过90%。② 中国在《国家中长期教育改革规划纲要（2010—2020年）》中明确规定，地方政府是学前教育发展的主体，要构建以政府投入为主，家庭合理分担，社会广泛参与的多元化财政投入机制。但与世界其他国家相比，中国在颁布的相关法律法规中并未对地方各级政府应承担的财政经费投入比例予以明确规定。学前教育事权与支出责任划分仅有"地方为主，中央奖补""省级（市）统筹、以县为主"等原则性规定，并未具体划分各级政府的分担比重。③ 对此，省级、县级及乡镇政府首先要充分认识到学前教育对整个基础教育，以及区域经济发展的外溢效应，在观念层面意识到发展学前教育的价值和使命，并将发展学前教育列入政府基本公共服务范畴。国家层面应通过颁布《学前教育法》的形式，以立法明确地方各级政府对学前教育经费投入的比例，并督促各地方政府将学前教育支出纳入公共财政预算之内。按照各级政府财政收入水平，合理增加学前教育的财政支出，调整各项目投入资金的分配比例，提升地方政府学前教育经费投入的责任感。

当前，中国承担学前教育财政责任的重心偏低，幼儿园在财政投入

---

① 此部分参见王声平、杨友朝《高质量发展背景下我国县域内学前教育财政投入的问题及改进建议——基于浙江省的实证调研》，《教育与教学研究》2022年第7期。
② OECD Indicators. Education at a Glance 2010, http://www.oecd.org/edu/eag2010.
③ 刘焱、郑孝玲：《关于普惠性学前教育公共服务属性定位的探讨》，《教育研究》2020年第1期。

上以县级政府为主，中央和省级政府对幼儿园财政投入的比例较低，经费投入明显不足。

《浙江省学前教育发展第四轮行动计划（2021—2025年）》提出："各地应当在科学核定办园成本，合理优化成本分担项目结构的基础上，从学前教育公益普惠定位出发，统筹考虑当地城乡经济发展水平和群众承受能力，合理确定公办幼儿园成本分担比例。公办幼儿园保教费占保教成本的比例不高于40%。"分担比例"是反映分担主体分担教育成本多少的指标，它以分担主体分担的教育金额与教育支出总金额的比率来表示。该比率越大表明分担主体分担的成本越多，承担的责任越重。政府在各级教育中的成本分担比是政府责任意识的体现。与其他各级教育相比，学前教育政府分担比渐趋落后，并最终成为政府分担比最低的教育阶段。"[①] 幼儿园财政投入的主体可适当上移至省级政府，而管理的主体落实到县级政府。以制度化形式，构建合理的幼儿园财政投入分担机制，建议中央政府的财政比例在10%—15%；省级政府的财政投入分担比例在55%—60%，县级政府的财政投入分担比例在25%—30%，另外由家长承担10%—15%的费用。因不同地方的经济发展水平差异较大，县级政府可根据经济发展的具体情况确定适宜于县域学前教育发展的财政投入分担比例。

二 优化经费配置结构，加大幼儿教师财政投入力度

合理的经费配置结构是影响学前教育高质量发展的关键。政府在加大学前教育财政投入实践中，既要注重总量不足的问题，又要对经费配置结构进行不断优化与完善。"充足的供给、均衡的结构、公平的分配，这三方面的考量在中国学前教育财政投入政策的设计和选择时互为补充、缺一不可。"[②] 幼儿教师经费是生均成本结构中最能有效预测幼儿园教育

---

① 虞永平、王海英、张斌：《儿童·国家·未来：学前教育体制机制改革研究》，南京师范大学出版社2020年版，第98页。

② 夏婧、庞丽娟、张霞：《推进我国学前教育投入体制机制改革的政策思考》，《教育发展研究》2014年第4期。

第五章 县域学前教育资源配置的优化路径

质量的指标,政府应调整投入方向,优化教育资源配置,优先投入到关键的人才资源即教师身上,注重教育生产的关键要素,优化要素组合,选用合适的教育生产函数,同时合理布局,避免资源浪费,以实现供需适配和高效能。① 但从调查结果看,地方政府的财政支出主要用于资本性支出,占54%;而事业性支持经费相对较少,占46%。这与OECD国家的经费支持结构有很大差异。② 例如,美国《1990年提前开端扩展和质量提升法案》明确规定用于教师的工资待遇至少要占质量提升资金中的一半,鼓励提前开端机构建立与教师的培训和教育经历挂钩的薪资结构。高水平薪资有利于保障高质量的师生互动,而薪资低下导致的高离职率对儿童发展具有显著的负面影响。③

学前教育经费有效投入的关键是教师队伍,专业化的师资队伍是学前教育高质量发展的核心动力。2022年4月,教育部等八部门在颁布的《新时代基础教育强师计划》中明确提出要以高素质教师人才培养为引领,以高水平教师教育体系建设为支撑,筑基提质、补短扶弱、做优建强、全面提高教师培养培训质量,促进教师数量、素质、结构协调发展,为构建高质量教育体系奠定坚实的师资基础。为促进县域学前教育教师队伍的高质量发展,地方政府要合理规划经费投入结构,增加经常性经费在支出结构中的比例,改变学前教育公共财政投入集中于资本性支持的格局,加大幼儿教师财政投入力度。推动各地逐步实现幼儿园教师同工同酬,在财政投入与实际践行上提高幼儿教师社

---

① 龚欣、曲海滢:《高质量学前教育体系:基本构成、主要特征及建设路径》,《现代教育管理》2021年第11期。

② 有研究显示:OECD国家的经常性支出总体上保持较高水平,而资本性支出所占比例很少。2015年OECD国家的早期教育阶段的经常性支出水平为93.5%,其中最高的国家是爱尔兰,达到了99.4%。84%的国家经常性支出占比都超过了90%,除了荷兰(88.5%)、土耳其(87.7%)、日本(86.0%)和捷克(84.4%)之外,但是这四个国家的经常性支出水平依旧在中国之上。中国学前教育经费在资本性支出上高于OECD国家整体平均水平,经常性支出(81.8%)比重不足,与OECD国家平均水平相差11.7%。2016年中国学前教育经费经常性支出有所上升,为82.8%。(参见李芳、祝贺、姜勇《我国学前教育财政投入的特征与对策研究——基于国际比较的视角》,《教育学报》2020年第1期。)

③ 李芳、祝贺、姜勇:《我国学前教育财政投入的特征与对策研究——基于国际比较的视角》,《教育学报》2020年第1期。

会地位，增强幼儿教师职业吸引力。通过政策、资金等方式加强幼儿园教师职前职后培养一体化建设，采取短期培训与置换研修有机结合、激励教师学历提升项目、幼儿教师队伍质量专项经费建设等途径，提高幼儿教师专业水平和综合素养。确保幼儿教师相应的福利、医疗、保险、退休等各项待遇得到有效落实，为幼儿园教师的专业发展创设良好的支持条件。这对增强幼儿园教师的专业认同感、稳定幼儿教师队伍，提高幼儿园教师教学能力，全力打造一支高水平、高素质的幼儿教师队伍有着十分重要的意义。

三 建立政府财政投入监督制度，提高幼儿园经费使用效能

政府对幼儿园财政投入经费使用的监管机制尚未真正建立，政府既是财政经费投入的主体，也是幼儿园财政经费使用效率的评判者。但由于政府的管理范围广泛，难以做到对幼儿园财政经费使用的监管，导致部分幼儿园对政府投入资金的浪费现象，不利于提高财政投入的使用效率。为提高政府财政投入的使用率，地方政府一方面要扩大幼儿园对经费的使用权，增加经费使用的灵活性，完善和优化幼儿园财政经费预算决算制度，鼓励和支持幼儿园根据园所实际需要充分利用政府经费投入。另一方面，为保障幼儿园收费及支出的规范性，政府要建立严格的财务使用监管制度和相关财产核实制度，加强对幼儿园财务的核查力度，对幼儿园财务使用的内容、过程、主体予以公示，健全责任清单制度和责任人制度；对幼儿园的资产进行及时的等级管理与核对，明确其财产、物资的使用方向，根据资金使用效能为学校提供、完善各种教学设备，避免资源、资金浪费与不明确现象的出现。学前教育财政性经费的使用必须考虑其有效性，要转变长期以来重幼儿园园舍建设、轻幼儿园玩教具图书配备的倾向。幼儿园在园舍建设装修和硬件设施配备上应以"够用""适用"为标准，保证基本的办园条件和保教质量即可，坚决反对和制止公办园在园舍建设装修和硬件配备上追求奢华的倾向，要在最大限度上保证幼儿园获得最大的经济效果。构建主体多元参与的政府财政投入监督制度，保证财政投入的公正性、民主性、正义性。通过多种途

径，激发幼儿家长、园长、幼儿园教师及其他社会组织参与到对政府财政投入的监督中去。政府对幼儿园的财政投入实行公开制度，让社会各界对政府财政投入进行有效监督，力求让所投入的资金真正服务于幼儿发展，发挥政府财政投入的作用和效益。

为有效提高幼儿园园内资金的使用效率，幼儿园内部也应对自身的财务管理制度进行完善，加大自我监督、自我评估和自我管理力度，建立并完善幼儿园会计制度，规范幼儿园财务管理程序。幼儿园财务管理工作应由园长全面负责，结合经济活动与教育教学活动的客观规律来合理使用教育经费，使其经费的使用性提至最大有效值。作为财务管理工作人员，应严格按照国家相关规定与制度来制定适宜、科学的幼儿园财务管理制度。财务的分配计划与实施要有明确的方案，且与现实贴切，并对资金的筹集与使用、对预算的编制与执行、对监督的评价等有明确规定。运用单位的内部控制制度来约束相关管理人员的财务行为，减少或避免不良违纪行为的发生。在外部监控和内部有效管理的双重机制下，实现幼儿园财政经费使用效率的最大化。

四　完善弱势家庭资助政策，发挥学前教育财政投入的补偿功能

公共教育资源分配的补偿性，是指公共教育资源的分配，尤其是对学生资助不能够均等分配，公共教育资源要更多用于对处境不利者拥有的教育条件的补偿，帮助贫困者克服经济原因而造成的入学困难。[①] 为保障县域内所有幼儿都能接受到高质量的学前教育，政府首先需调整经费投入结构，转变将经费主要投向少数示范性幼儿园的观念和做法。中国学前教育市场化程度仍较高，"总体上遵循'优质优价'的市场化法则。而广大农民、进城务工人员以及城市低收入群体对学前教育的支付能力极其有限，因而只能'购买'到低质量的学前教育服务。"[②] 但国际上的诸多研究均表明：对弱势群体的学前教育投入有更大的回报率。美

---

① 陈静思：《教育资源配置的公平与效率》，《当代经济》2016 年第 33 期。
② 李克建、潘懿、陈庆香：《幼儿园教育质量与生均投入、生均成本的关系研究》，《教育与经济》2015 年第 2 期。

国、英国、日本、印度等都很重视对弱势家庭的财政资助,并以法律形式对其进行了明确规定。例如,奥巴马执政后,将发展高质量学前教育尤其是保障弱势儿童获得高质量学前教育,作为美国学前教育改革的目标之一。印度在《国家儿童政策》《国家行动计划》等法律法规文件中对儿童教育服务范围、幼儿入学资助条件都进行了明确规定。[1] 并且,为弱势儿童和贫困地区儿童提供高质量的学前教育,构筑向上流通的渠道,是防止贫困代际传递的根本途径。[2]

因此,地方政府要改变当前"公共财政学前教育投入有利于来自家庭经济和社会地位高的孩子的不公平格局,突出以瞄准穷人和弱势群体家庭的孩子接受较高质量的学前教育作为政府公共财政投入学前教育的重要政策目标"。[3] 将资金更多用于接受城乡弱势群体的幼儿园和处境不利儿童,如流动人口子女、低收入家庭子女、贫困地区儿童、留守儿童、特殊儿童,等等。"我们需要通过更好的教育资源配置,以确保贫困儿童也能有充分的经验准备。"[4] 政府要加大和落实对农村地区尤其是贫困地区和偏远山区的补助力度,实行有针对性的补助政策,确保补助经费到位,真正能被运用到幼儿园的建设和发展中。通过补偿性的奖励政策,促进一些"低、小、散"的幼儿园得到改进和提升,更能激励它们向高质量方向发展。[5] 政府应以政策法规形式对公办幼儿园接收弱势家庭幼儿的比例进行明确规定,并将其作为政府财政投入考核内容的重要标准。"中国政府在财政上可以重点扶持公办园,但要规定公办园优先招收贫困儿童,规定公办园中贫困儿童所占的比例,对贫困儿童实行

---

[1] National Plan of Action 2005, http://www.childlineindia.org.in/CP-CR-Downloads/National%20Plan%20of%20Action.pdf, 2011-11-23.

[2] 王鉴、谢雨宸:《乡村学前教育高质量发展的内涵、逻辑与长效机制》,《东北师大学报》(哲学社会科学版) 2022 年第 2 期。

[3] 宋映泉:《不同类型幼儿园办学经费中地方政府分担比例及投入差异:基于 3 省 25 县的微观数据》,《教育发展研究》2011 年第 17 期。

[4] 《美国学前教育的现在与未来及其对高质量师资与研究的需求——全美幼儿教育协会主席 Gera Jacobs 博士访谈录》,《学前教育研究》2014 年第 7 期。

[5] 朱晓斌、蒋一之、郑报:《从社会保障伦理视角看农村学前教育公共服务体系的建构——以浙江省 16 县市区为例》,《教育学报》2020 年第 1 期。

学费减免政策。"① 确保公办幼儿园和示范性幼儿园中能有部分弱势家庭的幼儿，促进城乡学前教育公平的实现，保障弱势群体家庭的幼儿接受基本的、有质量的学前教育的机会。

其次，采取专项经费的方式保障贫困地区和弱势儿童的投入，保证学前教育起点上的公平。国际研究表明，学前教育质量与儿童发展结果的显著相关关系只存在于低收入阶层的幼儿中，尤其是处于农村地区和城市周边地区的处境不利儿童。《中共浙江省委 浙江省人民政府关于学前教育深化改革规范发展的实施意见》也提出：要"将农村幼儿园建设列入'乡村振兴战略''美丽乡村建设'，全面落实每个乡镇至少举办1所公办中心幼儿园，到2022年实现乡镇公办中心幼儿园全覆盖。按照'乡镇中心园为示范，中心村幼儿园为基础，村级教学点为补充'的农村学前教育公共服务体系建设思路，充分利用闲置校舍等资源，通过大村独立建园、小村联合办园的形式，着力提升农村园的园舍条件、保教水平和师资素质。"《浙江省教育事业发展"十四五"规划》也提出："推进普惠性幼儿园扩容工程和农村幼儿园补短提升工程，将农村幼儿园建设列入乡村振兴战略和美丽乡村建设内容，以乡镇公办中心园为示范、中心村幼儿园为基础、村级教学点为补充，大村独立建园、小村联合办园，提升园舍条件、师资素质和保教水平。大力推进城乡学前教育共同体建设。"《浙江省学前教育发展第四轮行动计划（2021—2025年)》也强调：要"落实县（市、区）人民政府的主体责任、乡镇（街道）参与的管理体制，继续推进实施农村幼儿园补短提升工程，根据城镇与乡村的人口变化趋势，因地制宜，统筹制定农村幼儿园补短提升项目计划，避免出现'城镇拥挤''乡村闲置'的现象。"

对农村地区、贫困地区和弱势家庭的儿童具有补偿性质的学前教育尤其需要质量保障（Fitzpatrick，2008）。② 地方政府要结合区域经济发展

---

① 田景正、马丽群、周端云：《我国城乡二元幼儿教育财政体制的形成与变革》，《教育与经济》2020年第2期。
② 黄瑾、熊灿灿：《我国"有质量"的学前教育发展内涵与实现进路》，《华东师范大学学报》（教育科学版）2021年第3期。

实际情况、贫困程度、弱势儿童数量、学前教育发展规模与需求等合理分担成本，加快研制免费的学前教育政策，逐步扩大弱势儿童免费接受学前教育的范围与程度。① 通过专项经费保障、政府财政转移支付、发放教育券等形式，促进城乡学前教育公平的实现，打破因经济上的差距而产生的起点不公和代际贫困循环。这在中国部分地区已进行了一些探索，并具有一定的推广价值和借鉴意义。例如，成都市双流区设立了弱势学前儿童专项扶助资金，对城乡弱势家庭幼儿的认定办法、评定程序、资助经费的管理都有比较完整的制度保障，对符合资助条件的贫困家庭幼儿免收保育费和管理费，并在发放过程中根据不同幼儿的实际情况采取不同方式的资金发放制度。②

五 构建需求导向的投入体制，加强普惠性民办幼儿园扶持力度

"实施高质量教育体系建设的经费投入在基本的政策取向上要着眼于需求、着手于供给，围绕教育领域供给侧结构性改革的深化提供相对于目标任务的充足经费，引导合理教育优质预期。"③ 然而，当前很多幼儿园尽管实行的是财政投入经费预算制度。但这种制度的刚性较强，弹性不足，且政府的部分专项资金只能用于某一个项目，而不能挪作他用。这种固化的制度化形式不利于幼儿园财政经费的合理利用，更不利于根据不同幼儿园的实际情况进行灵活处理和安排。因此，幼儿园财政投入要进行视角的转化，从以政府为主，逐步转向以幼儿园发展为本。根据不同幼儿园发展的实际需求，以项目制形式对幼儿园进行财政投入，并对财政投入经费予以严格监管。依据幼儿园项目完成和经费使用情况，决定下一年度政府的财政投入经费，提高幼儿园财政经费的使用效率。

新的生育政策背景下，中国学前教育资源远不能满足区域学前适龄

---

① 庞丽娟、孙美红、夏靖：《世界主要国家和地区政府主导推进学前教育公平的政策及启示》，《学前教育研究》2014年第1期。
② 刘建发、吴传毅：《学前教育普及中的政府责任分析》，《北京行政学院学报》2013年第6期。
③ 庞丽娟、杨小敏：《高质量教育体系建设的经费投入保障思考与建议》，《国家教育行政学院学报》2021年第8期。

人口的增长，公办学前教育资源短缺，"入园贵、入园难"依然是困扰广大民众的重大现实问题。普惠性民办幼儿园是中国提供学前教育服务的主要机构，对提高县域普惠性学前教育资源供给能力，满足广大民众对学前教育服务的个性化需求，保障更多适龄幼儿接受基本的、高质量的学前教育，实现"幼有所育"目标要求具有十分重要的意义。《"十四五"学前教育发展提升行动计划》明确提出，要"多渠道持续增加普惠性资源供给，大力发展公办幼儿园，积极扶持普惠性民办园，支持和规范社会力量办园。加强村级幼儿园建设，城市新增人口、流动人口集中地区新建改扩建一批幼儿园，完善城乡学前教育布局和公共服务网络，切实保障适龄幼儿入园。"《中国教育现代化2035》提出：到2035年，要建成普及有质量的学前教育，"以农村为重点提升学前教育普及水平，建立更为完善的学前教育管理体制、办园体制和投入体制，大力发展公办园，加快发展普惠性民办幼儿园。" 2022年5月6日，中共中央办公厅、国务院办公厅在印发的《关于推进以县城为重要载体的城镇化建设的意见》中也明确提出，要"完善幼儿园布局，大力发展公办幼儿园，引导扶持民办幼儿园提供普惠性服务"。与公办幼儿园相比，中国民办幼儿园获得的政府财政资助较少。[①] 民办教育的发展壮大不仅能更好地满足人们多样化的教育需求，降低财政资金压力，而且有助于竞争，提高教育质量。但有研究指出，政府财政投入在公办园中的平均成本分担占一半略多（51.6%），而在民办园中的平均成本分担只有1.1%（宋映泉，2019）。中国普惠性民办幼儿园的"有质量"发展必须在保证其合理利益空间的基础上提升学前教育质量，才可能实现活力可持续的发

[①] 有研究显示：2013年，民办学前教育机构共获得公共财政预算教育经费41.87亿元，占民办学前教育经费总投入685.95亿元的6.09%，是各级各类民办教育机构享有财政性资金比例数值最低的。民办学前教育机构享有的41.87亿元公共财政资金，相当于财政性学前教育总投入的4.85%，这意味着占整个幼儿园总数2/3的民办幼儿园只享受了不足5%的财政补贴，而95%的公共财政资金流向了政府办的公办园。（参见赵海利《构建财政性学前教育投入增长的保障机制——基于经济学需求与供给的视角》，《教育发展研究》2016年第20期。）

展。① 民办教育的发展离不开政府的资助。"OECD 国家平均将 15%—16% 的公共教育经费分配给私立学校。而中国民办幼儿园只分享了 5% 的财政性学前教育资金,整个民办教育分享的 227.51 亿元财政性资金相当于财政性教育经费 24488.22 亿元的 0.9%。"②

为促进普惠性民办幼儿园的有序发展,浙江省也出台了相关政策对其发展的政策扶持、资金保障、认定与管理办法等进行了明确规定。例如,《浙江省学前教育条例》第八条规定:"鼓励和支持社会力量依法举办民办幼儿园或者捐助学前教育事业。鼓励和支持向符合条件的民办幼儿园购买普惠性学前教育服务。"《浙江省教育事业发展"十四五"规划》提出:要"发展公办幼儿园,扶持民办幼儿园,扩大优质普惠学前教育资源供给,完善学前教育公共服务网络,全面建成覆盖城乡、布局合理的优质普惠学前教育公共服务体系,90% 以上县(市、区)成为全国学前教育普及普惠县(市、区)。"《中共浙江省委 浙江省人民政府关于学前教育深化改革规范发展的实施意见》强调:"各地要将学前教育纳入地方国民经济和社会发展中长期规划和基本公共服务体系建设规划,把发展普惠性学前教育作为重要任务,以'普惠性幼儿园'为主体,按照'公办园为示范,鼓励发展普惠性民办园,依法支持营利性民办园'的办园思路,合理调整和优化区域幼儿园办园结构,积极推进公办幼儿园和普惠性民办幼儿园均衡、协调发展。""各级人民政府要加大扶持力度,引导和鼓励社会力量更多举办普惠性幼儿园。2020 年前各地要结合实际调整完善普惠性民办园的认定和管理办法,以同级公办园、普惠性民办园等价收费为目标,制定实施对普惠性民办园的财政经费补助标准。通过购买服务、综合奖补、减免租金、派驻公办教师、师资培训、教研指导等方式,支持普惠性民办园发展,并将办园质量作为奖补和支持的重要依据,有效发挥其扩大普惠资源供给、提高普惠水平、促进实现普惠优质目标的重要作用。"《浙江省学前教育发

---

① 黄瑾、熊灿灿:《我国"有质量"的学前教育发展内涵与实现进路》,《华东师范大学学报》(教育科学版) 2021 年第 3 期。

② 赵海利:《构建财政性学前教育投入增长的保障机制:基于经济学需求与供给的视角》,《教育发展研究》2016 年第 20 期。

展第四轮行动计划（2021—2025 年）》提出："创新普惠性民办幼儿园扶持模式。根据地方实际进行体制机制创新，探索'公益园''公助园'等普惠性民办幼儿园新模式。科学核定普惠性民办幼儿园生均成本，合理确定对普惠性民办幼儿园的财政经费支助政策，提高财政扶持力度。""积极扶持普惠性民办幼儿园。各地在调整完善普惠性民办幼儿园认定和管理办法的基础上，制定并实施对普惠性民办幼儿园的财政经费补助政策。通过购买服务、综合奖补、减免租金、社会捐助、师资培训、教研指导等方式，大力支持普惠性民办幼儿园发展。逐步实现同级公办幼儿园、普惠性民办幼儿园等价收费。"

但是，需要强调的是，"坚持教育公益性原则"不等于坚持教育纯粹的公办性，只要是依法不以营利为目的，社会组织和个人都应该被鼓励和支持参与教育的举办。这是深化教育经费改革、加大教育经费投入不可或缺的途径。[①] 为有序扩大县域普惠性学前教育资源容量，提高学前教育公共服务供给能力，要深化幼儿园办园体制改革，公办园民办园协调发展，"在坚持教育公益性原则的基础上，支持和规范民办教育的发展。"[②] 地方政府要充分调动社会力量办园的积极性，通过园舍租金减免、政策优惠、土地转让等形式，加大对普惠性民办幼儿园的财政支持和扶持力度。地方财政投入要面向所有普惠性幼儿园，通过支持和鼓励普惠性民办幼儿园的发展，吸引更多社会资本加入到学前教育领域，促进学前教育普及普惠优质安全发展。

第三节　提高幼儿园物质环境资源配置质量

物质环境作为重要的教育资源，是幼儿园开展教育教学的基础，对儿童的身心健康发展具有积极的促进作用。幼儿园教育质量的提升离不

---

① 庞丽娟、杨小敏：《高质量教育体系建设的经费投入保障思考与建议》，《国家教育行政学院学报》2021 年第 8 期。

② 顾明远：《建设高质量教育体系，实现教育现代化》，《教育与教学研究》2021 年第 6 期。

开高质量的幼儿园物质环境的支持。"优质的物质环境能帮助儿童产生班级归属感、符合儿童审美情趣、给予儿童多种感官刺激,并能提供充分的游戏机会。"[1] 幼儿园不同活动区的材料投放是幼儿园物质环境的直观表达,是幼儿园物质环境质量的核心。幼儿每天就是在与各种游戏材料的相互作用中不断学习、发展、吸收并建构知识的。本书主要从活动区材料投放的视角,对幼儿园物质环境资源配置质量的改善提出建议,为政策制定者和幼儿园管理者有的放矢地对幼儿园物质环境投入提供支持和参照,改善幼儿园教育质量。[2]

一 根据幼儿发展需要,投入适宜的活动区材料

第一,尊重幼儿个体发展需要,选择适合幼儿年龄阶段特点并为儿童喜欢的材料进行投放,为幼儿发展提供支持性环境,并且材料投放要体现一定层次性和挑战性。材料投放的数量与质量并非呈完全的正比关系,材料种类过多或过少都不利于幼儿的成长和发展,要充分考虑不同材料对幼儿发展的挑战性,接近儿童的"最近发展区"。教师作为充分、有效的支持者,应根据幼儿年龄发展特点,合理、科学地投放适宜的幼儿园活动区材料,善于创设合理性挑战系数,支持幼儿与环境发生更持久、更深入、更高级的互动。[3]

第二,树立以儿童为本的材料投放理念,发挥幼儿的主体性作用。幼儿参与有利于促进幼儿园活动区布局的合理性,提高材料投放的有效性和环境创设质量。幼儿是材料投放的主人,他们有权参与到幼儿园活动区的规划中,对幼儿园应设置哪些活动区?不同活动区应投放哪些材料?等等,幼儿都可以大胆发表自己的看法和观点。幼儿园和幼儿之间应建立起密切的供需关系,尊重幼儿在材料投放中的主体地位,倾听幼

---

[1] 于冬青、管钰嫦:《以儿童发展为中心的班级物质环境创设探析》,《教育理论与实践》2016年第8期。

[2] 本部分内容参见王声平、杨友朝《高质量视角下我国城镇幼儿园物质环境资源配置的现状调查及改进建议》,《内蒙古师范大学学报》(教育科学版) 2022年第5期。

[3] 王海英:《儿童视野的幼儿园环境创设》,人民教育出版社2020年版,第48页。

儿声音、尊重幼儿权利。支持幼儿成为材料投放的主人，教师要学会角色留白，扮演幼儿材料投放过程中有效的支持者、引导者、记录者、合作者的角色，幼儿扮演好游戏者、规划者、创意者、评判者，让幼儿园环境创设"从教师设定的制度空间回归儿童自我创生的游戏空间，从教师结果—效率导向的区域设置回归儿童过程—体验的区域取向，从便于教师管理转向便于儿童探索，最终让儿童成为班级生活中的主角。"[1] 作为幼儿园应认同，并促进幼儿参与到材料投放的决策中，让教师更好地了解到具体情况，帮助幼儿园和教师规划活动区发展的思路和布局。

第三，教师要注重与幼儿之间的沟通与交流，发挥家园合作在材料投放中的作用。由于幼儿身心发展不成熟，幼儿园教师一方面要在一日生活及各类活动区游戏时注重与幼儿多沟通、交流、互动，对幼儿在活动区中的行为表现进行仔细观察、详细记录，充分了解不同年龄阶段的幼儿对材料投放的喜爱程度。通过在幼儿园设置专门的幼儿"意见箱"、开展班级讨论会、最喜欢的游戏材料评比等活动，倾听幼儿声音，关注幼儿兴趣和需要。在材料投放的整体规划中，"教师不能无视儿童的诉求而采取独裁式的管理，而要更多地倾听幼儿，了解幼儿的想法和愿望，与幼儿一起建设师幼共同生活的环境。"[2] 另一方面，幼儿园要充分发挥家长在材料投放中的作用，通过与家长交流，全面、深入理解幼儿对不同材料的兴趣。部分家长在材料投放中可能更有经验，他们的意见对材料投放的种类、活动区环境的创设有着十分重要的意义。幼儿园可通过召开家长座谈会、设置微信群等方式，认真倾听家长们的想法。通过家园合作，幼儿园管理层在进行决策、实施，对设施设备的投入才会有更精准的把控。幼儿园环境创设应支持家长获得存在感、信任感、安全感，"创设一个告诉家长'你很重要'的环境，一个向家长传递'你属于这里'的信息的环境，一个欢迎家长，告诉家长'我们很需要你'的环境。幼儿园环境中的信息向家长传递了什么，家长便会与幼儿园形成什

---

[1] 王海英：《儿童视野的幼儿园环境创设》，人民教育出版社2020年版，第397页。
[2] 王海英：《儿童视野的幼儿园环境创设》，人民教育出版社2020年版，第284页。

么样的家园关系。优秀的幼儿园总是在环境中体现出一种认可家长、欢迎家长、邀请家长、信任家长的状态。"①

二 促进幼儿教师专业能力发展，提高活动区游戏材料利用率

幼儿园活动区物质环境资源的配置离不开相关人员的实施，幼儿教师作为幼儿园的核心人力资源，是影响活动区游戏材料利用的关键。幼儿园教师是材料投放的参与者，设计者，组织者，他们的专业素质和水平直接影响到活动区材料教育功能的有效发挥，对促进幼儿身体健康发展有重要促进意义。因此，要提高幼儿园活动区材料投放的利用率和物质环境质量，离不开教师专业素养的提高。

首先，幼儿园要尊重教师个体的内在价值诉求，根据教师的特长、兴趣、爱好，通过组织教师参加各类培训、学历提升等途径，提高幼儿教师的专业素养，发挥教师在不同活动区中的优势。其次，完善幼儿园内部管理制度。幼儿园可通过相关的管理、监督措施，保证幼儿在活动区进行活动的次数与质量。简化教师使用材料程序，使用硬软件资源时须领导签字的制度表面上只是一种管理方式，但实际上会对教师使用造成一定障碍。幼儿园领导应简化多媒体教室、电子备课室等的使用流程，以便教师随时应用，提高教师使用资源的积极性。最后，教师个体要转变观念，提高自身专业素养。通过参加研讨会、自主学习等路径提高自身素养，积累相关专业知识理论与技能，促进园内资源配置的有效利用。

三 加大投入力度，为幼儿园游戏材料的购置提供充足的资金保障

政府是发展学前教育的主体，在学前教育事业发展中处于主导地位。幼儿园活动区各类材料以及基础设施的购置都需要充足的财政支持。地方政府要充分认识到游戏材料对幼儿园教育质量的价值，加大财政支持力度，为幼儿园游戏材料的购置提供充足的资金保障，并将其列入财政

---

① 王海英：《儿童视野的幼儿园环境创设》，人民教育出版社2020年版，第437—438页。

预算的整体规划中，全面考虑硬件、软件资源、人才队伍等因素，以应用为导向，克服"重硬件、轻软件；重建设、轻使用"的倾向。① 政府需采取有效措施，适当调整责任主体，合理分配相关责任，减少幼儿园财政压力。通过经费转移支付，财政责任重心适当上移，做到统筹兼顾，提高幼儿园物质环境资源配置效率，促进学前教育高质量发展。为督促地方政府能更好履行其责，省级政府可通过立法、颁布出台政策性文件等形式，加大对县（区）政府财政投入和使用的监管，明确各方责任。

幼儿园作为一个利益共同体，在财政投入上不能仅仅依靠政府，还需充分激发多元主体参与幼儿园财政投入的积极性，鼓励其他利益相关者参与到幼儿园活动区环境创设中来，构建主体多元共同参与的幼儿园活动区建设体制机制，发挥不同利益相关者在幼儿园活动区材料投放中的作用，这在国外有很多值得借鉴的经验。例如，为了弥补资金不足，韩国采用政府牵头、调动民间力量积极参与的方式，由教育部和市道教育厅等政府部门联合一些公共部门及民间部门联合投资。② 中国可借鉴这种模式，拓宽财政收入渠道和来源，鼓励机构参与、民间投资、个人自愿等方式，多方面筹措资金，加强幼儿园硬软件资源建设，提高幼儿园物质环境质量。

四 创新幼儿园教育教学模式，关注幼儿在活动区中的学习过程

从调查结果看，高结构的全班集体教学组织形式和高控制的班级管理方式仍是中国城镇幼儿园的主流教学模式。集体教学具有高效、经济、公平、系统性强等优势，但这种优越性只是一种理论上的可能性，并非必然性。与集体教学相比，分组教学及幼儿活动区自主探索的教育效果更好，教师普遍采用集体上课的方式组织活动，忽视了幼儿主体性，缺乏与幼儿之间的互动。"集体教学往往是由教师主导的，而教师选择教学

---

① 张一春、祝智庭：《知识管理技术与 e-Learning 资源库建设研究》，《电化教育研究》2003 年第 5 期。

② 郭绍青、杨晓健、余学军：《甘肃省基础教育信息化深化发展的策略研究》，《电化教育研究》2009 年第 12 期。

内容、确定目标的依据往往是'标准的教学大纲''标准的年龄特征'以及自身以往的经验,这或许能够保证幼儿的基本学习,能够照顾到幼儿的'平均'水平,但幼儿是'非标准化'的、活生生的,是带着各自不同的兴趣、经验和理解水平走进教育场景中的。按照统一的大纲、统一的要求组织教学,难免会与幼儿的需求不完全吻合,导致机械、被动地学习,使其主体性难以发挥,个体差异难以受到关注,发展需要难以得到充分满足。"① 在高质量发展背景下,县镇幼儿园要打破传统的集体教学模式的思维定式,重视分组教学和区域活动在幼儿发展中的价值,积极探索以个别和小组为主,以全班集体为辅的新的教学组织形式。幼儿园区域活动不是集体教学的补充,幼儿在活动区中的探索其本身就是一种学习和探索过程。"在高质量的早期环境中,幼儿发展出高自尊感、高抱负感和安全的自我效能感。这样的幼儿在成长中相信,通过努力,他们可以解决问题,理解新的想法以及发展能力等等。他们感到自己能掌控环境,对自己的能力充满信心。"②

  幼儿园要为幼儿构建民主和谐、相互尊重和理解的组织氛围,为幼儿创设持续支持的互动与学习环境。转变以集体教学为主来评价教师教学水平的理念和方式,关注教师对不同幼儿在活动区中的学习过程与表现,重视教师对幼儿游戏的支持、引导作用。尽可能减少事务性安排,使教师集中时间进行活动区游戏材料运用的探索。适当缩减环节设置、增加环节时长,为教师"松绑""减负",使其能真正沉浸到日常教学中建立与儿童稳定而持久的关系。③ 教师的角色是去帮助幼儿找到他们自己的问题,教师的目的不是让学习变得顺利或容易进行,而是借由更复杂的、更深入、更凸显的问题去刺激学习的进行。④ 幼儿园活动区要保

---

  ① 李季湄、冯晓霞:《〈3—6岁儿童学习与发展指南〉解读》,人民教育出版社2013年版,第266页。
  ② [英]大卫·怀特布莱德、彭尼·科尔特曼主编:《高质量的幼儿教育:儿童早期的教与学》,李甦等译,华东师范大学出版社2019年版,第15页。
  ③ 李琳:《幼儿园教育质量对儿童发展增值的影响》,《学前教育研究》2021年第4期。
  ④ [美]卡洛琳·爱德华兹、[美]莱拉·甘第尼、[美]乔治·福尔曼著:《儿童的一百种语言》,罗雅芬、连英式、金乃琪译,南京师范大学出版社2006年版,第182页。

持开放性，游戏材料要根据幼儿年龄特征向孩子开放，注重幼儿对材料的感受和体验，让孩子们在自主探索中沉浸式学习。幼儿是一个主体性发展的人，是有思想、有意识的生命存在，幼儿在与不同材料交互作用中，不是被动地使用幼儿园投放的开放式材料，而是在不断的游戏中增强其对材料特性的了解，提高自己对所选材料的适宜性，加强对材料的控制能力的。幼儿与活动材料之间存在相互适应性。

第四节　完善县域学前教育资源配置制度

一　构建供需适配的县域学前教育资源配置管理制度

供需适配是提高县域学前教育资源配置效能和质量的基础保障。基于公共服务型政府的责任来说，公共需求导向的政府是服务型政府的本质要求。伴随改革向纵深方向推进，公共服务质量改进已从政府供给什么样的公共服务转向公众需要什么样的公共服务。改革中更多着眼于对公众公共服务需求端的关注，因需求而调整供给、评价等，公共服务质量改进环节是前驱动的，易于构成良性循环。[1] 依据供需适配理论的观点，县域学前教育资源在供给的内容、数量、结构、层次等关键要素的确定上需以广大民众对学前教育资源的现实需求为导向。[2] 然而，随着社会环境、家庭结构的变迁，三孩生育政策的实施，家长对学前教育的日益重视，优质学前教育资源供需矛盾和冲突不断加剧。特别是欠发达地区、农村地区，以及弱势家庭幼儿的公共服务保障体系和投入机制亟待进一步完善，[3] 普惠性学前教育公共服务供给能力严重不足，难以满足儿童和家庭需求。

目前，中国县域学前教育资源配置采取的是自上而下的供给方式，

---

[1] 李钰燕、陈金菊：《西部地区幼儿园教师资源配置的县域比较与分析——基于广西108个县区的实证研究》，《教育理论与实践》2020年第14期。

[2] 杨钰：《公共服务质量改进：国际经验与中国实践》，《东南大学学报》（哲学社会科学版）2020年第2期。

[3] 曾娅琴：《农村学前教育政府供给效率研究》，《武汉理工大学学报》（社会科学版）2014年第4期。

即主要根据政府意愿和官员偏好做出的。政府重点关注的是供给内容，而忽视了广大民众对学前教育资源的需求表达和内在价值诉求的关注。例如，部分地方政府为提高学前教育质量，在农村进行撤点并园，村民由于没有充分参与到学前教育公共服务决策过程中去，政府在对村民实际需求缺乏了解的情况下出现农村幼儿园布局调整后因幼儿园离家太远、校车配套不齐、留守儿童祖父母年迈体弱无法天天接送等，使一些儿童不得不弃园"流浪"。① 部分地方尽管"高标准"新建了不少村办园，但却出现了"楼美人缺"和"人去楼空"的现象。② 地方政府对县域中哪些幼儿最需要政府的托底保障？哪些家庭的孩子面临的"入园难""入园贵"的困境最大？哪些孩子的家庭最需要政府的积极帮助与有效支持？等等，均缺乏全面、深入了解。③ 有研究显示，农村学前儿童家庭对学前教育公共服务的需求与政府提供的服务内容之间存在很大差距，农村儿童家庭对降低入园费用、加强幼儿园膳食管理、超前教育及小学化教育等有强烈需求，而对不同级别不同性质幼儿园的选择表现出低需求度低满意度。④ 因此，县域学前教育资源的供给和决策的准确有效，需建立在对需求主体的信息充分、精准、及时的了解基础之上，并根据这些信息进行资源供给与需求管理，否则就可能出现供需错配现象，造成公共资源的巨大浪费。

首先，树立以需求为导向的县域学前教育资源配置理念。"公共服务需求是公共服务决策和供给的前提和基础，其满足的程度和满意度是评判服务型政府建设成效的重要指标。"⑤ 正如马克·霍哲所言："市民是

---

① 霍力岩、孙蔷蔷、龙正渝：《中国高质量学前教育指标体系建构研究》，《华东师范大学学报》（教育科学版）2022年第1期。

② 原晋霞：《构建有质量的学前教育基本公共服务体系》，《教育学术月刊》2013年第1期。

③ 何锋：《农村学前教育教育补偿路径优化：基于供需适配性理论的思考》，《现代教育管理》2015年第9期。

④ 姜勇、庞丽娟：《以供给侧改革为抓手推进普惠性学前教育公共服务体系建设》，《教育发展研究》2019年第8期。

⑤ 方建华、马芮、蔡文伯：《基于泰尔指数的县域内幼儿园教师资源配置分析》，《学前教育研究》2021年第2期。

公共物品和公共服务的最终用户，他们对质量的评价是公共服务结果的指示标，也是公共服务质量改进的重要方向性依据。"① 县域学前教育资源配置作为学前教育公共服务的重要组成部分，在学前教育资源配置与供给过程中也要以需求表达，回应社会公众的内在需求为核心和根本出发点，加强需求调研和满意度分析，把握学前教育资源配置成效及供给短板。重视基层政府，如城市街道、社区等基础组织在学前教育资源需求信息收集中的作用。完善县域学前教育资源需求管理体系，重视需求表达和需求管理，提高学前教育资源供需的适配性和民众对学前教育公共服务的满意度，以真实的学前教育资源需求形成科学的资源配置决策。②

其次，支持公众参与学前教育资源配置决策程序，建立顺畅有效的利益表达途径。"高质量学前教育体系应该是开放多元的。学前教育质量提升动力主体的多元性，允许家长、教师和社会中的每个人参与高质量学前教育体系建设。"③

然而，从调查结果看，县域学前教育资源供给过程中的公众参与度整体较低，参与渠道有限，利益诉求表达不畅，是导致县域学前教育资源供需错配的根源。地方政府要尊重公众话语权，积极支持和鼓励公众参与学前教育资源配置决策；全面了解公众需求的价值偏好和优先次序，提高供需匹配度；创设多渠道、多途径的需求表达方式，及时、准确地获取需求信息，以便在学前教育资源供给中体现民意，回应公众需求。通过收集民意形成科学的学前教育资源配置决策，为资源配置的有效性提供前期保障。通过设置专门网站、座谈会、电话热点等形式，为公众对学前教育资源需求的表达提供平台，规范信息和问题反馈体制机制，

---

① 转引自陈水生《公共服务需求管理：服务型政府建设的新议程》，《江苏行政学院学报》2017年第1期。

② Holzer M., Charbonneaue, Kimy, "Mapping the Terrain of Public Service Quality Improvement: Twenty-Five Years of Trends and Practices in the United States", *International Review of Administrative Sciences*, No. 3, 2009.

③ 龚欣、曲海滢：《高质量学前教育体系：基本构成、主要特征及建设路径》，《现代教育管理》2021年第11期。

破解供需两侧信息不对称、重构双向互动关系。① 通过构建顺畅的学前教育资源需求表达机制，将学前教育资源有效需求信息传导给资源配置的决策方和供给方，从而将资源配置决策、资源配置内容和供给方式有机匹配，提高学前教育资源配置效率和成本效益，使县域学前教育资源配置真正实现供与需的高效能平衡。

最后，推进县域学前教育资源配置的智能化建设。随着大数据、物联网、移动互联网、云计算、人工智能的发展，地方政府对现代信息技术在学前教育中的应用高度重视。《浙江省教育事业发展"十四五"规划》提出："完善信息化基础保障环境，推进新一代信息技术基础设施的迭代升级，加快5G、云计算、物联网等新型基础设施在教育领域的应用。积极推动物理空间、资源空间和社交空间相融通的新型教学空间建设与应用。创新'互联网+教育'的投入机制，发挥政府的主导作用，建立省、市、县（市、区）分级负担机制。建设网络安全监测中心，健全网络信息安全保障体系，增强信息安全保障能力。"地方政府要加快县域学前教育资源配置的智能化建设，拓展互联网环境下的学前教育资源公共服务新平台，着力发挥信息技术创新的效应。重视学前教育信息化基础设施建设，推进新一代信息科技在学前教育资源配置领域的深度应用，完善信息终端和服务供给，支持县域学前教育资源配置向数字化、智能化发展。完善学前教育资源配置的内容、设施设备、技术要求等规范标准，提高县域学前教育资源共享水平，加快学前教育资源配置的数字化转型。利用科技赋能功能，大数据支持下，通过对社会公众获得学前教育资源配置信息的海量收集，对供需两侧的活动特征与运行规律进行深入挖掘，破解供需两侧信息不对称的矛盾，精准定位公众需求，提高县域学前教育资源供需的精准性、实效性和质量。通过对县域内幼儿家长对学前教育资源需求的大数据分析，能快速识别社会公众真实的需求，为服务对象提供个性化和精准化资源，创新学前教育资源供给的手

---

① 陈水生：《公共服务需求管理：服务型政府建设的新议程》，《江苏行政学院学报》2017年第1期。

段，减少无效的资源供给，有序扩大县域学前教育资源供给的效能，满足用户的多元化需求。[①] 地方政府要深入推进县域学前教育资源配置的信息化建设，加强学前教育资源配置的网络化进程，完善面向农村留守儿童、困难儿童等特殊人群的信息服务体系，提高乡镇和农村学前教育资源配置的信息化水平，加快推进实施县域内学前教育资源配置的智能化。

二 建立县域学前教育资源配置协同共生制度

县域学前教育资源配置建设是一项复杂的系统工程，需要政府、社会、家庭、幼儿园等不同利益相关主体的共同努力。县级政府要发挥各主体间的相互协调作用，促进不同利益相关者的协同共治。

首先，大力发展公办幼儿园。公办幼儿园有狭义和广义之分。狭义的公办园指由国家设立，一切财产均属公有，园长由教育局任命，建设经费、办公经费、教师及保育员工资均为财政拨付。[②] 广义的公办园指具有公办性质的幼儿园，既有财政全额拨款的幼儿园，也包括差额拨款以及自收自支的单位办园，比如，各级教育行政部门统计的办园情况中通常把集体办园和企事业单位办园算作公办园。[③]《关于学前教育深化改革规范发展的若干意见》中明确指出，要"大力发展公办园，充分发挥公办园保基本、兜底线、引领方向、平抑收费的主渠道作用"。当前，世界很多国家主要通过设立公立学前教育机构来推进学前教育普及。[④] 县

[①] 李燕凌、高猛：《农村公共服务高质量发展：结构视域、内在逻辑与现实进路》，《行政论坛》2021年第1期。

[②] 张乐天：《学前教育政策与法规》，中央广播电视大学出版社2011年版，第50页。

[③] 虞永平、王海英、张斌：《儿童·国家·未来：学前教育体制机制改革研究》，南京师范大学出版社2020年版，第66页。

[④] 有研究显示：OECD组织有一半以上国家的公立机构数比例达50%以上，有五分之一左右的国家高达80%以上，其中卢森堡、法国、匈牙利等国甚至逼近100%。墨西哥、俄罗斯、古巴、巴西、朝鲜等国同样以公立机构为主体供给学前教育，前三个国家的公立机构比例均高于90%。统计显示，北美、拉美/加勒比海、欧洲80%以上的国家其公立机构在园儿童比例超过50%，甚至更高，这表明国际社会主要是依托公立机构来推进学前教育普及的。（参见庞丽娟、夏婧《国际学前教育发展战略：普及、公平与高质量》，《教育学报》2013年第3期。）

级政府要加大对公办幼儿园的财政投入力度,充分利用城乡公共服务设施,中小学闲置校舍等资源,以租赁、划转等形式举办公办园。鼓励支持街道、村集体、有实力的国有企事业单位举办公办园,为社会提供优质普惠安全的学前教育公共服务资源。

其次,支持和鼓励其他非营利组织参与到学前教育资源建设中。为保障普惠性学前教育公共服务的高质量和普惠性,政府要鼓励和引导其他非营利组织参与到学前教育资源配置建设中来,发挥社会各种非营利组织的功能。确保学前教育经费投入的第三方财政投入,为县域学前教育资源的稳定、长期可持续供给提供经费支持。"社会参与的基本前提就是扩大学前教育资源,而不是加剧普惠性学前教育资源的不足和供需矛盾。优先为公益、普惠资源的提供者举办幼儿园创造条件,尤其对自供办园空间的社会力量提供支持。"[1] 在学前教育经费的来源方面,世界上很多国家都出现了三个新的主体,即市场,非营利组织、非政府组织,志愿者,这在很大程度上丰富了学前教育经费的来源。市场化供给是公共服务改革的重要推动力;非营利、非政府组织是发达国家学前教育经费供给的主要力量;而志愿者有志愿服务、捐赠等多种形式。随着教育改革的不断深化,学前教育经费的来源朝着多元化的方向发展。[2] 中国台湾地区在这方面的做法和经验值得借鉴,台湾地区学前教育法律通过捐赠免税的方式,鼓励社会人士或团体慷慨解囊,捐赠资金,支持幼儿教育。"幼稚教育法"第 15 条规定:"私人或团体对公立幼儿园或办妥财团法人登记之私立幼稚园之捐赠,除依法予以奖励外,并得依所得税法、遗产及赠与税法之规定免税。"[3] 同时,政府也要为非营利组织的发展营造公平有序的行业发展氛围,形成政府主导供给、市场供给和志愿供给相结合的多元供给合力,满足不同家长群体对优质、多元化、特色

---

[1] 虞永平、王海英、张斌:《儿童·国家·未来:学前教育体制机制改革研究》,南京师范大学出版社 2020 年版,第 153 页。

[2] 姜勇、王艺芳:《新时期学前教育发展研究》,华东师范大学出版社 2020 年版,第 76 页。

[3] 庞丽娟:《国际学前教育法律研究》,北京师范大学出版社 2011 年版,第 314 页。

化学前教育资源的需求。

最后，加强县域行政部门间的协同。"学前教育事业是一项庞大的基础性教育工程，是事关儿童发展、社会与经济发展、国家综合实力提高的奠基性伟业，必须充分调动和协调政府各相关部门，实现各部门的通力合作，才可能成就这一伟业，才可能更加高效、全面地促进学前教育的发展。"[1] 县域内各行政部门之间要加强沟通与协作，形成职责明确、分工协调的合作共同体。《中共浙江省委　浙江省人民政府关于学前教育深化改革规范发展的实施意见》提出："各级政府要建立学前教育联席会议制度，定期召开会议，协调各部门力量共同解决学前教育发展中的难点问题。教育部门要完善政策，制定标准，充实管理、教研力量，加强学前教育的科学指导和监督管理。"构建幼儿园与社区多元联合、协同共治的学前教育公共服务供给模式，扩大学前教育资源利用范围，充分利用和开发家庭、社区中有利于幼儿发展的学前教育资源。例如，利用幼儿园周边的图书馆、博物馆、科技馆、体育馆等公共文化服务机构，为幼儿园、家庭或学前儿童提供相应的公益性教育服务。构建和谐、多元、联合的学前教育公共服务生态，完善和优化学前教育资源供给的内容和形式，提高县域学前教育资源供给的全面性、多样性。

三　构建县域幼儿园教师交流轮岗制度

教师交流轮岗政策的实施，成为县域教育系统适应新时代城乡融合发展格局、走向高质量发展的关键举措。2019年5月，中共中央、国务院印发《关于建立健全城乡融合发展体制机制和政策体系的意见》，将城乡融合发展定位为持续到21世纪中叶的中长期发展战略体系，并将教师交流轮岗作为促进城乡基本公共服务普惠共享的重要机制，纳入城乡融合发展这一全局性战略体系中。[2] 教师作为县域教育系统的"第一资

---

[1] 庞丽娟：《国际学前教育法律研究》，北京师范大学出版社2011年版，第361页。
[2] 乔雪峰：《新发展格局下县域教师交流轮岗的政策驱动机制及其优化》，《南京师大学报》（社会科学版）2022年第5期。

源",其配置和流动情况成为影响县域教育系统发展的关键要素。①

首先,制定适宜于县域学前教育发展的幼儿园教师交流政策。2014年9月,教育部、财政部、人力资源和社会保障部在联合出台的《关于推进县(区)域内义务教育学校校长教师交流轮岗的意见》中明确提出要实施义务教育教师交流轮岗制度,促进城乡义务教育教师资源均衡配置。但在学前教育领域,国家并没有制定有关幼儿教师交流轮岗的相关政策文件,地方政府也没有针对幼儿教师交流轮岗以制度化形式予以明确规定。部分地区尽管有优质公办幼儿园向农村送教的相关活动,但这种活动带有很大的公益性质,内容以示范课和教研活动为主。由于公办园的送教活动主要以每年举行的教研形式开展,频次少,时间短,难以达到优质园与薄弱园教师之间深度学习与交流的目的,更难以实现城乡幼儿园之间优质师资的共享。城乡学前教育优质均等的关键在于区域内优质师资的均衡配置与流动。"教师流动治理政策的公平正义性体现在基于义务均等原则,教师在城乡地理空间内定期轮换,通过编制划拨、薪资补偿、立法保障等方法推进优秀教师向乡村公办学前教育机构流动,以消解城乡教育生产和教育空间生产上的不平等,实现学前教育机会平等。"② 县级政府及县教育行政管理部门需根据县域学前教育发展的实际情况和特点,参照《关于推进县(区)域内义务教育学校校长教师交流轮岗的意见》的部分内容和措施,制定适宜于县域学前教育发展特点的幼儿园教师交流轮岗制度,以制度化形式助推城乡幼儿园教师资源的均衡优化配置。

其次,设置符合交流主体供需诉求的流动规则。从县域内幼儿园教师的数量、结构、质量、分布状况出发,结合不同地区、不同性质幼儿园和教师个体的内在诉求制定系统的流动规则,推动幼儿园教师流动的制度化、常态化。要深入调查县域内幼儿园对交流教师的需求情况,包

---

① 张志勇:《教师是教育的第一资源——准确把握新时代教师队伍建设的战略布局和重点任务》,《中国教育学刊》2018年第4期。
② 王鉴、谢雨宸:《乡村学前教育高质量发展的内涵、逻辑与长效机制》,《东北师大学报》(哲学社会科学版)2022年第2期。

括幼儿园教师的数量、年龄、学历等。

"教师交流的政策安排在本质上与其发展需求一致，一致化程度取决于接收多少符合其需求的优秀教师。"[1] 因此，要根据幼儿园的不同需求，推动分类筛选和精准流动，[2] 筛选符合条件的教师进行交流。同时，流动规则的制定也要充分考虑到幼儿园教师个体的家庭状况、发展阶段、主观意愿和诉求，在制定政策前，通过问卷调查、座谈、个别或集体访谈等多种形式征求教师意见，充分考虑幼儿园教师的利益诉求和真实意愿。例如，要结合幼儿园教师交通的可达性，科学规划交流空间范围，各县要结合县域的地理环境和交通便利程度进行政策设计，"依据县域地形确定交流半径，以教师可达性为原则将教师流动地理范围划分为若干小圈，细化空间范围设计方案降低流动难度"[3]。在交流人员遴选时，"应保证程序公正、公开和公平，杜绝教师交流成为教师惩罚的变相途径；在政策内容设计上，应考虑个体的发展阶段，保证交流形式多样、交流时间开放，给教师自主选择空间，使教师可以结合自己的实际情况，选择适合其需求的交流形式与时间阶段。"[4]

第三，构建基于利益补偿的幼儿园教师交流激励机制。利益补偿是交流政策顺利实施的保障。[5] 在政策执行过程中，如果利益相关主体所需要耗费的成本高于其所获得的收益，那么，相关主体会尽可能地逃避或敷衍政策。相反，如果其获得的收益大于其付出的成本，执行主体会自觉地改变行为方式，遵循公共政策。[6] 因此，教育行政部门在政策执

---

[1] 张源源、刘善槐：《县域内教师交流的机制梗阻与政策重建》，《中国教育学刊》2016年第6期。
[2] 李梦琢、刘善槐、房婷婷：《县域教师交流政策的场域脱嵌与优化路径——基于全国13省50县的政策文本计量分析》，《教师教育研究》2021年第3期。
[3] 李梦琢、刘善槐、房婷婷：《县域教师交流政策的场域脱嵌与优化路径——基于全国13省50县的政策文本计量分析》，《教师教育研究》2021年第3期。
[4] 张源源、刘善槐：《县域内教师交流的机制梗阻与政策重建》，《中国教育学刊》2016年第6期。
[5] 张源源、刘善槐：《县域内教师交流的机制梗阻与政策重建》，《中国教育学刊》2016年第6期。
[6] 王志立：《公共政策执行成本的经济视角探析》，《企业导报》2011年第8期。

行前应充分了解相关主体在执行政策中的利益损耗，科学测算教师交流的政策成本，依据各县（区）的经济能力，中央和省级政府按一定的分担比例给予经费支持。对于教师交流政策实施效果较好的省份，中央政府应该给予奖励。[①] 县级政府或县教育局还需通过制定政策，改变评价考核方式等对幼儿园进行激励。在考核幼儿园时，可将幼儿园派出的教师数量和质量纳入考核范畴，鼓励优质公办园或普惠性民办幼儿园派出优秀幼儿园教师参与教师交流。另外，还需要对幼儿园教师个体进行激励，提高教师个体参与交流的积极性。这种激励既可以是物质上的，也可以是精神上的，补助内容除教师的基本生活和工作成本外，还要综合考虑幼儿园教师在交流过程中对幼儿园教育教学质量的贡献程度，进行分级评价。

四　制定县域学前教育资源配置质量标准

质量标准是影响县域学前教育资源供给水平的关键，对提高县域学前教育公共服务质量，满足广大民众对普惠优质的学前教育公共服务需求意义重大。在学前教育发展过程中，"特别要摒弃以某种思维简化公式影响的实践认知逻辑，摒弃将教育发展仅仅理解为规模扩张、数量增长等形而上发展观的错误认识，仅以毛入园率的提升印证学前教育普及普惠化的水平，片面以是否具备良好的听说读写的小学化能力作为适龄儿童发展程度的评判准则。衡量普惠性学前教育发展水平不仅有规模标准，还有公平、制度、质量标准。"[②] 在致力于扩大县域学前教育资源总量的同时，必须认识到学前教育公共服务领域的根本矛盾在于人民群众日益增长的学前教育资源需求与供给总量及质量低下之间的矛盾。采取整体和全局观念，制定系统、科学、合理的县域学前教育资源配置质量标准体系是解决这一矛盾的必然选择。2022年2月，国家教育部在印发的

---

① 张源源、刘善槐：《县域内教师交流的机制梗阻与政策重建》，《中国教育学刊》2016年第6期。

② 王鉴、谢雨宸：《乡村学前教育高质量发展的内涵、逻辑与长效机制》，《东北师大学报》（哲学社会科学版）2022年第2期。

《幼儿园保育教育质量评估指南》中明确提出,"坚持以促进幼儿身心健康发展为导向,聚焦幼儿园保育教育过程质量,评估内容主要包括办园方向、保育与安全、教育过程、环境创设、教师队伍等5个方面,共15项关键指标和48个考查要点。"《幼儿园保育教育质量评估指南》特别强调幼儿园教育过程评估对提高幼儿园教育质量的重要性,彰显了一种新的质量标准和评估文化。县域学前教育资源配置质量标准要将数量标准与质量标准相结合,通过标准的引导和规范,避免学前教育资源供需结构的失衡。

首先,加强教育部门的管理和指导力度。"管理越到位,指导越专业,学前教育就越能够高质量发展。"[1] 管理机构设置和必要的管理人员配备是管理体制机制的重要组成部分,也是影响学前教育事业发展的关键因素。[2] 1989年颁布的《幼儿园管理条例》和《幼儿园工作规程(试行)》在法规层面就明确指出:"各级教育行政部门要认真履行职责,充分发挥在幼儿教育方面的综合管理作用。要有一名负责人分管这项工作,建立和健全管理机构,配备和充实有一定政策水平和行政管理能力、懂专业的行政管理干部"。县级政府应成立专门的学前教育管理机构,"建立一支与学前教育事业发展规模和监督管理任务相适应的专业化的管理队伍。"[3] 健全县域学前教育教研机构,充实教研队伍,建立完善专业指导制度,加强县域学前教育管理与专业指导。

县教育行政管理部门要结合地方学前教育发展特点,适当增加专职管理人员,并邀请学前教育、质量评估、教育评价等领域的专家学者,以《幼儿园保育教育质量评估指南》《3—6岁儿童学习与发展指南》等文件为参照,结合县域经济发展水平和学前教育发展实际,制定长期的、适宜于县域学前教育发展的资源配置质量标准。以此为基础,对县域学

---

[1] 龙红芝:《西部民族地区学前教育高质量发展面临的问题与推进策略》,《西北师大学报》(社会科学版)2021年第6期。
[2] 虞永平、王海英、张斌:《儿童·国家·未来:学前教育体制机制改革研究》,南京师范大学出版社2020年版,第85页。
[3] 龚欣、曲海滢:《高质量学前教育体系:基本构成、主要特征及建设路径》,《现代教育管理》2021年第11期。

前教育资源配置的范围与内容、幼儿园设施设备配备质量标准、技术装备标准、师资配备标准、教育过程评估标准、生均经费标准等予以明确规定，保证县域内学前教育公共服务资源配置的公平性和均衡性，引导幼儿园按照科学的保教规范组织实施一日保教活动。"中国公办幼儿园的'有质量'发展，不应该盲目追求所谓的'高质量'，而应该推行幼儿园建设标准和保教质量的均等化，优先为广大农村地区和处境不利儿童提供普惠性的学前教育服务。"[1] 通过严格执行标准，加强过程监测与评价，帮助幼儿园及时诊断、发现问题，规范、改进、提升保教质量。

其次，积极邀请社会公众的积极参与。发展高质量教育需要尊重人民群众的主体地位和首创精神，切实保障人民群众在教育改革中的知情权、参与权和监督权。[2] 社会公众的意见和要求对提高县域学前教育资源配置质量标准的制定有着很重要的参考价值。各级政府和管理部门应该在思想理念上保持一种开放性，为不同的主体搭建共同参与的平台，让它们的利益诉求得到合理表达和满足，充分发挥不同主体的力量，促进它们对学前教育资源配置质量标准制定和决策的全过程参与。[3] 例如，可通过实地调查、建立网络平台、召开座谈会等不同形式为公众参与提供便利渠道，激发公众参与的积极性和主动性，发挥不同利益群体在质量标准制定中的作用和智慧。

最后，构建县域学前教育资源配置质量评估监测体系。"质量评估监测体系是教育质量追踪和提升的重要保障。国际经验强调了学前教育监测评价服务于质量的持续提升与儿童的最大利益之目的，且十分重视评估系统的建立和监测数据的收集。"[4] 借鉴学前教育资源配置质量标准制定的国际经验，研制学前教育资源配置质量评估指标，建立完善的学前

---

[1] 黄瑾、熊灿灿：《我国"有质量"的学前教育发展内涵与实现进路》，《华东师范大学学报》（教育科学版）2021年第3期。
[2] 葛道凯：《高质量教育体系的使命、动力及建设思路》，《教育研究》2022年第3期。
[3] 杨文：《我国农村学前教育高质量发展的时代意义与所需支持》，《学前教育研究》2022年第9期。
[4] 黄瑾、熊灿灿：《我国"有质量"的学前教育发展内涵与实现进路》，《华东师范大学学报》（教育科学版）2021年第3期。

教育资源配置质量监测体系。例如，中国香港特区将政府对学前教育机构的财政支持同学前教育机构质量评价紧密相连，这对激励学前教育机构不断提高自身的办园条件、教师素质和管理水平，从而有效提升学前教育整体质量意义重大。[1]

---

[1] 虞永平：《建设益童、惠民、利国的学前教育公共服务体系》，《人民教育》2014 年第 11 期。

第六章

研究结论与展望

第一节 研究结论

一 县级政府在学前教育资源配置中起主导性作用

学前教育所具有的国家发展战略价值和其公益性本质要求作为公共服务供给主体的各县（区）政府成为发展学前教育、扩大学前教育资源覆盖面的主导者。[1] 本书发现，地方政府对发展学前教育的重视程度是影响县域学前教育资源配置的主要因素，其对学前生均财政投入公用经费的影响更为显著。县域经济发展水平尽管对学前教育资源配置有很大程度的影响，但相对地方政府对发展学前教育的重视程度的影响要弱。因此，县级政府要充分认识到学前教育在整个基础教育中的作用以及对社会经济发展的外溢效应，强化服务意识，优化服务理念，承担好作为规划者、管理者、监督者及执行者等多重角色，[2] 提升县级政府发展普惠性学前教育公共服务的责任感和使命感。

为发挥各县（区）政府间的协同治理效应，共同致力于县域学前教育高质量发展，幼儿园财政投入的主体可适当上移到省级政府，而管理的主体落实到县级政府。加大省级政府对县级政府的财政转移支付力度，发挥省域内学前教育的资源优势，充分调动乡镇政府发展学前教育的积

---

[1] 袁旭：《广西县域农村学前教育及其发展机制的现状分析》，《学前教育研究》2012年第7期。

[2] 朱莉雅、唐爱民：《我国学前教育"一主多元"供给机制的运行困境及其优化》，《当代教育论坛》2020年第3期。

极性。结合地区经济发展水平，以政策法规形式明确各级政府在学前教育财政投入中的比例，对县级、乡镇政府财政投入比例和最低数额予以明确规定，构建合理的财政投入分担机制。各级政府间应合理规划经费配置结构，将学前教育支出纳入公共财政预算之内，通过建立学前教育财政专项资金和财政援助制度，加大对县域内薄弱乡镇学前教育发展的扶持与资助力度。按照各级政府财政收入水平，合理增加学前教育的财政支出，调整各项目投入资金的分配比例，提升地方政府学前教育经费投入的责任感。

二 县域学前教育资源配置的均等化是学前教育公平实现的重要保障

县域学前教育资源配置的均等化是指县域内的所有学前儿童，不因地区、城乡、性别、民族、阶层、身体等差异都应享有数量相同、质量标准大致相同的学前教育公共服务，其核心在于全面提高县域内学前教育的普及普惠水平和质量。县域学前教育资源配置的均等化意味着县域内所有公民享有的学前教育公共服务机会均等、结果大体相同，但同时尊重社会成员的自由选择权。但从本书的调查结果看，城乡幼儿园之间在学前教育资源配置上存在着明显的不均衡现象，县城在学前教育资源配置上相对乡镇、农村更好，而乡镇在学前教育资源配置上又要好于农村地区。城乡之间学前教育资源配置的不均衡性也反映出不同地区在学前教育质量上的差异性和差距，乡镇幼儿园在学前教育资源配置条件上还需进一步改善和优化。

第一，地方政府应将学前教育资源配置纳入基本公共服务责任清单，对学前教育资源配置的内容、范围、标准、扶持政策、县（区）责任划分等进行明确规定，为县域学前教育发展提供强有力的制度保障。

第二，为促进城乡学前教育公平和均衡发展，县域内各级政府要为农村地区提供普惠优质的学前教育公共服务资源。由县级政府牵头，协调处理好教育、规划、土地、建设、财政和人事等部门的关系，统筹整合利用农村学前教育资源，多渠道拓展学前教育资源。强化农村学前教育资源配置中的政府投入主体责任，调整学前教育投入方式，改变以投公办园、城市园、投硬件、建机构为主的价值倾向，树立农村优先发展导向，为农村地区儿童提供高质量的学前教育公共服务与资源。

第三，保障县域弱势群体的学前教育资源供给。县域学前教育资源配置均等化特别强调对困难群体的关注，保障弱势群体的学前教育公共服务供给。[1] 为保障权利与机会的公平、可及，政府应通过学费减免、优先入园、财政奖补等措施，优先保障农村地区、偏远地区、贫困地区和民族地区等弱势家庭的学前儿童接受普惠性学前教育，提高弱势儿童入园率，打破结构性入园难，以最大限度地实现教育公平，不落下一个孩子。财政投入优先投向弱势儿童群体，并把家庭经济功能发挥状况作为首要的考虑因素，[2] 公立机构应优先向弱势儿童开放，并对公办园接纳弱势群体儿童的比例予以明确规定。

三 学前教育教师质量是促进县域学前教育高质量发展的关键

幼儿教师质量是保障县域学前教育高质量发展最重要的人力资源。但从调查结果看，无论是县城、乡镇，还是农村的公办园和民办园，都面临幼儿教师短缺这一现实问题。并且，相对农村幼儿园而言，县城和乡镇的幼儿园对幼儿教师数量的需求更大，公办园相对民办园对幼儿教师的需求更多。幼儿园有职称和编制的教师比例都较低，大专及以上学历教师以及学前教育专业毕业的教师的比例均较低，县域幼儿教师质量整体不高。从地方政府对县域幼儿园财政投入的内容看，财政投入占比最高的为专项投入，其主要用于家庭不利儿童的补助和幼儿园基础设施建设，而对幼儿园教师的专业发展的投入则明显不足。地方政府要合理规划经费投入结构，增加经常性经费在支出结构中的比例，改变学前教育公共财政投入集中于资本性支持的格局，加大幼儿教师财政投入力度，提高幼儿教师质量。幼儿教师经费是生均成本结构中最能有效预测幼儿

---

[1] 朱莉雅、唐爱民：《我国学前教育"一主多元"供给机制的运行困境及其优化》，《当代教育论坛》2020年第3期。

[2] 赵南：《发展普惠性学前教育应考虑的两个基本问题》，《教育发展研究》2020年第24期。

园教育质量的指标。但从本书的调查结果看,地方政府的财政支出主要用于资本性支出,而事业性支持经费相对较少,这与OECD国家的经费支持结构有很大差异①。例如,美国《1990年提前开端扩展和质量提升法案》明确规定用于教师的工资待遇至少要占质量提升资金中的一半,鼓励提前开端机构建立与教师的培训和教育经历挂钩的薪资结构。高水平薪资有利于保障高质量的师生互动,而薪资低下导致的高离职率对儿童发展具有显著的负面影响。②

地方政府要推动各地逐步实现幼儿园教师同工同酬,将教职工支出比例最低要求列入幼儿园园所评估标准,在财政投入与实际践行上提高幼儿教师的社会地位,增强幼儿教师职业吸引力。通过政策、资金等方式加强幼儿园教师职前职后培养一体化建设,采取短期培训与置换研修有机结合、激励教师学历提升项目、幼儿教师队伍质量专项经费建设等途径,提高幼儿教师专业水平和综合素养。确保幼儿教师相应的福利、医疗、保险、退休等各项待遇得到有效落实,为幼儿园教师的专业发展创设良好的支持条件。县级及以上地方政府还要通过制定相关政策法规的形式,健全幼儿教师编制制度,建立乡村幼儿园教师应有的"身份"意识,③ 切实落实农村幼儿教师职称、住房等问题,保护教师的合法权益。这对增强幼儿园教师的专业认同感、稳定幼儿教师队伍、提高幼儿园教师教学能力,全力打造一支高水平、高素质的幼儿教师队伍有着十分重要的意义。

---

① 有研究显示:OECD国家的经常性支出总体上保持较高水平,而资本性支出所占比例很少。2015年OECD国家的早期教育阶段的经常性支出水平为93.5%,其中最高的国家是爱尔兰,达到了99.4%。84%的国家经常性支出占比都超过了90%,除了荷兰(88.5%)、土耳其(87.7%)、日本(86.0%)和捷克(84.4%)之外,但是这四个国家的经常性支出水平依旧在中国之上。中国学前教育经费在资本性支出上高于OECD国家整体平均水平,经常性支出(81.8%)比重不足,与OECD国家平均水平相差11.7%。2016年中国学前教育经费经常性支出有所上升,为82.8%。(参见李芳、祝贺、姜勇《我国学前教育财政投入的特征与对策研究——基于国际比较的视角》,《教育学报》2020年第1期。)

② 赵南:《发展普惠性学前教育应考虑的两个基本问题》,《教育发展研究》2020年第24期。

③ 方建华、马芮、蔡文伯:《基于泰尔指数的县域内幼儿园教师资源配置分析》,《学前教育研究》2021年第2期。

四 幼儿园活动区材料投放的适宜性是幼儿园物质环境质量的核心

丰富多样的活动区不仅是幼儿园物质文化蓬勃发展的体现，更是幼儿园物质环境质量的核心。幼儿园活动区的设置、材料投放与财政投入，很大程度上反映了幼儿园的办园理念、价值取向以及幼儿园追求的物质文化。幼儿园物质环境质量建设离不开活动区的支撑。活动区能为幼儿创设互动的学习环境和提供个别化的学习机会，为幼儿提供静态和动态相平衡的课程。从调查结果看，县域内幼儿园的生均建筑面积、生均户外活动面积、人均活动室面积、生均图书册数等物质环境基本能满足幼儿在园的教育需求。无论是公办幼儿园还是民办幼儿园，在幼儿园物质环境条件上都比较好，园长/副园长对此方面的认同度都相对较高。但同时，本书也发现，当前，县域幼儿园物质环境资源在配置上也存在县级政府对活动区游戏材料的财政投入不足，材料投入种类单一，利用率不高，幼儿园基础设施建设标准不完善等问题。

物质环境作为重要的教育资源，对儿童的身心健康发展具有积极的促进作用。幼儿园教育质量的提升离不开高质量的幼儿园物质环境的支持。为提高幼儿园物质环境质量，就需根据幼儿发展需要，投入适宜的活动区材料；促进幼儿教师专业能力发展，提高活动区游戏材料利用率；加大财政投入力度，为幼儿园游戏材料的购置提供充足的资金保障。并且，还要注重创新幼儿园教育教学模式，关注幼儿在活动区中的学习过程。

五 学前教育资源配置管理制度是学前教育高质量发展的内在要求

完善的学前教育管理制度是保障县域学前教育高质量发展的内在要求。但本书发现，当前县域内城乡教师交流制度、幼儿园之间教师合作交流与岗位流动制度、优质园与薄弱园优质资源共享制度、幼儿教师培训制度等方面都很不健全。县级政府尽管制定了相对完善的幼儿园督导评估制度，但在学前教育专业人员的设置上很不健全。调查结果显示，在"县级政府制定了对幼儿园教育资源配置指标定期评估的督导制度"

这一问题上，选择同意的园长/副园长占总人数的69.63%，另有22%的园长/副园长对此持反对意见。但在"负责学前教育资源配置的行政管理人员匮乏"这一问题上，公办园总的平均值是2.90，民办园总的平均值为3.01，说明无论是公办园还是民办园，对这一问题的认同度都较低。

  为保障县域学前教育的高质量发展，需树立以需求为导向的县域学前教育资源配置理念，在学前教育资源配置与供给过程中以需求表达，回应社会公众的内在需求为核心和根本出发点，加强需求调研和满意度分析，把握学前教育资源配置成效及供给短板。支持公众参与学前教育资源配置决策程序，建立顺畅有效的学前教育资源需求表达机制，将学前教育资源有效需求信息传导给资源配置的决策方和供给方，从而将资源配置决策、资源配置内容和供给方式有机匹配，提高学前教育资源配置效率和成本效益，使县域学前教育资源配置真正实现供与需的高效能平衡。地方政府要高度重视现代信息技术的作用，加快县域学前教育资源配置的智能化建设，拓展互联网环境下的学前教育资源公共服务新平台，着力发挥信息技术创新的效应。县级政府要发挥各主体间的相互协调作用，促进不同利益相关者的协同共治。既要大力发展公办幼儿园，又要积极支持和鼓励其他非营利性组织参与到学前教育资源建设中来，并加强县域行政部门间的协同作用。完善城乡幼儿教师交流共享机制，实现城乡学前教育优质资源的共享共建；制定县域学前教育资源配置质量标准，构建适合于县域的学前教育资源配置标准指标体系。

第二节 研究展望

一 关注县域学前教育资源的共生发展机制研究

  县域学前教育资源配置固然要考虑到幼儿园外部环境的支持，如地方政府稳定的财政投入，完善的行政管理体制，健全的政策制度保障等对学前教育资源配置的影响。但与此同时，县域内不同地区或不同性质的幼儿园之间也要充分发挥自组织功能，构建县域内学前教育资源共生共享共建发展共同体，积极践行共生发展理念，建立健全共生型治理机制，强化对共生过程的动态监护，优化共生界面，提高共生效能，实现域内异质园所的和合共生。[①] 县域学前教育资源配置实质是一个自组织生成过程，是区域学前教育发展的核心。不同县域之间的经济和文化毕竟不同，完全照搬或移植其他县域学前教育资源配置的方式或模式显然是不可取的。即便如此，县域在学前教育资源配置上仍然存有一定共性，且可相互借鉴和吸收。不同幼儿园之间如何合作共建共享资源，地方政府如何为县域内幼儿园之间的共生发展创设良好的外部环境和政策支持，以及如何激发幼儿园之间、幼儿园内部构建共生发展的内生动力，等等，都是县域学前教育资源配置研究理应关注的重要课题。未来研究需从县域学前教育资源配置的外部支持，转换到幼儿园之间以幼儿园内部自组织的共生发展上，以自组织发展切入，基于共生视角来探讨县域学前教育资源配置中的相关问题尤为关键。

二 重视县域学前教育资源配置中利益相关者内在诉求的研究

现有研究主要从宏观层面对学前教育资源配置进行了分析，这对中国县域学前教育资源配置有重要的现实指导和借鉴价值。但学前教育资源配置不仅需要理论上的指导，更需要对资源需求主体的内在诉求予以关照，遵循从需求侧到供给侧的逻辑思路，对提高县域学前教育资源配置的质量和效率，满足资源需求利益相关者的利益诉求有着十分重要的意义。然而，现有研究对不同利益相关者的内在需求表达的关注明显不够，未能充分认识到不同利益相关者在学前教育资源配置与决策中的价值，遵循的仍然是"自上而下"的资源配置思路，导致资源供给与需求的不匹配，甚至供需矛盾加剧。从供给侧到需求侧的转换是县域学前教育资源配置的关键，直接关系到资源配置中不同利益相关者的需要与诉求，且能有效提高学前教育资源配置的效能、质量和水平，未来在这方面的研究亟待进一步加强。

---

① 杨晓萍、沈爱祥：《县域学前教育共生发展现状分析》，《学前教育研究》2020年第9期。

三 加大对县域学前教育资源配置规模的预测性研究

影响学前教育资源配置的因素是多方面的，除新的生育政策调整后学前适龄人口的变动外，城镇化加速，外来随迁人口流入等对学前教育资源配置都会产生不同程度的影响。但现有研究主要侧重从全国或省域范围内"全面二孩"政策变动后学前适龄人口变动对学前教育资源的需求进行的预测性分析，[1]这对全面了解生育政策调整后学前适龄人口变动对学前教育资源需求有重要意义。为提高学前教育资源配置的合理性、公正性，精准配置学前教育资源，更好地服务学前教育发展，还需对县域学前教育资源配置进行预测性分析和研究。结合国家新的生育政策调整，在综合考虑其他影响因素的基础上，以县为单位，准确预测学前适龄人口的分布结构和变化趋势，合理规划和布局幼儿园，保障县域内适龄幼儿接受基本的、有质量的学前教育，是研究者们未来需要进一步研究的重大课题。

四 构建具有实证意义的县域学前教育资源配置影响因素模型研究

现有研究尽管有涉及问卷调查或个案分析，但由于研究范围和调查样本本身的局限，进而导致最后的研究结论在有效性、推广性、科学性等方面的不足。要全面、真实、客观地了解县域学前教育资源配置现状，就需走出囿于理论思辨的研究范式，采取大样本的实证研究方法，对影响县域不同地区学前教育资源配置中的相关问题进行深入、系统地剖析。根据不同地区的政治、经济、文化，以及学前教育发展的实际情况，构建适宜于县域学前教育资源配置的影响因素模型，为地方政府及相关教育行政部门的政策制定及资源配置提供参考依据，助推县域学前教育资源配置的优化、科学、合理。在此基础上，不同县域可根据所构建的模型对影响学前教育资源配置的深层次因素和根源进行分析，构建具有县

---

[1] 海颖：《"全面二孩"政策下广西学前教育适龄人口变化及挑战》，《社会科学家》2020年第5期。

域学前教育发展特色的资源配置模式，实现县域学前教育均衡、健康、可持续发展。

五 加强县域学前教育资源配置的信息化建设研究

信息化对促进教育公平和实现优质教育资源广泛共享、提高教育质量等具有重要作用。2021年12月12日，国务院在印发的《"十四五"数字经济发展规划》中明确提出，要"持续提升公共服务数字化水平""充分运用新型数字技术，强化就业、养老、儿童福利、托育、家政等民生领域供需对接，进一步优化资源配置"。2022年5月6日，中共中央办公厅、国务院办公厅在印发的《关于推进以县城为重要载体的城镇化建设的意见》中也明确提出要推进数字化改造。"建设新型基础设施，发展智慧县城。推动第五代移动通信网络规模化部署，建设高速光纤宽带网络。""推行公共服务一网通享，促进学校、医院、图书馆等资源数字化。"但当前国内外利用信息化促进教育资源共享的研究主要集中于数字教育资源的共享共建，教师资源的共享和物质资源的共享方面的研究相对较少。[1]学前教育优质教育资源的形成需要时间的累积，仅仅依靠传统的自上而下的以政府财政投入为主的学前教育资源配置模式，很难在短时间内真正实现地区、城乡以及幼儿园之间教育资源的均衡有效配置。未来研究要以现代信息技术为契机，促进信息技术与学前教育资源配置的深度融合。构建以政府为主导、应用为导向的县域学前教育资源配置公共服务平台，实现县域内城乡之间、发达地区与贫困地区之间，以及不同性质幼儿园之间的优质资源共享。充分利用国家教育资源公共服务平台，现代数字化技术，发挥示范幼儿园的引领性作用，缓解当前优质学前教育资源短缺问题。因此，如何利用现代信息技术，根据地方县域学前教育发展实际，构建适宜于学前教育可持续发展的公共服务供给保障机制，促进城乡学前教育资源的共享共建。如何提高县域学前教

---

[1] 黄荣怀、任友群等：《信息化促进优质教育资源共享的理论与实践》，高等教育出版社2017年版。

育资源配置的数字化公共服务水平，提高地方政府的数据治理能力，加快完善学前教育资源配置信息网络基础设施建设和有序推进学前教育基础设施智能升级，充分发挥数据要素作用，持续提升学前教育公共服务数字化水平，等等，都是未来学前教育资源配置需关注的重要议题，也是中国县域学前教育资源配置的改革方向。

参考文献

中文专著类

北京大学哲学系外国哲学史教研室：《西方哲学原著选读》（下卷），商务印书馆1982年版。

布坎南：《公共财政》，中国财政经济出版社1991年版。

布坎南：《公共物品的需求与供给》，上海人民出版社2009年版。

蔡迎旗：《幼儿教育财政投入与政策》，教育科学出版社2007年版。

陈振明等：《公共服务导论》，北京大学出版社2011年版。

段从宇：《中国高等教育区域协调发展研究》，科学出版社2015年版。

范明丽：《学前教育管理体制改革的方向与制度设计：基于政府治理模式转型的视角》，科学出版社2021年版。

范先佐：《教育经济学》，人民教育出版社2019年版。

范先佐：《教育经济学新编》，人民教育出版社2010年版。

方福前：《公共选择理论》，中国人民大学出版社2000年版。

顾明远：《教育大辞典》，上海教育出版社1997年版。

顾明远：《中国教育路在何方》，人民教育出版社2016年版。

胡代光、高鸿业：《西方经济学大辞典》，经济科学出版社2000年版。

黄荣怀、任友群：《信息化促进优质教育资源共享的理论与实践》，高等教育出版社2017年版。

江苏省镇江市教育局、21世纪教育研究院：《构建普惠优质的学前教育公共服务体系——镇江学前教育体制改革的探索与实践》，教育科学出版社2016年版。

姜勇:《国际学前教师教育政策研究》,华东师范大学出版社 2012 年版。

姜勇、王艺芳:《新时期学前教育发展研究》,华东师范大学出版社 2020 年版。

《教育大辞典》编纂委员会:《教育大辞典》(第一卷),上海教育出版社 1990 年版。

靳希斌:《教育经济学》(第三版),人民教育出版社 2005 年版。

康宁:《中国高等教育资源配置转型程度指标体系研究》,教育科学出版社 2010 年版。

康宁:《中国经济转型中高等教育资源配置的制度创新》,教育科学出版社 2005 年版。

李季湄、冯晓霞:《〈3—6 岁儿童学习与发展指南〉解读》,人民教育出版社 2013 年版。

刘明勇:《经济工作实用词解》,经济管理出版社 2008 年版。

刘树成:《现代经济词典》,凤凰出版社 2005 年版。

刘霞:《幼儿园教育质量评价的理论与实践》,人民教育出版社 2017 年版。

刘亚荣:《从双轨到和谐:中国高等教育资源配置机制的转轨》,浙江大学出版社 2010 年版。

刘占兰:《中国幼儿园教育质量评价——十一省市幼儿园教育质量调查》,教育科学出版社 2011 年版。

庞丽娟:《国际学前教育法律研究》,北京师范大学出版社 2011 年版。

曲福田:《资源经济学》,中国农业出版社 2001 年版。

沈有禄:《中国基础教育公平——基于区域资源配置的比较视角》,教育科学出版社 2011 年版。

孙鸿烈:《中国资源科学百科全书·资源科学》,中国大百科全书出版社、石油大学出版社 2000 年版。

王海英:《儿童视野的幼儿园环境创设》,人民教育出版社 2020 年版。

王海英:《学前教育成本分担研究》,人民教育出版社 2016 年版。

王善迈:《教育经济学简明教程》,高等教育出版社 2000 年版。

王善迈：《教育投入与产出研究》，河北教育出版社1996年版。

王善迈：《经济变革与教育发展：教育资源配置研究》，北京师范大学出版社2014年版。

王声平：《中国"双一流"建设高校学院治理文化研究》，中国社会科学出版社2022年版。

吴骏：《SPSS统计分析从零开始学》，清华大学出版社2014年版。

夏征农、陈至立：《辞海》（第六版），上海辞书出版社2009年版。

尤建新、张建同、杜学美：《质量管理学》，科学出版社2003年版。

虞永平、王海英、张斌：《儿童·国家·未来：学前教育体制机制改革研究》，南京师范大学出版社2020年版。

张军：《现代产权经济学》，上海三联书店、上海人民出版社1994年版。

张乐天：《学前教育政策与法规》，中央广播电视大学出版社2011年版。

张丽：《学前教育政策与法规》，南开大学出版社2019年版。

张维迎：《博弈论与信息经济学》，上海人民出版社1996年版。

张跃庆、张念宏：《经济大辞海》，海洋出版社1992年版。

赵成福：《新型农村公共服务体系整体性治理研究》，中国社会科学出版社2021年版。

赵彦俊、胡振京：《区域视域下普惠性幼儿园政府财政投入机制研究》，中央编译出版社2017年版。

［德］赫尔曼·哈肯：《大自然成功的奥秘：协同学》，凌复华译，上海译文出版社2018年版。

［美］艾里克·拉斯穆森：《博弈与信息：博弈论概论》（第四版），韩松等译，中国人民大学出版社2009年版。

［美］詹姆斯·M. 布坎南、理查德·A. 马斯格雷夫：《公共财政与公共选择：两种截然对立的国家观》，类承曜译，中国财政经济出版社2000年版。

［美］朱·弗登博格、［法］让·梯若尔：《博弈论》，黄涛等译，中国人民大学出版社2015年版。

［美］卡洛琳·爱德华兹、莱拉·甘第尼、乔治·福尔曼编著：《儿童的

一百种语言》，罗雅芬、连英式、金乃琪译，南京师范大学出版社 2011 年版。

[美] 萨缪尔森：《经济学》（第 18 版），萧琛译，人民邮电出版社 2008 年版。

[英] 大卫·怀特布莱德、彭尼·科尔特曼：《高质量的幼儿教育：儿童早期的教与学》，李甦等译，华东师范大学出版社 2019 年版。

中文期刊类

白华、韩文秀：《复合系统及其协调的一般理论》，《运筹与管理》2000 年第 3 期。

柏檀、熊筱燕、王水娟：《我国学前教育财政投入问题探析》，《教育与经济》2012 年第 1 期。

蔡迎旗、胡马琳：《OECD 国家高质量学前教师队伍建设的行动与启示》，《全球教育展望》2022 年第 9 期。

曹鑫莉、史大胜、胡月：《教育扶贫背景下民族贫困地区学前教育发展研究——以 MJ 县 LB 镇为例》，《民族教育研究》2018 年第 4 期。

陈静思：《教育资源配置的公平与效率》，《当代经济》2016 年第 33 期。

陈鹏、高源：《我国学前教育立法的现实诉求与基本问题观照》，《陕西师范大学学报》（哲学社会科学版）2017 年第 6 期。

陈蓉晖、赖晓倩：《优质均衡视域下农村学前教育资源配置效率及差异分析》，《教育发展研究》2021 年第 Z2 期。

陈水生：《公共服务需求管理：服务型政府建设的新议程》，《江苏行政学院学报》2017 年第 1 期。

程秀兰、王娇艳：《农村转岗幼儿教师职前培训的意义与有效模式》，《学前教育研究》2014 年第 4 期。

褚宏启：《关于教育公平的几个基本理论问题》，《中国教育学刊》2006 年第 12 期。

邓泽军、李敏、刘先强：《论城乡幼儿教师均衡配置体制机制创新》，《基础教育》2015 年第 6 期。

杜屏、朱菲菲、杜育红、钱丽阳：《幼儿教师劳动力市场制度分割实证探析——基于云南省调查数据》，《教师教育研究》2015年第1期。

范明丽、庞丽娟：《当前我国学前教育管理体制的主要问题、挑战与改革方向》，《学前教育研究》2013年第6期。

范先佐：《教育资源的合理配置与教育体制改革的关系》，《教育与经济》1997年第7期。

方建华、马芮、蔡文伯：《基于泰尔指数的县域内幼儿园教师资源配置分析》，《学前教育研究》2021年第2期。

方燕、张昕竹：《机制设计理论综述》，《当代财经》2012年第7期。

冯婉桢、康亚军：《县域学前教育资源配置效率与优化路径研究——基于西部地区H县2011—2016年的数据分析》，《基础教育》2019年第3期。

冯婉桢、吴建涛：《城镇化与我国学前教育资源宏观配置效率研究》，《教育研究》2016年第3期。

冯婉桢、吴建涛：《我国学前教育资源宏观配置效率：内涵、指标与经验研究》，《教育科学》2014年第4期。

冯婉桢、吴建涛：《政府和市场在学前教育资源配置中的角色错配与调整研究——基于教育资源配置效率的分析》，《教育科学》2016年第4期。

冯婉桢：《雁行发展与区域学前教育资源微观配置效率的提升研究》，《基础教育》2018年第1期。

高扬、曾晓东：《绩优奖励制度能有效激励农村地方政府的学前教育服务供给吗？——基于宁夏X县的案例研究》，《宁夏社会科学》2015年第6期。

葛道凯：《高质量教育体系的使命、动力及建设思路》，《教育研究》2022年第3期。

葛晓英、王默、杨冬梅：《大数据时代背景下幼儿园教师培训体系的重构》，《学前教育研究》2020年第9期。

葛晓英、王默、杨冬梅：《幼儿园教师培训内容需求的调查分析》，《天津师范大学学报》（基础教育版）2021年第4期。

龚欣、曲海滢：《高质量学前教育体系：基本构成、主要特征及建设路径》，《现代教育管理》2021年第11期。

顾明远：《建设高质量教育体系，实现教育现代化》，《教育与教学研究》2021年第6期。

郭绍青、杨晓健，余学军：《甘肃省基础教育信息化深化发展的策略研究》，《电化教育研究》2009年第12期。

国家教育标准体系研究课题组、徐长发、孙霄兵、曾天山、黄兴胜：《国家教育标准体系的发展与完善》，《教育研究》2015年第12期。

海颖：《"全面二孩"政策下广西学前教育适龄人口变化及挑战》，《社会科学家》2020年第5期。

韩凤芹、曹蕊：《构建儿童早期发展公共服务体系：理论探讨与现实选择》，《财政研究》2020年第9期。

韩宗礼：《试论教育资源的效率》，《河北大学学报》（哲学社会科学版），1982年第12期。

何锋：《农村学前教育教育补偿路径优化：基于供需适配性理论的思考》，《现代教育管理》2015年第9期。

何水：《协同治理及其在中国的实现——基于社会资本理论的分析》，《西南大学学报》（社会科学版）2008年第3期。

洪秀敏、马群、陈敏睿：《新世纪我国学前教育财政投入的特点与展望——基于2000—2015年学前教育财政统计数据的分析》，《教育经济评论》2019年第4期。

滑红霞：《山西省幼儿教师编制现状与改革路径探析》，《教育理论与实践》2017年第16期。

黄宸、李玲、钟秉林：《"全面二孩"政策下要不要扩大幼儿园班级规模？——我国幼儿园班级结构性质量与过程性质量关系的元分析》，《中国教育学刊》2018年第9期。

黄瑾、熊灿灿：《我国"有质量"的学前教育发展内涵与实现进路》，《华东师范大学学报》（教育科学版）2021年第3期。

霍力岩、孙蔷蔷、龙正渝：《中国高质量学前教育指标体系建构研究》，《华东师范大学学报》（教育科学版）2022年第1期。

姜峰、程晴晴：《政府资助计划推动下的新加坡学前教育发展及其启示》，《外国教育研究》2013年第6期。

姜盛祥、胡福贞：《教育均衡视野下我国幼儿教师的配置与流动》，《学前教育研究》2011年第7期。

姜勇、何敏、张云亮：《国家级贫困县农村幼儿园教师精神状况考察——物质的匮乏与心灵的充盈》，《学前教育研究》2016年第7期。

姜勇、蓝素芬：《我国各省学前教育资源的均衡性与充分性分析——基于2013—2018年省级层面的"面板数据"》，《教育发展研究》2021年第Z2期。

姜勇、庞丽娟：《我国普惠性学前教育公共服务体系建设的突出问题与破解思路——基于ROST文本挖掘系统的分析》，《湖南师范大学教育科学学报》2019年第4期。

姜勇、庞丽娟：《以供给侧改革为抓手推进普惠性学前教育公共服务体系建设》，《教育发展研究》2019年第8期。

康永祥、庞丽娟：《解决幼儿教师待遇问题——基于行业准入与人力资本收益的制度设计》，《教育科学》2014年第1期。

柯亮：《学前教育公共服务供给的需求逻辑和现实选择》，《湖南师范大学教育科学学报》2021年第2期。

赖晓倩、陈蓉晖：《城乡学前教育资源投入绩效测评及差异分析——基于DEA和Malmquist指数模型》，《教育学术月刊》2021年第1期。

赖昀、薛肖飞、杨如安：《农村地区学前教育教师资源配置问题与优化路径——基于陕西省X市农村学前教师资源现状的调查分析》，《教育研究》2015年第3期。

雷万鹏、张婧梅、文璠：《论农村学前教育投入的底线标准——对湖北省Y县的实证调查》，《教育与经济》2011年第4期。

李定开、黄丽红：《挪威幼儿教育的发展研究》，《比较教育研究》1998年第1期。

李芳、祝贺、姜勇：《我国学前教育财政投入的特征与对策研究：基于国际比较的视角》，《教育学报》2020年第1期。

李汉东、李玲、赵少波：《山东省"全面二孩"政策下学前教育及义务教育资源供求均衡分析》，《教育学报》2019年第2期。

李欢欢、黄瑾：《"高素质善保教"幼儿教师培训模型之构建》，《中国教育学刊》2019年第2期。

李辉、任晓春：《善治视野下的协同治理研究》，《科学与管理》2010年第6期。

李键江、花筝：《我国学前教育资源配置效率现状及其对策研究》，《基础教育》2020年第2期。

李静、余瑶：《我国学前教育政策的现实困境与发展路向——基于"十三五"时期学前教育政策文本的分析》，《学术探索》2022年第3期。

李克建、潘懿、陈庆香：《幼儿园教育质量与生均投入、生均成本的关系研究》，《教育与经济》2015年第2期。

李克勤、郑准：《县域学前教育资源配置评价模型及其应用》，《学前教育研究》2014年第10期。

李琳：《委托—代理理论下农村学前教育政府间责任关系构建——以四地农村个案调查为例》，《教育发展研究》2016年第10期。

李琳：《幼儿园教育质量对儿童发展增值的影响》，《学前教育研究》2021年第4期。

李梦琢、刘善槐、房婷婷：《县域教师交流政策的场域脱嵌与优化路径——基于全国13省50县的政策文本计量分析》，《教师教育研究》2021年第3期。

李瑞华：《政府购买学前教育服务政策下青海乡村幼儿教师工资收入现状、影响与建议：基于青南五县的实地调查》，《教师教育研究》2019年第6期。

李相禹、刘焱：《师幼比对幼儿园集体教学质量影响的实证分析》，《学前教育研究》2016年第5期。

李燕凌、高猛：《农村公共服务高质量发展：结构视域、内在逻辑与现实进路》,《行政论坛》2021年第1期。

李钰燕、陈金菊:《民族地区幼儿园教师资源配置的城乡差异分析——以广西壮族自治区为例》,《民族教育研究》2020年第4期。

李钰燕、陈金菊:《西部地区幼儿园教师资源配置的县域比较与分析——基于广西108个县区的实证研究》,《教育理论与实践》2020年第14期。

李祖超:《我国教育资源短缺简析》,《高等教育研究》1997年第6期。

廖勇:《城乡学前教育均衡发展研究综述》,《当代教育论坛》2016年第2期。

刘建发、吴传毅:《学前教育普及中的政府责任分析》,《北京行政学院学报》2013年第6期。

刘天娥、蔡迎旗:《美国促进学前教育公平的措施及启示》,《中国教育学刊》2013年第7期。

刘欣、曾嵘、王宁:《"后撤点并校"时期农村教育资源的重组与利用——基于对湖北省郧西县的调查》,《中国教育学刊》2013年第10期。

刘焱、李相禹:《国际视野下早期教育师幼比的规定与发展趋势》,《比较教育研究》2014年第5期。

刘焱:《我国城镇幼儿园教育质量:基于4省6区县433个幼儿园班级的微观透视》,《学前教育研究》2021年第9期。

刘焱、杨晓萍、潘月娟、涂玥:《我国城乡学前一年班级教育环境质量的比较研究》,《教育学报》2012年第6期。

刘焱、郑孝玲:《关于普惠性学前教育公共服务属性定位的探讨》,《教育研究》2020年第1期。

刘焱、郑孝玲、宋丽芹:《财政补贴对普惠性民办幼儿园教育质量的影响路径》,《教育研究》2021年第4期。

刘颖:《城乡学前教育财政经费分配更公平了吗?——2010年来我国城乡学前教育财政公平的进展》,《当代教育论坛》2019年第5期。

柳阳辉:《郑州市幼儿园信息化硬件建设现状与发展对策》,《学前教育研究》2013年第10期。

龙红芝:《西部民族地区学前教育高质量发展面临的问题与推进策略》,《西北师大学报》(社会科学版)2021年第6期。

吕武:《我国幼儿园生均公用经费政策的现状、问题及其优化路径分析》,《南宁师范大学学报》(哲学社会科学版)2019年第6期。

吕武:《县域城乡一体化学前教育公共服务体系构建的路径分析》,《教育与经济》2016年第5期。

吕玉刚:《以未来计·从足下始:基础教育高质量发展十年成就与未来布局》,《中小学管理》2022年第10期。

罗英智、雷宁:《农村学前教育集团化发展和管理模式探析——以辽宁省三个县为例》,《现代教育管理》2014年第11期。

马忠才、郝苏民:《乡村教育振兴的困境及其内生性逻辑——基于深度贫困地区Y县的调查分析》,《中南民族大学学报》(人文社会科学版)2022年第2期。

潘月娟、刘焱、胡彩云:《幼儿园结构变量与教育环境质量之间的关系研究——以山西省幼儿园为例》,《学前教育研究》2008年第4期。

庞丽娟、范明丽:《当前我国学前教育管理体制面临的主要问题与挑战》,《教育发展研究》2012年第4期。

庞丽娟、范明丽:《"省级统筹 以县为主"完善我国学前教育管理体制》,《教育研究》2013年第10期。

庞丽娟、孙美红、夏靖:《世界主要国家和地区政府主导推进学前教育公平的政策及启示》,《学前教育研究》2014年第1期。

庞丽娟、王红蕾、冀东莹、袁秋红:《当前学前教育资源扩大的重大政策突破:我国省级公办性质园政策探索与分析》,《教育发展研究》2021年第Z2期。

庞丽娟、夏靖:《国际学前教育发展战略:普及、公平与高质量》,《教育学报》2013年第3期。

庞丽娟、杨小敏:《高质量教育体系建设的经费投入保障思考与建议》,《国家教育行政学院学报》2021年第8期。

庞丽娟、张丽敏、肖英娥：《促进我国城乡幼儿园教师均衡配置的政策建议》，《教师教育研究》2013年第3期。

彭兵：《武汉市幼儿园保教质量评估与监测现状及发展对策》，《学前教育研究》2013年第8期。

皮军功：《全要素改革：我国农村学前教育发展的应然路向》，《学前教育研究》2021年第11期。

乔雪峰：《新发展格局下县域教师交流轮岗的政策驱动机制及其优化》，《南京师大学报》（社会科学版）2022年第5期。

沈建洲、党爱娣：《西部县域学前教育三年行动计划实施现状与对策——以甘肃省J县为例》，《学前教育研究》2013年第6期。

沈满洪、谢慧：《公共物品问题及其解决思路：公共物品理论文献综述》，《浙江大学学报》（人文社会科学版）2009年第6期。

宋映泉：《不同类型幼儿园办学经费中地方政府分担比例及投入差异：基于3省25县的微观数据》，《教育发展研究》2011年第17期。

田景正、马丽群、周端云：《我国城乡二元幼儿教育财政体制的形成与变革》，《教育与经济》2020年第2期。

万湘桂：《县域学前教育师资配置问题与思考——基于湖南省8区县调查的分析》，《社会科学》2015年第10期。

王红：《论教育资源配置方式的基本内涵及决定因素》，《教育与经济》1999年第1期。

王鉴、谢雨宸：《乡村学前教育高质量发展的内涵、逻辑与长效机制》，《东北师大学报》（哲学社会科学版）2022年第2期。

王凯珍、谢晨燕：《城市幼儿园体育器材现状、问题与对策：以北京市朝阳区为例》，《首都体育学院学报》2014年第4期。

王林发、曾怡：《新时代高质量教师教育体系建设：历史经验与实践探索》，《教育与教学研究》2022年第9期。

王声平、杨晓萍：《新的生育政策下我国城镇幼儿园布局调整研究》，《天津师范大学学报》（基础教育版）2021年第3期。

王声平、杨晓萍：《幼儿教师流失：组织社会学视角》，《教育与教学研究》2011年第8期。

王声平、杨友朝:《高质量视角下我国城镇幼儿园物质环境资源配置的现状调查及改进建议》,《内蒙古师范大学学报》(教育科学版)2022年第5期。

王声平、杨友朝:《三孩生育政策下我国城镇幼儿园教师资源配置的现状及优化》,《北京教育学院学报》2022年第3期。

王水娟、柏檀:《学前教育财政投入的效率问题与政府责任》,《教育与经济》2012年第3期。

王万良:《发达省份的欠发达县域学前教育师资情况调查——以浙江省丽水市为例》,《内蒙古师范大学学报》(教育科学版)2011年第4期。

王伟清:《论基于需求的教育资源配置系统观》,《教育与经济》2010年第1期。

王娅、宋映泉:《"幼有所育"中政府普惠性投入的必然性——来自六省县级面板数据的历史证据》,《学前教育研究》2019年第6期。

王勇、卢长娥:《安徽省学前教育资源地区间配置差异分析》,《学前教育研究》2018年第10期。

王誉:《县级教育行政改革新图景——基于权力分配的视角》,《教育发展研究》2014年第21期。

文晶娅、冉铁星:《农村学前教育成本分担机制研究——基于湖北省长阳县的调查》,《教育与经济》2013年第4期。

夏婧、庞丽娟、张霞:《推进我国学前教育投入体制机制改革的政策思考》,《教育发展研究》2014年第4期。

夏婧:《我国农村学前教育政策:特点、矛盾与新趋势》,《现代教育管理》2014年第7期。

夏婧:《我国农村幼儿园教师队伍建设经验及其启示》,《学前教育研究》2014年第7期。

徐晓:《普惠性学前教育成本测算及分担方案构建——基于H省J县的调研案例分析》,《学前教育研究》2018年第7期。

许浙、柳海民:《论资源承载力支撑下的区域学前教育合理有序发展》,

《中国教育学刊》2020年第4期。

许志勇：《影响农村学前教育发展的主要因素分析》，《学前教育研究》2001年第1期。

严仲连、马瑞青：《完善"以县为主"的农村学前教育管理体系》，《内蒙古师范大学学报》（教育科学版）2015年第6期。

杨莉君、胡洁琼：《农村儿童家庭对学前教育公共服务的基本需求及对策研究——以湖南省为例》，《湖南师范大学教育科学学报》2013年第2期。

杨卫安、邬志辉：《机制设计理论与城乡教育一体化建设》，《理论与改革》2012年第5期。

杨晓萍、沈爱祥：《县域学前教育共生发展现状分析》，《学前教育研究》2020年第9期。

杨雄、杨晓萍：《乡村振兴战略下幼有优育的实践逻辑》，《天津师范大学学报》（基础教育版）2022年第5期。

杨钰：《公共服务质量改进：国际经验与中国实践》，《东南大学学报》（哲学社会科学版）2020年第2期。

姚伟：《价值与路径：高质量发展背景下幼儿园质量文化建设探寻》，《东北师大学报》（哲学社会科学版）2020年第6期。

于冬青、管钰嫦：《以儿童发展为中心的班级物质环境创设探析》，《教育理论与实践》2016年第8期。

于冬青、张琼：《农村幼儿园社区教育资源利用现状及政策建议》，《现代教育管理》2021年第10期。

虞永平：《建设益童、惠民、利国的学前教育公共服务体系》，《人民教育》2014年第11期。

袁旭：《广西县域农村学前教育及其发展机制的现状分析》，《学前教育研究》2012年第7期。

原晋霞：《构建有质量的学前教育基本公共服务体系》，《教育学术月刊》2013年第1期。

曾健坤、罗璇：《学前教育教师的性别失衡与平衡研究——基于性别表演论的视角》,《教育研究与实验》2020年第2期。

曾莉、申晓燕:《运用开放性材料促进幼儿运动经验发展的实践探索》,《学前教育研究》2017年第1期。

曾娅琴:《农村学前教育政府供给效率研究》,《武汉理工大学学报》(社会科学版)2014年第4期。

曾越、秦金亮:《幼儿教师心理契约的结构及影响因素——以浙江省为例》,《教育学术月刊》2018年第1期。

湛中乐、李烁:《我国学前教育立法研究——以政策法律化为视角》,《陕西师范大学学报》(哲学社会科学版)2019年第1期。

张更立、阮成武:《县域农村学前教育供给:现实困境与改进策略》,《教育发展研究》2015年第24期。

张玲、裴昌根、陈婷:《我国学前教育城乡均衡发展程度的测评研究——基于基尼系数的实证分析》,《西南大学学报》(社会科学版)2020年第2期。

张卫民、张敏:《民族幼儿教育的困境与破解——基于重庆秀山县金珠苗寨的田野考察》,《学前教育研究》2014年第1期。

张汶军、张绵绵:《深化改革背景下幼儿园教师队伍建设的思考》,《河北师范大学学报》(教育科学版)2019年第2期。

张晓辉:《幼儿教师的社会地位》,《学前教育研究》2010年第3期。

张燕:《我国农村社区学前教育发展的优势条件与问题分析》,《学前教育研究》1997年第5期。

张一春、祝智庭:《知识管理技术与e-Learning资源库建设研究》,《电化教育研究》2003年第5期。

张有龙、杨晓萍:《民族贫困山区农村幼儿教师配置的困境与纾解——基于黔西北乌蒙山区的调查分析》,《贵州民族研究》2018年第2期。

张源源、刘善槐:《县域内教师交流的机制梗阻与政策重建》,《中国教育学刊》2016年第6期。

赵跟喜:《促进教育公平,发展西部少数民族地区农村学前教育——以广西扶绥县为例》,《湖北民族学院学报》(哲学社会科学版)2013年第

6期。

赵海利：《构建财政性学前教育投入增长的保障机制——基于经济学需求与供给的视角》，《教育发展研究》2016年第20期。

赵南：《发展普惠性学前教育应考虑的两个基本问题》，《教育发展研究》2020年第24期。

郑巧、肖文涛：《协同治理：服务型政府的治道逻辑》，《中国行政管理》2008年第7期。

钟秉林：《发展学前教育要坚持抓好普及与提高质量并重》，《中国教育学刊（卷首语）》2014年第3期。

钟秋菊、张一春、兰国帅：《国际学前教师队伍建设：样态透视与经验启示——基于OECD〈建设高素质幼儿教育和保育队伍报告〉的解读》，《现代教育管理》2022年第1期。

周建平：《从"镇为主"到"县为主"：农村学前教育管理体制的变革——基于对A县学前教育发展状况的调查》，《教育发展研究》2012年第20期。

朱莉雅、唐爱民：《我国学前教育"一主多元"供给机制的运行困境及其优化》，《当代教育论坛》2020年第3期。

朱晓斌、蒋一之、郑报：《从社会保障伦理视角看农村学前教育公共服务体系的建构——以浙江省16县市区为例》，《教育学报》2020年第1期。

庄爱玲、黄洪：《我国学前教育财政投入绩效及城乡差异》，《教育与经济》2015年第4期。

邹联克、陶蕾、李玲：《贫困地区学前教育的问题和对策研究——以西部某省A县为例》，《贵州社会科学》2012年第3期。

祖强：《机制设计理论与最优资源配置的实现：2007年诺贝尔经济学奖评析》，《世界经济与政治论坛》2008年第2期。

[美] 朱·弗登博格、[法] 李文俊：《机制设计理论的产生发展与理论现实意义》，《学术界》2017年第7期。

外文文献类

Barhett W., Steven F. Ellen C., "Early Childhood Programs in the Public Schools: Insights from a State Survey", *Journal of Early Intervention*, No. 4, 1993.

Clarke E. H., "Multipart Pricing of Public Goods", *Public Choice*, No. 1, 1971.

Clarke-Stewart K. Alison, Vandell Deborah Lowe, Burchinal Margaret, O'brien Marion, Mc Cartney Kathleen, "Do Regulable Features of Child-care Homes Affect Children's Development?", *Early Childhood Research Quarterly*, No. 1, 2012.

D. J. Young, "Voluntary Purchase of Public Goods", *Public Choice*, No. 1, 1982.

Holzer M, Charbonneaue, Kimy, "Mapping the Terrain of Public Service Quality Improvement: Twenty-Five Years of Trends and Practices in the United States", *International Review of Administrative Sciences*, No. 3, 2009.

Howes Carolle, Burchinal Margaret, Pianta Robert, "Ready to Learn? Children's Pre-academic Achievement in pre-kindergarten Programs", *Early Childhood Research Quarterly*, No. 1, 2008.

Howes, Carollee, "Children's Experiences in Center-based Child Care as A Function of Teacher Background and Adult Child Ratio", *Merrill-palmer Quarterly*, No. 3, 1997.

J. E. Stiglitz, "The Theory of Local Public Goods Twenty-five Years After Tiebout: A Perspective", *NBER Working Paper Series*, 1982.

J. Falkinger, E. Fehr, S. Gächter, et al., "A Simple Mechanism for the Efficient Provision of Public Goods: Experimental Evidence", *The American Economic Review*, No. 1, 2000.

J. M. Buchanan, "Joint Supply, Externality and Optimality", *Economic*,

No. 132, 1996.

Keithl Dougherty, "Public Goods Theory From Eighteenth Century Political Philosophy to Twentieth Century Economics", *Public Choice*, No. 117, 2003.

Lang Sarah N., Mouzourou Chryso, Jeon Lieny, Buettner Cynthia K., Hur Eunhye, "Preschool Teacher's Professionnal Training, Observational Feedback, Child-centered Beliefs and Motivation: Direct and Indirect Associations with Social and Emotional Responsiveness", *Child & Youth Care Forum*, No. 1, 2017.

Lange, O., "On the Economic Theory of Socialism", *Review of Economic Studies*, No. 1, 1936.

Michal Perlman, Fletcher Brooke, FalenchukOlesya, BrunsekAshley, McMullenEvelyn, Shah Prakesh S., "Child-Staff Ratios in Early Childhood Education and Care Settings and Child Outcomes: A Systematic Review and Meta-Analysis", *PLOS ONE*, No. 1, 2017.

P. A. Samuelson, "The pure theory of public expenditure", *Review of Economics and Statistics*, No. 36, 1954.

Phillips Deborah A., Howes Carollee, Whitebook Marcy, "The Social Policy Context of Child Care: Effects on Quality", *American Journal of Community Psychology*, No. 1, 1992.

Paul Vedder, Measuring the Quality of Education, Amsterdam: Sets & Zeitliger, 1992.

Reli Iluz, Esther Adi-Japha, Pnina S. Klein, "Identifying Child-staff Ratios That Promote Peer Skills in Child Care", *Early Education and Development*, No. 7, 2016.

Seva Nada and Radisic Jelena, "The development of emergent literacy in Serbian kindergartens: Basic resources and related practices", *Psihološka Istraživanja*, No. 2, 2013.

Strolin-Goltzman J, Kollar S., Trinkle J., "Listening to The Voices of Children in Foster Care: Youths Speak Out about Child Welfare Workforce Turnover and Selection", *Social Work*, No. 1, 2010.

UNICEF, "Defining Quality of Education: A paper presented by UNICEF at a meeting of the International Working Group on Education", *Florence, Italy*, 2000.

Vandell D. l., Belsky J., Burchinal M., et al., "Do effects of early child care extend to age15 years?", *Child Development*, No. 3, 2010.

Whitebook M., Phillips D., Howes C., "Worthy work, STILL Unlivable Wages: The Early Childhood Workforce 25 Years after the National Child Care Staffing Study", Berkeley, CA: Center for the Study of Child Care Employment, 2014.

附录一

县域学前教育资源配置现状调查问卷
（园长/副园长）

尊敬的老师：

您好！这份问卷主要是用来了解县域学前教育资源配置现状，问卷中的选项无对错之分，请根据贵园实际情况填写即可。问卷实行匿名填写，您的个人信息将严格保密，研究结果仅为研究之用。

最后，非常感谢您的支持与帮助！

一　基本信息

请根据实际情况在相应的选项上打"√"。

1. 您的性别（　　）

　A. 男　　B. 女

2. 您的年龄（　　）

　A. 30 岁及以下　　B. 31—40 岁　　C. 41—50 岁

　D. 51 岁及以上

3. 您的职务（　　）

　A. 园长　　B. 副园长

4. 您的受教育程度（　　）

　A. 高中或中专　　B. 大专　　C. 本科　　D. 硕士及以上

5. 您是否有园长资格证（　　）

　A. 是　　B. 否

6. 您是否有幼儿教师资格证（　　）

A. 是　　B. 否

7. 您的工作年限（　　）

A. 5 年及以下　　B. 6—10 年　　C. 11—15 年　　D. 16—20 年

E. 21 年以上

8. 您的年均收入（　　）

A. 小于 5 万元　　B. 6 万—10 万元　　C. 11 万—15 万元

D. 16 万—20 万元　　E. 21 万元及以上

9. 您的用工方式（　　）

A. 有编制教师　　B. 合同制　　C. 临时工

10. 您所在幼儿园的位置（　　）

A. 县城　　B. 乡镇　　C. 农村

11. 您所在幼儿园性质是（　　）

A. 公办园　　B. 民办园

12. 贵园的经费主要来源于（　　）

A. 省级政府　　B. 市级政府　　C. 县（区）级政府

D. 乡镇政府　　E. 园所自筹　　F. 家长缴费　　G. 其他

13. 贵园获得县级政府的财政支持有（　　）

A. 人员经费拨款　　B. 免费园舍提供　　C. 园舍租金减免

D. 专项投入　　E. 生均公用经费　　F. 其他

14. 县级政府的财政投入主要用于（　　）

A. 幼儿园基建设施　　B. 教师工资福利

C. 购买幼儿园玩教具设备　　D. 家庭不利儿童的补助　　E. 其他

15. 贵园的等级是（　　）

A. 省一级园　　B. 省二级园　　C. 省三级园　　D. 未定级

E. 其他

16. 您是否是学前教育专业毕业（　　）

A. 是　　B. 否

17. 您的职称（　　）

A. 三级　　B. 二级　　C. 一级　　D. 高级　　E. 正高

· 317 ·

F. 无职称

二 问卷内容

填写说明：问卷题型均为选择题，请在符合贵园实际情况的一个选项上打"√"。如果您对答案不清楚，请尽可能得出最接近真实的答案。

①完全不一致；②不太一致；③一般；④比较一致；⑤完全一致

(一) 人力资源配置					
	①完全不一致	②不太一致	③一般	④比较一致	⑤完全一致
18. 贵园专任教师不足					
19. 贵园专任教师流失严重					
20. 贵园师幼比符合国家要求					
21. 贵园有职称教师比例低					
22. 贵园有编制教师比例低					
23. 贵园大专及以上学历教师比例低					
24. 贵园学前教育专业毕业的教师比例低					
25. 贵园所在县域专门负责学前教育资源配置的行政管理人员缺乏					
(二) 财政资源配置					
	①完全不一致	②不太一致	③一般	④比较一致	⑤完全一致
26. 县级政府对幼儿园生均财政投入公用经费不足					
27. 全面三孩政策后县级政府对幼儿园生均教育经费投入在逐步提高					
28. 贵园可根据需要灵活支配地方政府投入的财政经费					
29. 县域有专门为家庭不利儿童设立专项资助项目					
30. 您对县级政府的财政投入政策持满意态度					

附录一 县域学前教育资源配置现状调查问卷（园长/副园长）

续表

（三）物力资源配置					
	①完全不一致	②不太一致	③一般	④比较一致	⑤完全一致
31. 贵园生均建筑面积低于5平方米					
32. 贵园生均户外活动面积低于2平方米					
33. 贵园人均活动室面积低于2平方米					
34. 贵园生均图书册数在10册以上（不含教材）					
35. 您对幼儿园工作环境持满意态度					
36. 全面三孩政策后贵园生均玩教具数量能满足幼儿活动需要					
37. 县域内制定了统一的幼儿园基础设施建设标准					
（四）制度资源配置					
	①完全不一致	②不太一致	③一般	④比较一致	⑤完全一致
38. 县域内城乡教师交流制度不完善					
39. 县域内建立了优质园与薄弱园优质资源共享制度					
40. 县域内幼儿园之间教师合作交流与岗位流动制度不完善					
41. 县域内制定了乡镇中青年骨干教师培训制度					
42. 县级政府制定了对幼儿园教育资源配置指标定期评估的督导制度					
43. 县级政府制定了幼儿园生均拨款经费投入制度					
44. 县级政府制定了幼儿园生均资助经费投入制度					

续表

（五）县域学前教育资源配置的影响因素					
	①完全不一致	②不太一致	③一般	④比较一致	⑤完全一致
45. 幼儿教师的职业认同感					
46. 地方政府对发展学前教育的重视程度					
47. 园长在优化学前教育资源配置方面的能力					
48. 社会组织的参与度					
49. 县域经济发展水平					
50. 县域教育文化因素					
51. 人口政策变动					
52. 城镇化进程					

附录二

县域学前教育资源配置访谈提纲
（园长/副园长）

一　基本信息

1. 您的性别（　　）

A. 男　　B. 女

2. 您的年龄（　　）

A. 30 岁及以下　　B. 31—40 岁　　C. 41—50 岁

D. 51 岁及以上

3. 您的职务（　　）

A. 园长　　B. 副园长

4. 您的受教育程度（　　）

A. 高中或中专　　B. 大专　　C. 本科　　D. 硕士及以上

5. 您的职称是（　　）

A. 三级　　B. 二级　　C. 一级　　D. 高级　　E. 正高

F. 未评职称

6. 到目前为止，您在幼儿园任职有＿＿＿年

7. 您的专业是＿＿＿＿＿＿＿＿＿＿

二　访谈内容

1. 贵园教师总量、结构情况如何？是否缺编？

2. 贵园有多少经费是专门用于教师专业发展的？

3. 您认为贵县（市/区）幼儿教师资源配置存在哪些问题？原因

何在？

4. 您认为当前地方政府制定的有关学前教育方面的政策对幼儿教师资源配置起了怎样的作用？（教师交流轮岗制度、教师编制方面的政策等）

5. 贵园在办学条件上存在哪些比较突出的问题（生均建筑面积、室内外面积、绿化面积、教师办公条件等）？如何改进？

6. 贵园的经费来源主要包括哪些？各部分比例是如何分配的？（县级/乡镇政府、自筹等）？

7. 贵园的经费支出主要包括哪些？各部分比例是如何分配的？（基础设施、公共经费等）？

8. 您认为县（市/区）政府在幼儿园财政投入上存在的问题有哪些？如何改进？

9. 您认为县（市/区）政府在促进县域学前教育资源均衡配置中应发挥哪些作用？如何才能真正缩小城乡幼儿园之间资源配置的差距？

10. 贵园实施的促进学前教育资源配置的措施中，您认为哪些较有成效？（请举例说明）

11. 全面三孩政策后，学龄人口的变化对贵园带来的挑战有哪些？如何解决？

12. 您认为应如何改进县域学前教育资源配置的方式和形式，提高学前教育资源利用率？

附录三

县域学前教育资源配置访谈提纲
（教育行政管理人员）

一 基本信息

1. 您的性别（ ）

A. 男　　B. 女

2. 您的年龄（ ）

A. 30 岁及以下　　B. 31—40 岁　　C. 41—50 岁

D. 51 岁及以上

3. 您的职务（ ）

A. 局长　　B. 副局长　　C. 科长　　D. 其他

4. 您的受教育程度（ ）

A. 高中或中专　　B. 大专　　C. 本科　　D. 硕士及以上

5. 您的职称是（ ）

A. 小学三级　　B. 小学二级　　C. 小学一级　　D. 小学高级

E. 中学高级　　F. 其他

6. 到目前为止，您在教育局任职有____年。

7. 您的专业是_____

二 访谈内容

1. 贵县在教师资源配置上是否充足（例如，教师的数量、学历、专业等）？师资队伍稳定情况如何？您认为县级政府应从哪些方面提高幼儿园教师资源的供给能力？

2. 贵县幼儿教师职称评定和编制情况如何？为什么？您认为应如何改进？

3. 贵县对幼儿园的财政投入主要有哪几个方面？财政投入的主体有哪些？公办园和民办园，城乡幼儿园之间在财政投入上的差异主要表现在哪些方面？

4. 贵县对幼儿园财政投入的依据或标准是什么？（例如，贫困幼儿比例，普惠性幼儿园、生均投入经费等）如何对幼儿园的财政投入进行有效监管？存在哪些问题？如何改进？

5. 三孩生育政策下，贵县建立了怎样的学前儿童家庭教育指导服务体系？存在的问题？如何改进？

6. 贵县如何对全县学前教育机构进行管理的？是否成立了专门的学前教育管理部门和专职人员？存在的问题有哪些？如何改进？

7. 您认为应如何改进县域内学前教育质量督导评估制度？

8. 您认为影响学前教育资源配置的最重要的因素有哪几个方面？如何改进？

后 记

学前教育是基础教育的基础,是整个教育强国体系的开端,是人的终身可持续发展的关键。学前教育投入具有极高的社会回报率,在提高人口素质、减少贫困等方面具有较高的效能。学前教育的高质量发展成为学前教育服务新时代国家人才强国战略的迫切需求,是满足人民群众对优质公平的学前教育需求的必然选择。学前教育的高质量发展能为幼儿个体的社会性、情感、语言、认知、身体动作、学习品质等方面的发展奠定良好基础。

县域作为一个社会共生系统,是分析和研究学前教育发展特点和规律的基本单位。县域学前教育资源的优化配置,既要充分考虑县域的经济发展水平和供给能力,更要考虑学前教育资源配置的质量,保障每位适龄幼儿享有接受基本的、有质量的学前教育的权利和机会。浙江作为新时代全面展示中国特色社会主义制度优越性的"重要窗口",其内容涵盖了政治、经济、文化、教育等各个方面。作为基础教育的有机组成部分的学前教育,其质量的高低直接影响到基础教育的质量和水平。因此,对学前教育而言,浙江理应发挥出"重要窗口"的示范性和引领性功能,承担起为学前教育事业的整体可持续发展提供中国方案,以及为国家实现人才强国战略提供"智库支持"的时代使命。以"浙江之窗"展示"中国之治",以"浙江之答"回应"时代之问",为国际社会感知中国形象、中国精神、中国气派、中国力量提供一个"重要窗口"。

学前教育高质量发展的核心是促进学前教育资源的优化、合理配置,在中国"省级统筹、以县为主"的管理体制背景下,县域学前教育高质量发展是影响学前教育高质量发展的关键。但是，县域学前教育高质量发展是一个复杂的、系统的、长期的过程，而不仅仅是一个概念升级的问题，需要以更高远、更前瞻、更宽阔的视野来对其进行审视和谋划，以满足广大民众对高质量学前教育的需求与期盼。地方政府应立足新发展阶段，以县为单位，着力构建高质量学前教育发展体系。在解决县域普及普惠、城乡均衡一体化发展、幼儿"有园上"的基础上，更加注重优质高效，保障每位适龄幼儿"上好园"，加强全局性谋划、战略性布局、前瞻性思考、整体性推进，积极探索适宜于浙江县域特点和文化的学前教育高质量发展的路径，破解城乡学前教育发展不均衡、幼儿教师资源短缺、学前教育财政经费投入不足、学前教育管理体制机制不健全等深层次问题。结合县域学前教育发展的实际境况，把着力点放在以提高质量为核心的内涵式发展上，构建优质均衡公平的县域学前教育公共服务体系，切实提高幼儿园保育教育质量，推进县域学前教育创新发展，形成政府、幼儿园、社会等不同利益相关群体协同共治、和合共生的发展格局。以县域学前教育的高质量发展推动省域学前教育高质量发展，是学前教育治理体系和治理能力现代化实现的战略选择。

　　本研究是我主持的浙江省高校重大人文社会科学攻关计划规划重点资助项目"'重要窗口'建设中浙江省县域内学前教育资源配置及治理机制研究"的最终研究成果。研究历时三年，在课题调研中得到了广大幼儿园园长及部分县（区）教育行政管理人员的大力支持和帮助，在此一并表示感谢！本研究尽管取得了一定成果，但仍有很多有价值的问题亟待进一步深入挖掘和研究，这是本研究未来努力的方向。

王声平
2022 年 10 月于浙江